本书是中国外语教育基金项目“基于‘课程思政’的大学英语教育教学实践体系研究”（ZGWYJYJJ2018Z01）、浙江省高等教育“十三五”第一批教学改革研究项目“讲好中国故事　践行立德树人——大学英语课程思政教育教学改革实践”（JG20180125）、浙江工商大学思想政治工作质量提升工程系列培育项目“立德树人为本　能力培养为纲——‘大学外语’课程育人教学体系构建与实践”的阶段性成果。

主　编　贾爱武
副主编　李　玲

高校外语课程育人行动研究

教师叙事文集（第一辑）

GAOXIAO WAIYU KECHENG YUREN XINGDONG YANJIU
JIAOSHI XUSHI WENJI·DIYIJI

浙江工商大学出版社 ZHEJIANG GONGSHANG UNIVERSITY PRESS | 杭州

图书在版编目(CIP)数据

高校外语课程育人行动研究:教师叙事文集.第一辑 / 贾爱武主编.—杭州:浙江工商大学出版社,2019.11

ISBN 978-7-5178-3530-1

Ⅰ.①高… Ⅱ.①贾… Ⅲ.①高等学校—思想政治教育—教学研究—中国—文集 Ⅳ.①G641-53

中国版本图书馆 CIP 数据核字(2019)第227990号

高校外语课程育人行动研究——教师叙事文集(第一辑)

GAOXIAO WAIYU KECHENG YUREN XINGDONG YANJIU——JIAOSHI XUSHI WENJI (DIYIJI)

主　编　贾爱武　副主编　李　玲

责任编辑　王　英
封面设计　王妤驰
责任印制　包建辉
出版发行　浙江工商大学出版社
(杭州市教工路198号　邮政编码310012)
(E-mail:zjgsupress@163.com)
(网址:http://www.zjgsupress.com)
电话:0571-88904980,88831806(传真)
排　　版　杭州朝曦图文设计有限公司
印　　刷　虎彩印艺股份有限公司
开　　本　710mm×1000mm　1/16
印　　张　22
字　　数　313千
版 印 次　2019年11月第1版　2019年11月第1次印刷
书　　号　ISBN 978-7-5178-3530-1
定　　价　66.00元

浙江工商大学出版社营销部邮购电话　0571-88904970

序

2016年12月7—8日，全国思想政治工作会议召开，习近平总书记在会上强调，要用好课堂教学这个主渠道，各类课程都要与思想政治理论课同向同行，形成协同效应，构建全员、全程、全课程育人格局，把“立德树人”作为教育的根本任务。之后，全国高校普遍掀起了“课程思政”建设的新高潮，浙江工商大学外国语学院积极探索，勇于实践，基于其深厚的教育教学积淀，在大学外语教学中开展课程思政建设，成为新时代的弄潮儿。

大学外语课程作为高校在校学生必修的基础课程，具有学分比重大、课时多、时间跨度长的特点。其特殊性不仅在于它的语言教育功能，而且在于该语言所体现的文化价值观念和思想价值体系。但在相当长的一段时间内，大学外语的工具性被夸大，其人文性却被忽略了，育人功能受到质疑，为此大学外语老师承受了很大压力。如何在大学外语教学中融入思想政治教育，有机引入中国传统文化、社会主义核心价值观等文化元素，进一步强化大学生对主流价值的感性认识，从而增强大学生的文化自信，培养他们的“国际视野”和“家国情怀”，既要学生专业成才，又要促其精神成人，这不仅是高校大学外语教师面对的一个现实课题，也是推动大学外语发展的大好时机，也就是说，“课程思政”理念为大学外语人文性的彰显和育人功能的充分发挥开拓了更广阔的空间。浙江工商大学外国语学院大学外语教学团队在贾爱武教授的带领下，积极投入课程思政实践，历经两年多时间，已经结出硕果，也给其他高校的大学外语教学改革带来启发。

《高校外语课程育人行动研究——教师叙事文集(第一辑)》收录案例40篇，均来自浙江工商大学外国语学院30多位教师在课程思政教学改革实践中的亲身体验和反思感悟。该文集根据主题共分为九大专栏，包括

“爱国篇”“感恩篇”“敬业篇”“友善篇”“自信篇”“自由篇”“法治篇”“富强篇”“和谐篇”。从文集可以看出，老师们将思想政治教育元素融入课程教学和改革的各环节、各方面，既重视外语知识的传授与专业技能的培养，又把思想引导和价值观塑造融入大学外语教学，贯穿全过程，帮助学生树立正确的世界观、人生观、价值观，从而培养适应新时代社会发展需求的德才兼备的高素质外语人才。

这个团队在实践课程思政的同时，也很好地把《大学英语教学指南》（以下简称“《指南》”）的精神落到实处。《指南》为大学英语课程做了明确的定位：“大学英语课程是高等学校人文教育的一部分，兼有工具性和人文性双重性质……人文性的核心是以人为本，弘扬人的价值，注重人的综合素质培养和全面发展。社会主义核心价值观应有机融入大学英语教学内容。因此，要充分挖掘大学英语课程丰富的人文内涵，实现工具性和人文性的有机统一。”浙江工商大学外国语学院目前进行的大学英语教学改革正好体现了大学英语课程的双重性质，充分挖掘了该课程的育人潜力。与该文集呼应的《学生心得素材》，覆盖全校33个班级，近20万字，生动展现了学生对上述课堂学习的真实体验和强烈感受，体现了教学相长的教育理念，也呈现了大学英语课程思政的育人效果。

该文集开拓创新，把课程思政有效结合到大学外语课程教学中；又因为文集所有的叙事来自一线教师，来自课堂教学实践，读来生动、真切、感人，具有润物细无声的特质；再者，该文集还体现了较强的研究性，是老师们教学研究的智慧结晶，教学理念、教学思路、教学过程设计各个环节无不承载着老师们多年教学研究的积淀，体现着他们教书育人的社会责任感。

浙江工商大学大学外语课程思政教学全面展开，受众多，效果好，已经产生了较大的反响。光明网曾在2019年1月24日刊登文章，题为“浙江工商大学：英语课上飘出思政味儿”。文章认为该校大学英语课“从英语课程的既有教学内涵逻辑中，充分挖掘育人的价值功能”，为各校的大学英语教学改革带来很大的启发。我们知道，非思政课要达到育人的功能，不能生硬把专业课讲成思政课，而是要通过启发式教学等途径，自然地导入。这种作用主要是借鉴隐性教育的理念和原则，在看似不经意中发挥其教育功能，让学生在了解西方文化的同时坚定社会主义理想信念和文化自信，从而实现外语课程全程育人、全方位育人的宗旨。

《高校外语课程育人行动研究——教师叙事文集（第一辑）》是中国外语教育基金项目“基于‘课程思政’的大学英语教育教学实践体系研究”（ZGWYJYJJ2018Z01）、浙江省高等教育“十三五”第一批教学改革研究项目“讲好中国故事　践行立德树人——大学英语课程思政教育教学改革实践”（JG20180125）、浙江工商大学思想政治工作质量提升工程系列培育项目“立德树人为本　能力培养为纲——‘大学外语’课程育人教学体系构建与实践”的阶段性成果。本书得到浙江省“十三五”英语优势专业建设经费资助，由此可见学校和学院对大学外语课程思政建设的重视。相信浙江工商大学的大学外语课程思政教育、教学会越做越完善，为各高校的大学外语教学改革探出一条新路子，从而充分发挥该课程的育人功能，使之承担起更大更多的社会责任。

章汝雯

教育部高等学校大学外语教学指导委员会委员

2019年10月1日

前 言

《高校外语课程育人行动研究——教师叙事文集(第一辑)》从选题策划到编辑出版,历时两年多。这是浙江工商大学外国语学院教师集体智慧和实践的成果,彰显了我校外国语学院紧扣时代脉搏,围绕“全人教育”理念,大力开展大学外语教学改革的决心和胆识。

依据教育部最新《大学英语教学指南》和《中国英语能力等级量表》,该文集以“课程思政”为主线,以课堂教学为依托,充分发挥一线外语教师的积极性、主动性和创造力,以基于教材内容的大学外语教学模式,将“全课程育人”教育理念融合到课堂实践中,弘扬社会主义核心价值观,潜移默化地培养学生的国际视野和家国情怀,提高学生的外语综合应用能力,增强其跨文化交际意识和思辨能力。

这一教学实践充分响应了习近平总书记在全国高校思想政治工作会议上所强调的,即“要用好课堂教学这个主渠道,思想政治理论课要坚持在改进中加强,提升思想政治教育亲和力和针对性,满足学生成长发展需求和期待,其他各门课都要守好一段渠、种好责任田,使各类课程与思想政治理论课同向同行,形成协同效应”[①]。开展外语课程思政教学要求我们,在教育教学中,既要注重在价值传播中凝聚知识底蕴,又要注重在知识传播中强调价值引领,突出显性教育和隐性教育相融通,构建全课程育人格局。[②]

该文集具有三个特点。一是开拓性和创新性。该文集是在全校范围实施的大学外语课程思政教学改革的成果,开创性地将广义的“课程思

① 《习近平在全国高校思想政治工作会议上强调:把思想政治工作贯穿教育教学全过程开创我国高等教育事业发展新局面》,《人民日报》,2016-12-09(1)。

② 高德毅,宗爱东:《从思政课程到课程思政:从战略高度构建高校思想政治教育课程体系》,《中国高等教育》2017年第1期,第43—46页。

目　录

爱国篇

感恩篇

敬业篇

友善篇

自信篇

自由篇

法治篇

富强篇

和谐篇

培养爱国精神:我们的英雄在哪里

项丹凤[1]

一、引言

本次教学案例选取的是《全新版大学英语综合教程3》[2]第二单元,该单元的主题是"民权英雄"(Civil-Rights Heroes),授课班级为财务会计、公共管理、计算机科学专业2017级3班及日语专业2017级2班,授课时间分别在周二和周三。课内阅读文章为《给人以自由》(The Freedom Givers)。课文以一名黑人女士的回忆为引线,陈述她的祖先为了民权而奋斗的事迹。在废除奴隶制之前,美国有许许多多为之奋斗的英雄,不仅有黑人,也有白人。他们认为,人生来公平,怎么能因为肤色而被区别对待,被歧视、被隔离呢?但这些英雄在今天的美国很少被纪念甚至歌颂。文章讲述的不仅仅是民权运动中的英雄事迹,更是在呼吁:历史不能被遗忘,历史上的英雄更应被赞颂、缅怀。

二、教学目标的设定

本文的主题是"民权英雄",教师设定的教学目标是,在词汇、句法、写作等语言方面进行技能培养,同时采用产出导向法(Production-Oriented Approach,POA)引导学生自主思考"英雄"的概念。从文章中提到的英雄出发,思考相关的历史和背景,以及会产生这些英雄的原因。基于此,继

---

① 项丹凤,女,硕士,讲师,研究方向:英语语言教学应用。
② 季佩英、吴晓真、陈进:《全新版大学英语综合教程(3)》,第2版,上海外语教育出版社2013年版。

续发问，我们国家有英雄吗？我们身边有英雄吗？我们能找到相关的例子吗？什么样的人可以被称为英雄？是什么促使这些人成为英雄？英雄对国家意味着什么？通过教师的引导，让学生结合文中内容，层层推进，拓展“英雄”概念，以凸显社会主义核心价值观中的爱国主题；反复推敲，激发学生正面认知英雄和爱国情怀，以塑造正确的人生观和价值观。

三、教学案例描述（总课时120分钟）

1. 课前（30分钟）

1）难点清除（10分钟）

在导入话题前，本课进行了难点排除。《给人以自由》这篇文章中地名、人名等发音相近的词汇较多，单词发音成为自由交流的一定障碍。地名如Canada/Canadian、Cincinnati、Virginia、Niagara等，很多发音不规则，非常有必要在课堂上强调。人名如Josiah Henson和Levi Coffin都是特殊发音。一般词汇如refuge、refugee、fugitive、courage、courageous、abolish、abolition等，词形混淆度较高，但发音很不一样。通过领读、点读，确定学生掌握这些词汇的发音后，再正式导入本课的学习。

2）话题导入（5分钟）

文章通过讲故事的方式，以时间及“地下铁”为线，串出整篇课文。首先一系列“悬赏通告（售卖通告）”被呈现在PPT上：

“$200，Five Negro Slaves”（悬赏200美元，5个黑人奴隶出逃）；

“Great Sale of Slaves”（奴隶便宜出卖）；

“Sale of 440 Negroes”（440个黑奴在售）；

…………

师：这些通告是什么？

生：黑人奴隶逃跑后的悬赏通告。

师：仔细观察下，还有什么呢？

生：还有随意买卖黑人奴隶的各种通告。

师：大家注意到通告用语了吗？

生：有。比如，slaves、Negroes。

师：大家知道Negro是怎样一种称呼吗？

生：知道。这是对黑人的冒犯性称呼。中文意思相当于“黑鬼”。

师：从这些通告中我们可以推断出那时候黑人在美国的境遇吗？

生：可以。在奴隶制废除前，黑人没有民权，可以被随意买卖，随意处置。

师：所以，课文中的英雄在这种境遇下就产生了。那我们课文中讲到了哪些英雄呢？

学生开始搜索课文，以故事为线索，迅速找出了英雄的姓名。教师引导学生大声朗读出John Parker、Josiah Henson、Levi Coffin（白人），同时建议学生把书本翻到Text B，找到另外一位黑人英雄Rosa Parks，教师继续提问。

师：美国总统奥巴马是英雄吗？

生：是的。他也是黑人英雄。

师：大家为什么认为他也是英雄？

学生开始讨论，给出各种想法。有的认为，奥巴马成为总统便是黑人在美国历史上崭新的一页；有的认为，黑人得到越来越平等的对待，与这些英雄持续不懈的努力分不开。无论是过去，还是现在，国家与社会都需要英雄。

3）头脑风暴——我们国家有英雄吗（5分钟）

为了强调“英雄”及“爱国”这一核心价值，教师引导学生进行头脑风雄，懂得感恩才更能回报社会）。(2)平民英雄（徒手接住坠楼女孩的吴菊萍，重伤后强忍剧痛并安全疏散乘客的"最美司机"吴斌，退休后清苦拾荒、资助贫困孩子的韦思浩等）。(3)对当代社会产生积极影响的可被称为英雄。(4)历史英雄等。(5)超级英雄（虚拟世界的英雄）。

学生在5分钟之内清晰地提出了自己对英雄的看法。除了以上内容，学生的总结及反思也令人印象深刻。他们认为，在我们社会中，任何不良的社会现象都无法阻挡英雄的出现。而英雄就在我们身边，有的看得见，有的看不见，但他们对社会的积极影响不可磨灭。任何为社会做出积极贡献的行为都是爱国的体现。

2)写作练习（课后完成）

基于课文及案例分析，学生课后完成的作文质量较高。因提前讨论过此话题，大多数学生都能较好地把握此文。作文要求根据CET4设置，满分为15分。以下段落分别摘自3篇得12分的作文。

> S1: As a teacher, not only did he do his students a favor to be a better man when he was employed, but also sponsored a bunch of children after retiring. He just did children a favor in his own way, notwithstanding he had already retired. And this is precisely what makes him a hero.
>
> S2: He spent his whole life contributing to children who need assistance. What he had done proves that he is a hero!
>
> S3: Unfortunately, he died in a car accident, leaving the world he once devoted to. He was an unknown hero whose contribution to this society will be remembered. I believed that what he did was inspiring and would call on a growing number of people to help those helpless children to realize their dreams eventually.

从以上文字可以清楚地看到，学生对英雄的理解并非局限而草率的。

他们一致认为韦思浩老人的行为是积极的,充满着正能量,韦思浩老人是位英雄。

在之后的课堂中,我继续问:韦思浩老人的行为是爱国行为吗?没有学生否认。学生认为,爱国行为可以是任何一件对社会有意义的事,无论是大事,还是小事。

四、教学案例反思

本次教学设计基于POA之输入促成、输出驱动假设及苏格拉底式提问法。排除课文中地名、人名及相近单词发音易混淆这一难点,为之后的顺利交流做好了铺垫。因为大多数学生都有预习习惯,所以课前的引导较为顺利。PPT上真实的“悬赏通告”海报的直观呈现也是输入促成的有效手段之一,学生被海报吸引,认真阅读上面的信息,成功打开了我的提问之门,使输出驱动变得有效。从课文引出的“英雄”概念,其中相关的历史背景的介绍,再次印证了“历史造就英雄”这一观点。之后关于奥巴马的提问及对韦思浩老人的讨论,使大多数学生对这个单元充满兴趣。课内任务输出完成情况良好,大多数学生能准确定位定语从句,并能成功区分其与状语从句的区别。课后的口头报告与写作完成率百分之百,令人印象深刻。而作文部分,很多学生很好地表达了自己的观点,也有部分学生的写作能力有待加强。

整个教学设计并没有直接强调“爱国”这一价值观,而是通过提问、讨论、分析、完成相应任务等逐步加深学生对“英雄”的理解。

本单元设计还存在一些问题:(1)时间的把握和预期不同。因教师低估学生对“英雄”主题的兴趣程度,所以课前案例讨论的时间比预计的时间要长。而课内部分个别任务稍显仓促,比如在复述故事的任务上积极的同学很多,可由于时间问题无法邀请更多的学生参与。(2)班级间的差异使教学效果不尽相同。虽然总体教学推进无太大障碍,但学习基础较薄弱的班级在输出上还是比较有限,这也表现在所得作文分数相对较低,作文的校改次数也比层次较好的班级要少。所以,非常有必要关注学生间的差异，根据差异进行相应的输入促成，灵活运用教学手段。(3)过程性评估相对欠缺。教学过程中，及时给予学生反馈以促使更好的输出是非常有必要的。因时间限制，只有部分在课堂表现很积极的学生能得到我的及时反馈及鼓励，而没在课堂表现的学生只能通过作业收到反馈。(4)教学活动设计应更丰富。此次设计显性上并无涉及词汇或课文难句的解析，而隐性上，在师生互相交流的过程中都涉及相应的表达、句型、语法等。除了课堂上进行自我展示的学生，我并不确定其他学生是否对这些方面有较深印象，是否掌握了这些知识。

设计更加合理实用的教学活动，并能因人而异，灵活变动，应该是被期待的教学过程。

透过医疗保障制度看美国：消除滤镜，培养爱国精神

杨　凡[①]

一、引言

本次教学案例的授课时段为大一下学期，主要授课班级为浙江工商大学法学专业2017级1班和3班、统计专业2017级3班、工商管理专业2017级4班。教材选取的是《全新版大学英语综合教程(3)》第一单元，该单元的主题是"我们生活方式的改变"(Changes in the Way We Live)。课文为《多尔蒂先生创建自己的理想生活》(Mr. Doherty Builds His Dream Life)。课文大意是，在美国，许多居住在城镇的人梦想着自己办个农场，对乡村生活怀有浪漫的情怀。作者带领全家试图将梦想变为现实，并开始写作与经营农场的双重生涯，从中体会到农耕生活远非轻松自在。

二、教学目标的设定

我设定的教学目标是，采用产出导向法，结合课文的主旨，即梦想与现实的差异，以作者家庭财务状况为切入点，引导学生深入了解美国医疗保障制度，培养学生把英语作为工具习得知识的能力，提高学生的思辨能力，帮助学生建立正确的人生观、价值观，避免盲目推崇国外生活。

① 杨凡，女，硕士，讲师，研究方向：二语习得、外语教学。

三、教学案例描述(总课时110分钟)

1. 课前(20分钟)

1)驱动(15分钟)

在布置产出任务前,我以美国医疗保障制度为出发点,引导学生深入思考,暴露知识盲区,创造“饥饿感”,激发学习兴趣。

我首先问学生:“在美国,看病是免费的吗?”

学生们各执一词。有些说好像在不少发达国家看病是免费的,美国是发达国家,应该也是吧。不然怎么有那么多人要移民去美国?

有些说不是,听说在美国看病可贵了!很多人看不起病,叫一次救护车要好几百美元呢。

2)布置产出任务(5分钟)

那实情到底是如何呢?

我要求学生们以口语小组(3～5人)为单位,搜集英文资料,研究美国医疗保障制度,并和其他国家的医疗保障制度进行对比。同时明确了具体要求:(1)以PPT形式提交成果;(2)PPT的内容要求精炼,并要能解答导入部分提出的问题;(3)我就PPT的内容及设计提出相应的书面反馈,学生根据反馈进行修改及调整;(4)PPT从初步制作到修改完成的时间为一周;(5)我根据PPT设计的情况选取部分小组以口头报告的形式在课堂展示;(6)我根据PPT设计打分,分数作为学生的平时分,课堂展示的成绩作为期末总评加分项。

2. 促成(45分钟)

1)课文导入(5分钟)

我首先借用米兰·昆德拉的小说名“生活在别处”,引发学生对课文主旨的联想与思考。

我:“‘生活在别处’这句话到底是什么意思?”

有学生说:“‘生活在别处’表达了人们对美好生活的向往,是一种普遍的心态。”

我:“那这是一种正面的、积极的心态吗?”

有学生表示反对:“这种心态的确能给人以向上的动力,但是假如一个人永远觉得‘生活在别处’,‘这山望着那山高’,那也很难获得内心的平静,很难有真正的幸福感。”

我:“我们应当怎样来面对自己的这种心态,到底如何决定要不要追求梦想,做出实际的改变?”

学生们纷纷回答:“要多了解。”“要有心理准备。”

我顺势总结:“人们往往有一种‘远香近臭’的心理,对远处的、不了解的事物容易有一种不切实际的向往,而对身边的、熟悉的事物嗤之以鼻。因此,我们要对因生活状态的改变而可能发生的困难、产生的利弊做全面、彻底的分析,消除滤镜,避免盲目行动。同时,我们也不要过于放大这些困难,要分清主次,学会取舍,保持对生活的激情和勇气。”

2)产出任务分解(40分钟)

我在预测任务的难度后,以层层递进的方式布置了两个子任务:(1)快速阅读,找出作者笔下乡村生活的幸福之处和艰辛之处;(2)使用表格归纳作者的家庭年度财务状况,并分析各项收支所占的比例。每个子任务都以口语小组为单位进行讨论,完成时间为10分钟。讨论结束后,选1～2个小组向全班汇报讨论结果(15分钟),然后由我进行反馈、补充及总结(5分钟)。

在学生完成第一项子任务后,我顺势询问学生假设他们处在类似的处境,他们将如何选择。有些学生诚实地回答他们无法忍受这种清贫的、孤独的生活,也有学生表示自己非常向往这种世外桃源般的生活,但不确定自己能坚持多久。接着,我引导学生进一步分析为什么在物质条件降低的情况下,作者仍坚持在乡村生活,并和学生们一起讨论“幸福”的定义及其与财富的相关性。实际上,大量调查研究表明,当食物和住房等基本需要得到满足后,额外的财富很少能增加幸福感。有时候,财富的增加,甚至还伴随着幸福感的下降。这些思考与讨论,让学生对作者的心理及生活状态有了更深层次的理解。

在进行第二项子任务的过程中,同学们发现,虽然作者一家收入不高,但作者在描述财务状况时花了很大的篇幅说明全家的保险支出。作者强调他们一家购买的是穷人医保,每月在医保上的支出相对较少(每年560美元),这应该是福利性质的美国国家健康保险。然而这类政府资助的国家健康保险只覆盖了少部分的美国老人、儿童及低收入人群,那么美国其他普通家庭在这方面的支出又是怎样的呢?在完成第二项子任务的基础上,为了使学生对美国的医保制度有更直观的认识,我请学生们看了一些美国人对美国医疗保障制度的部分看法,其中提到在美国"看病难、看病贵"的问题。有部分在中国生活过的美国人认为,相对而言,中国的医疗费用较为低廉。实际上,大部分美国人都不得不靠商业健康保险保障医疗,但费用高昂。

通过这一环节,学生对文章有了更深的理解,同时对美国的医疗保障制度也有了大致的认识,这为任务的产出降低了难度,做了一定的铺垫。

3. 评价(45分钟)

1)课堂展示(45分钟)

在这一环节,各小组在课前提交了PPT,各组的完成情况差异较大,阐述的角度和深度各有不同,有的只是简单介绍了美国医疗保障制度,未能与其他国家进行对比。我分别给了书面反馈意见,要求学生修改后再次提交。最后,我选择了部分小组进行课堂展示。

总体而言,学生的展示比较成功。我分别对学生的PPT及口头展示进行点评,同时也请其他同学来指出其优缺点,给出修改建议。以统计专业2017级3班SECHSKIES小组为例,她们不仅以思维导图的形式全面介绍了美国医疗保障制度的构成,还回顾了其发展历史,并与其他国家进行了对比,分析了美国医疗保障制度的利弊。她们还以课前驱动环节中部分同学提及的高额救护车费用为例进一步介绍了美国医疗体系中昂贵的急诊费用,消除了同学们心中的疑问。这次展示从总体来看,脉络清晰,语言流利,衔接流畅,重点突出,非常有启发性。另外,我还就全班的PPT制作情况做了整体评价,并就一些细节表示肯定或提出建议。

2)写作练习(课后完成)

课堂展示结束后,我要求同学们以"City Life and Country Life"为题,写一篇150个单词左右的作文,运用对比,讨论中国的城市生活和乡村生活的利弊,让同学们进一步深化对相关内容的理解,掌握对比写作技巧,同时也明确此部分的评价依据主要为:(1)运用8个以上新学的单词、短语和句型;(2)注意句子之间、段落之间的逻辑性;(3)注意语言的衔接,用好衔接词;(4)注意语言的多样性,学会用不同的词表达类似的含义等。

由于课堂讨论比较深入,语言及内容的输入较为充分,学生们的作文总体来说内容较为丰富,使用的语言结构及词汇也较为多样,对比论证逻辑合理、脉络清晰,大部分学生的作文比之前进步不小,令人印象深刻。

四、教学案例反思

本单元的教学设计打破传统的语言学习模式,运用产出导向法,鼓励学生自主学习,要求学生主要以英语为工具,搜集整合资料,完成产出任务。各项任务的设计、导入始终贯穿对学生思辨能力的培养,注重融入社会主义核心价值观,同时也培养了学生的合作精神、领导力、公众演讲的能力、PPT制作技术等,较好地实现了教学目标。

同学们对这次的展示活动给予了很大的肯定,以法学专业2017级3班为例,共有36人(占80%)对这项活动给予了充分肯定。很多同学认为,这种教学模式能让他们变被动学习为主动探索,学会了用英语搜集材料,发现了一些有用的英语网站,同时在搜集资料的过程中意识到自己语言能力的欠缺,激发了自己要好好学英语的念头。虽然整合资料、制作PPT的过程比较辛苦,但他们认为,通过自己的努力,开阔了视野,并且真正学到了一些知识,感觉比较充实。PPT的制作需要提炼信息,这个归纳整理信息的过程也非常锻炼逻辑思维能力。

当然,本单元的设计仍然存在一些问题。

首先,充分、有效的展示学生成果的方式亟待改进。这次我在每个班仅选择了个别小组在课内展示,一是由于课堂时间有限,二是旨在鼓励学生们全力去完成任务。但精心准备的成果没有机会展示,一些学生不免感到有些失落。实际上,这也不利于学生之间的交流和学习。

其次,教学活动的科技手段有待加强。在科技快速发展的今天,各种科技产品都应成为教师的好帮手,以提高课堂效率,增加师生间的互动。比如教师可以利用学生的手机统计课堂问答,并让网络教学平台发挥更大的作用。

最后,评价形式过于单一。出于课堂效率的考虑,目前各项任务的评价还是以教师评价为主。教师可以考虑之后让学生们把成果展示录制成视频,提交到网络教学平台上,这样既能让所有同学都有展示机会,也方便学生进行评价。

倡导爱国精神：从感恩谈起

黄蓓莺[①]

一、引言

习近平总书记在2018年全国教育大会上发表重要讲话并指出："教师是人类灵魂的工程师，是人类文明的传承者，承载着传播知识、传播思想、传播真理，塑造灵魂、塑造生命、塑造新人的时代重任。"漫长的教育史告诉我们，古今中外，善育才者无不重德，能成才者均以德为先。春秋时期的孔子在《大学》中提出："大学之道，在明明德，在亲民，在止于至善。"显然，他认为"明明德"是"大学之道"的第一要务，是"亲民"和"止于至善"的前提。教育家韩愈在《师说》中也说："师者，所以传道授业解惑也。"同样，他把教师的"传道"置于"授业解惑"之前。故，教师，在培养人才、塑造灵魂中起主导作用。

在本次教学案例中，授课班级为公共管理专业2017级5班和工程专业2017级2班。我以《全新版大学英语综合教程(3)》第五单元"感恩"(Giving Thanks)主题的一课为例，在教学中对学生进行德育教育。第五单元的课文是《写三封感谢信》(Writing Three Thank-You Letters)，大意是：第二次世界大战时，亚历克斯·黑利在美国海岸警卫队服役。他出海在外，适逢一个让他倍感孤独的节日。于是，他开始认真思考这一节日的意义。对许多美国人而言，这个节日已成为大吃大喝、没完没了看橄榄球比赛的日子。黑利决定写三封不同寻常的信，以此来阐述该节日的真正意义。

---

① 黄蓓莺，女，副教授，研究方向：外语教学。

二、教学案例与教学目标的设定

结合课文主题,教师设定的教学目标是,在培养阅读、写作等技能的同时,采用任务教学法和启发式教学法,应用“不愤不启”“不悱不发”的教学方法,引导学生创建“求通”“欲言”的情景,在热烈讨论的课堂氛围中,把教学推向高潮,引导学生从感恩父母之爱、朋友之爱、恋人之爱中上升到感恩伟大的祖国。这有助于凸显社会主义核心价值观中的“爱国、敬业、诚信、友善”,企盼将“爱国、敬业、诚信、友善”通过课堂植入学生的心灵,从而培养以爱国主义为核心的、具有正确的人生观和价值观的新时代大学生。

三、教学案例描述(总课时110分钟)

1. 课前(18分钟)

1)话题的导入(10分钟,如图1所示)

What is love?

The supreme happiness of life is the conviction that we are loved.

—Victor Hugo

Love is a deep feeling of fondness, affection and friendship that grows between members of a family or between people of the opposite sex.

Whether it is a mother's nurturing love for her child, a son's loyal love for his father, the love between husband and wife, the love between friends, love is a universal emotion that expresses itself in every culture.

What a grand thing, to be loved!
What a grander thing still, to love!

—Victor Hugo

Love comforteth like sunshine after rain.

—William Shakespeare

图1 PPT呈现

我首先在PPT上呈现雨果、莎士比亚等名家谈爱情的优美句子。用"爱情"这个学生感兴趣的话题把学生的学习热情调动起来，让他们都参与关于爱的句子的朗诵和翻译。并通过填写图2中关于"爱"的单词，引导学生扩展"爱"的含义，为教学做好铺垫。

◎lover	爱人，情人
◎romantic love	爱情
◎lovely	可爱的
◎affection	爱慕
◎love at first sight	一见钟情
◎be in love with	跟……恋爱
◎warm-hearted	热心的
◎break one's heart	使人心碎
◎heart-broken	心碎的

◎heartless	无情的
◎hug	拥抱
◎sweetheart	爱人
◎love affairs	恋爱
◎with all one's heart	真心实意
◎fall in love	爱上
◎unrequited love	单相思
◎love letters	情书
◎love story	爱情故事
◎marriage	婚姻

◎puppy love/first love	初恋
◎cute meet	浪漫的邂逅
◎propose	求婚
◎Valentine cards	情人节卡片
◎candle-light dinner	烛光晚餐
◎heart-shaped	心形的
◎true love	真爱
◎enamored	倾心的
◎Saint Valentine's Day	情人节
◎the chemical feeling	奇妙的感觉，触电
◎sweet bitterness	甜蜜的痛苦

◎a doomed couple	天生一对
◎a happy ending	团圆结局
◎sweetheart	甜心
◎Cupid	爱神丘比特
◎admirer	仰慕者
◎romance	浪漫
◎heartthrob	激情
◎courtship	求爱

图2　词汇扩展

2）头脑风暴（8分钟）

紧接着，通过头脑风暴（brainstorming）的方式，我请同学们提出他们能想到的"爱"的种类。通过同学们热烈的讨论和我循序渐进的引导，学生把"爱"归纳为七类。如表1所示。

表1　"爱"的分类

英文表达	中文表达
patriotism	爱祖国

续 表

英文表达	中文表达
parental love	父母之爱
filial love	子女之爱
friendship	朋友之爱
conjugal love	夫妻之爱
love between man and nature	人与自然和谐相处
boundless love	大爱无疆

我让学生们深刻体会围绕他们的各种温暖的爱，不仅把爱祖国根植于他们的内心深处，而且在教学中凸显了社会主义核心价值观中的“爱国、敬业、诚信、友善”。

2. 课中(50分钟)

1)课文的导入(18分钟)

我首先把学生分成若干组，并让他们讨论以下几个问题：

(1) Who should I thank? (my parents, teachers, friends or motherland)

(2) For what should I thank him/her/them?

(3) Have I expressed my gratitude to the person(s) mentioned above?

(4) If you have, what have you done? If you haven't, what do you plan to do?

热烈讨论了6分钟后，学生积极发言。有的回忆含辛茹苦的父母、亲爱的爷爷奶奶，也有很多人感恩敬爱的老师。同时，学生都认为最需要感谢的是我们伟大的祖国，祖国的稳定和繁荣是让他们安心学习、幸福生活的保障。随着这些问题的逐步深入，我引导学生讨论了自觉的十八大以来我国在思想文化、经济发展、民主法治、人民生活等方面所取得的巨大成绩。在学生热烈讨论的基础上，我让学生朗读新闻报道的内容，让他们了解到：中国特色社会主义思想和中国梦深入人心，社会主义核心价值观和中华优秀传统文化得以弘扬,文化自信得到彰显,国家文化软实力和中华文化影响力大幅提升。经济建设取得重大成就,经济保持中高速增长,在世界主要国家中名列前茅,高铁、公路、桥梁、港口、机场等基础设施建设快速推进。“一带一路”倡议、“天宫”、“蛟龙”、“天眼”、“悟空”、“墨子”、“大飞机”等重大成果相继问世。民主法治建设迈出重大步伐,法治国家、法治政府、法治社会建设相互促进,中国特色社会主义法治体系日益完善,全社会法治观念明显增强。人民生活不断改善,覆盖城乡居民的社会保障体系基本建立,社会治理体系更加完善,社会大局保持稳定,国家安全全面加强。

通过讨论和朗读新闻报道,学生的爱国主义热情高涨。学生们纷纷表示要更加努力学习,学成后报效祖国,为祖国母亲的建设贡献自己的力量。此时,课堂气氛推向了高潮。然后我引导学生迅速通览全文,注意各部分的关键词及主题句,并概括主题思想。

2)发现阅读——关注阅读技巧与阅读目的(32分钟)

我采用任务式教学法对课文内容进行了讲解。基于课文的基本内容、核心词汇和中心思想,我给学生们一张任务表,如表2所示,让学生阅读后完成表中的练习(12分钟)。学生对表格中信息填写的正确率显示了他们阅读水平。然后,分组讨论并划分课文层次,概括各层次的主旨大意(10分钟)。最后,学生回答PPT上展示的12个阅读理解题(10分钟)。

表2 信息任务表

Correspondents	Letters Sent	Letters Received
father	Thanks him for teaching the writer from boyhood to love books and reading.	Tells the writer how he, as a teacher and a father as well, felt content with his own son.
the Rev. Nelson	Thanks him for his morning school prayers.	Tells the writer about his retirement coupled with self-doubt, and the reassurance brought to him by the writer's letter.

续 表

Correspondents	Letters Sent	Letters Received
grandmother	Thanks her for teaching the writer how to tell the truth, to share and to be forgiving, and for her good cooking and her sprinkling the writer's life with stardust.	Expresses her loving gratefulness for her grandson.

通过以上练习，强化学生的阅读能力。在发现阅读阶段，通过专题训练，拓展阅读范围，以培养学生的阅读技能，因为“不能用一般的听说能力取代高水平的读写能力，前者属于个人的日常交际能力，后者反映人才的学术和文化水平”①。

3. 课后(42分钟)

1)感恩之情——列举课文中有关感恩的描述(12分钟)

我请学生在课文中找出感恩的语句，以加深对文章的理解，从而更深刻地体会感恩的力量，如表3所示。

表3 课文中感恩的语句及译文

感恩的语句	译文
Something uppermost about my father was how he had impressed upon me from boyhood to love books and reading.	我父亲的最不同寻常之处在于，从我童年时代起，他就让我深深意识到要热爱书籍，热爱阅读。
I told him that whatever positive things I had done since had been influenced at least in part by his morning school prayers.	我告诉他，我后来所做的任何有意义的事，都至少部分地是受了他那些学校晨祷的影响。

---

① 熊丽君:《阅读理论和技巧对大学英语阅读教学的启示》,《西安外国语学院学报》2006年第1期,第48—52页。

续 表

感恩的语句	译文
I thanked her for the years of eating her good cooking, the equal of which I had not found since.	我感谢她多年来让我吃她烧的美味佳肴，离开她后我从来没吃过那么可口的菜肴。
I thanked her simply for having sprinkled my life with stardust.	我感谢她，因为她在我的生命中撒下美妙的遐想。
Find the good and praise it.	发现并褒扬各种美好的事物。

2)爱的诉说——感恩的力量(30分钟)

按照之前布置的作业，我让学生到讲台前进行“爱的诉说”主题报告。学生们有感恩祖国母亲给予美好幸福生活的，有感恩父母的养育之恩的，有感恩朋友给予温暖的，有感恩老师的，也有感恩大自然无私奉献的。在“爱的述说”主题报告后，我引导学生进行了感恩力量的探讨。学生认为，“怀有感恩之心的人明显感觉更加幸福，对待生活的态度会更加积极”“感恩的人会更加乐于助人”“感恩会产生力量”“感恩使人更加温暖”。总之，感恩之心有可能使万物得到升华。

在一系列探讨之后，我给学生布置了写作任务。让学生写感谢信，写给他们最感恩的人。同时也要求学生做到：(1)运用8个以上课文里出现的词、短语及习惯表达；(2)运用2个以上课文中出现的句型；(3)注意段内的层次及段与段之间的衔接；(4)发自内心深处的真情表达。

四、教学案例的反思

教育担负着两种社会职能：一是传播知识技能；二是传授社会意识，包括思想、观点、传统习惯、道德观点、行为规范等。教书的目的是向学生传授做人之道，做学问之道，帮助学生树立正确的人生观、价值观，教育学生树立起共产主义理想和信念。教师也要在道德品质等方面做好学生的向导。本单元课内阅读教学设计正是遵循了这一原则。

在传播知识技能方面，我引导学生重点把握课文的结构、修辞、逻辑、词汇及主旨大意，突出课文写作方法及重点句型。通过寻找表达感恩之情的词句，拓展语言表达能力，从而完成基本教学任务。

在传授社会意识方面，我将“爱国、敬业、诚信、友善”融入课堂教学中，激发学生的爱国热情，使“爱国、敬业、诚信、友善”融入学生的心灵。寓德育于课堂教学之中，将教学与理想道德教育密切结合起来。通过课堂教学，达到育人的目的。教书和育人是辩证统一的。育人是教书的目的，教书是育人的手段，任何教书过程都是育人过程。二者是密不可分、相互影响的。因此，思想品德教育应贯穿教学活动的始终。可以说，本单元较好地实现了教学思政的课程设计目标。

但是，本单元的设计仍有不足之处。

首先，本单元课文内容较简单，对于学习基础较好的班级而言，我认为应加深阅读任务的难度。

其次，由于各个单元的教学时间有限，所以无法让所有学生的积极性都得到展示和发挥，这是很大的遗憾。

平等、爱国：基于积极教育理念的课堂教学
——记商务英语任务教学行动研究叙事

张露茜[①]

一、研究背景

2017年开始，浙江省实行专业分类招生。按学科大类招生的新时代背景促使同一类型专业间既存在合作，又存在竞争。如本文涉及的英语类专业，在一年学习后需选择分流到英语或商务英语专业。许多高校利用这次机会进行学科的优化与提升。在新教学改革形式下，此次外语课程育人行动研究基于社会文化理论，结合商务英语课程特色与新时代需求，对学生进行"平等、爱国"主题教育。

本文采用生态任务型语言教学框架[②]，聚焦大一英语类学生商务英语阅读与口语技能的培养与发展，针对一个班级共28名大一学生，由一名商务英语教师进行行动研究教学。研究目的是在调查情境中，发现有效利用小组合作调动学习动机的方式，并设计在二语教学课内外联动的小组协作任务。课内任务音频与课外任务视频转为文本后，选取具有代表性的学生话语进行叙事分析，并进行教学反思讨论。

二、理论基础

自20世纪80年代开始，任务教学在语言教学中处于主导地位。但

---

① 张露茜，女，博士，副教授，研究方向：英语语言教育、语料库话语分析。

② 秦丽莉、戴炜栋：《二语习得社会文化理论框架下的"生态化"任务型语言教学研究》，《外语与外语教学》2013年第2期，第41—46页。

是,许多任务型教学偏重课堂教学。在新一轮高校专业教学改革形式下,如何实现课内与课外教学的融合,成为本文的议题。由社会文化理论指导任务教学的意义在于,其对语言任务表现中社会文化特性的关注,有助于调整二语心理语言学研究只关注语言输出的失衡现象[①]。但是,不同于国外众多的社会文化理论研究,当前国内的社会文化理论尚处于萌芽阶段[②]。

已有研究发现任务类型对任务的实施效果有重要影响[③]。张露茜[④]以小组合作模式构建了毕业论文生态写作系统,发现小组合作模式确实有助于提升个体的学术论文写作质量。大学英语课程中四种较为稳定的任务类型分别是合作型、轮流型、主导/被动型、专家/新手型[⑤]。从平等性和相互性两个维度考察这四种任务类型,发现最佳的任务类型是合作型。

但是,现今国内小组活动存在的问题,即大多数小组活动仅为独白式的轮流表达,而缺少内部成员的交流[⑥]。要解决这个问题,可考虑采用生态任务型语言教学。生态任务型语言教学框架基于调节理论、活动理论、最近发展区和支架理论、对话理论、情境学习理论等社会文化理论。基于APBOP(Academic Project-Based Oral Presentation)的生态小组任务形式包含:(1)宏观上,课内外任务链;(2)微观上,课内的教师与学生个体间的互动和课外学生间的互动。

---

① Rod Ellis. *Task-based Language Learning and Teaching*. Oxford: Oxford University Press,2003.

② James Lantolf、秦丽莉:《社会文化理论——哲学根源、学科属性、研究范式与方法》,《外语与外语教学》2018年第1期,第1—18页。

③ 徐锦芬、寇金南:《任务类型对大学英语课堂小组互动的影响》,《外语与外语教学》2018年第1期,第29—38页。

④ 张露茜:《生态网络模式下的英语教师本科论文指导》,选自《启迪:外语研究方法与创新》,浙江工商大学出版社2016年版,第99—104页。

⑤ 徐锦芬、寇金南:《大学英语课堂小组互动模式研究》,《外语教学》2017年第38期第2卷,第65—69页。

⑥ 徐锦芬:《课堂互动与外语教学》,《中国外语教育》2015年第4期,第18—25页。

三、行动研究设计

本研究采用的行动研究设计基于生态任务型语言教学框架,以社会文化理论为基础,进行课内外联动任务教学。行动研究设计的目的是结合实际,学习“平等与爱国”思政主题。课程名称为“综合英语(二)”,课内采用的教材为《商务英语综合教程2》[①]中第二单元的“A Flat World”。在对“A Flat World”进行学习后,基于一个项目进行小组任务活动。通过对比分析英美与中国的个案报道修辞形式,探索发展中国特色社会主义经济、在全球经济下提升中国自信与抵御力的路径,让学生真正从学习中体会到实现平等与爱国的重要性。

课内外商务英语任务的整合基于APBOP的小组任务形式。具体设计步骤如下。项目名为:中欧贸易案例分析与对实现平等和爱国教育的启示。以小组(4人)为单位,设置的课内任务由教师指导学生进行,课外任务由学生自主完成。小组学习全程依托多媒体录制音频与视频。课内讨论任务进行录音,课外自学任务由学生查阅与主题相关的网络资料,再通过视频形式进行成果报告展示。任务链的设置为一项课内任务和两项课外任务。课内任务为学生在课内阅读与讨论中欧贸易案例的音频,课外任务既有课后阅读与用口语展示近期中欧贸易关系相关信息的视频,也有小组任务反思视频。

研究聚焦学生商务英语阅读与口语技能的培养和发展,在此次行动研究设计中有几点注意事项。首先,课内小组任务材料需有一定的信息差,以激发小组间讨论的兴趣与合作性。课内讨论的材料由教师提供,包括BBC、CNN、Xinhua News Agency,以及*China Daily*、*Beijing Today*中同一主题的新闻报道。材料根据小组人数发放,但要确保每组都有中外报道材料。其次,课外任务要求小组成员人人参与。但在具体的展示环节,可依据参与意愿选择出镜人数。最后,要求每个小组成员对小组任务过

---

① 陈俐丽:《商务英语综合教程2》,上海外语教育出版社2010年版。

程进行反思视频的录制。

四、研究发现与讨论

研究发现，部分学生从语言技能、知识、情感角度进行叙事。研究聚焦在课内外小组学习环境下，利用多媒体的音频与视频，培养和发展大一英语类学生的商务英语阅读与口语技能。研究发现在此过程中，学生的阅读与口语能力得到相应的提高，国际平等与竞争思想得到强化。学生基本采用“爱剪辑”软件对手机所录视频进行剪辑，单人或多人出镜。

学生反思视频呈现了任务完成过程和存在的问题。下面从资料查询、小组讨论过程、收获，学生自我反思存在的问题，以及教学效果分析这三部分出发，将课内任务音频与课外任务视频转为文本后，选取具有代表性的学生话语内容进行具体叙事。研究讨论部分针对目标实现效果分析以进行教学反思。

1. 资料查询、小组讨论过程、收获

整体而言，学生话语显示资料查询与讨论过程非常相似。学生没有提到课内音频对学习的作用，更多关注课外音频制作。这从侧面反映仅靠课内学习无法达到深度学习的目的，也凸显了课外自学的重要性。视频准备工作基本以网络资料查询为主，查询的内容包括新闻报道、百科知识等，如BBC新闻、Wikipedia(维基百科)。资料查询的目的是通过对比中外新闻，加深对话题的理解与意义的解析，提升阅读能力。在之后的小组讨论中，分享各自收集的资料，并表达自己的观点，以提升口语能力。

生(谢，第二组)：先通过Wikipedia了解贸易关系的历史背景，再查询BBC新闻中相关的内容。之后，我查询了国内相关消息。通过对比中外新闻，我更深入地了解了贸易关系意味着什么。讨论时，我先分享收集的数据，再表达自己的观点。在室友的帮助下，我加深了对贸易关系的理解。

许多小组成员表示通过任务的实施，能加深对贸易关系的理解。同时，通过展现自我观点，能更好地进行分析。

生(陈，第四组)：我觉得在我们的讨论中，能自由地展示自己的观点，从不同的视角与观点，呈现不同的个体形象。通过自己讲和听别人说，我们更清楚地认识到，在组内成员需表达各自观点的情况下，要保持流畅。除了话题自由度外，我们觉得还有其他受益之处，如信任、自信、支持、尊重。

2. 学生自我反思存在的问题

虽然学生在资料查询与小组讨论过程中收获颇多，但是学生的反思视频显示，学生仍存在以下五个方面的问题。第一，在任务布置前，对话题熟悉度不同在一定程度上影响了学生处理话题的形式。第二，大部分学生反映通过小组讨论才意识到自己调查的资料不够细致或掌握得不够好。第三，一些小组合作前缺少演练和分工，导致交流时衔接不好。第四，讨论内容与形式也存在一些问题，如自我观点的表达与趣味形式的表现不足、缺少实例与批判性思维、时间与会面管理问题等。第五，学生还通过小组讨论意识到自身口语能力需得到提升。学生自我反思小组活动录制任务中存在的问题如表1所示。

表1　学生自我反思小组活动录制任务中存在的问题

问题	学生反思话语
1. 话题熟悉度不同	刚接到这个任务的时候，我真的非常兴奋。我对这个话题真的非常感兴趣，因为我一直在看中欧贸易关系相关信息。我也听很多人讲过这个话题。(卢，第二组)
	说实话，一开始的时候，贸易关系对我们来说是一个很难的话题。我们从网站和报纸上看过这个概念，但是没人知道具体的信息。因此，我们考虑先查询资料。(戚，第四组)

续 表

问题	学生反思话语
2. 资料调查与掌握程度不同	我觉得讨论过程中，我没有过多讨论我的观点。同时，我找到的信息不够清晰细致，我仍然不太明白贸易关系是什么。这是我的主要问题，我需要多多学习。(陈，第二组)
	贸易关系话题不够贴近学生的实际生活，学生对话题不熟悉，建议在讨论前，先做细致的调查。(刘，第五组)
	我上网查询资料，包括中国和外国学者写的论文。因为我觉得自己记得住，所以就没有打印出来。但在讨论的时候，我发现高估自己了，觉得很尴尬。下次我会准备得更仔细。(卢，第二组)
3. 小组交流合作问题	我感觉咱们合作得不太好……正如名言“Two hands are better than one”。(刘，第五组)
	我觉得咱们应该花更多的时间衔接好各自的讨论。这样，咱们的小组讨论才能做得更好。(陈，第四组)
	在讨论之前，我觉得我们应该做好分工。(翁，第四组)
	我们还存在问题，如管理和组织。有时候，我们不知道怎么计划和管理任务，像如何把握好时间、如何把握好讨论进度。比如，我们有时候不能确定碰面时间，不能执行原定的计划，或者不能做到人人都有时间参加。(陈，第四组)
4. 讨论内容和形式问题	我们可以表达更多自己的观点，而不仅仅是借鉴别人的观点。我认为我们的观点太局限。(谢，第五组)
	尽管咱们进行了课内外的讨论，但是我觉得缺少实例支持自己的观点。(茹，第五组)
	我觉得我们的讨论总是缺少 critical debate。(斯，第五组)
	我觉得我们可以改变我们的展示形式，如辩论、演讲、场景展示，甚至是角色扮演。这样，我们的展示会更有意思。(刘，第五组)
5. 口语能力问题	我意识到需要花更多时间加强我们的口语。(王，第一组)
	最后，我想说我的口语不太好，大部分时间都在听别人说。(谢，第二组)

3. 教学效果分析

研究显示，从总体上看，基本实现了预期目标。在任务学习过程中，学生的课内外阅读与口语能力、学习积极性与自觉性都得到了提高,通过学习也增强了学生对平等和爱国思想的认识。学生反映的五个问题也显示出学生能自觉反思自身缺陷,从而明确后期学习方向,为学习做出努力。教师也需要在布置任务前,引导学生关注这些问题。

五、结语

依托生态任务型语言教学框架,从社会文化视域进行课内外联动任务教学的行动研究,聚焦大一英语类学生商务英语阅读与口语技能的培养和发展,学生能够发现案例中隐藏的中欧贸易关系问题,从语言实践中提升学生的平等与爱国思想。虽然学生从行动研究中收获颇丰,但仍存在话题熟悉程度、资料调查与掌握程度、小组交流合作、讨论内容与形式、口语能力等方面的问题。学生反思话语显示的问题有助于确定后期学习的方向。本研究的局限性在于历时时间较短,如进行历时研究,或许能发现更多学习变化过程。

文化的传承:谁不说俺家乡好

庄　欣[1]

一、选题意义

费孝通在《乡土中国》里曾说过:“在一个熟悉的社会中,我们会得到从心而欲而不逾规矩的自由。这和法律所保障的自由不同。规矩不是法律,规矩是‘习’出来的礼俗。从俗即是从心。换一句话说,社会和个人在这里通了家。”[2]可见,对家乡的熟悉来自对从俗行为的一种不假思索的依赖性,不但对人,对物亦是如此。换言之,对于家乡文化的认同确立了人们各自的身份(identity)。虽然身份认同会随着环境的变化而不断地建构、调整,但它是个人或群体在特定社会中确认其地位的明显依据或尺度,它既是一种“存在”,又是一种“变化”[3]。我们的社会正在经历急速的变迁,这种变化带给我们新鲜感,但也破坏了我们的熟悉感,动摇了我们对已有文化的认同感。人们曾经熟悉的概念、习惯、生活方式都发生了巨大的变化,那些靠记忆所保留下来的“过去”的累积正在消失殆尽。上海外语教育出版社的《全新版大学英语综合教程(3)》第一单元的主题——“关于我们生活方式的变化”(Changes in the Way We Live)恰恰呼应了这种现象,该主题文章探讨了作者及其家人在生活变迁过程中的思考与选择。

诸多教学研究表明,当代大学生的身份问题在于他们所面临的各种

---

① 庄欣,女,硕士,讲师,研究方向:英语语言教育。
② 费孝通:《乡土中国》,北京大学出版社2012年版,第14页。
③ 阎嘉:《文学研究中的文化身份与文化认同问题》,《江西社会科学》2006年第9期,第62—66页。

文化困惑和文化挑战。由于其自身家乡文化、校园集体文化、周边文化群体观念的影响，大学生的文化身份变得更加复杂和多样化。因此，有学者认为在外语教学中应当加入中国文化的教育，同时将文化身份认同概念引入高等教育理念，才能算作完整意义上的素质教育[①]。正如美国未来学家约翰·奈斯比特在2009年《大趋势》中所预测的那样，随着越来越互相依赖的全球经济的发展，语言和文化特点的复兴都将来临。简言之，中国人会更中国化，瑞典人会更瑞典化，而法国人也会更法国化。回顾2013年，“一带一路”倡议的提出绝非一个偶然，它是民族文化身份认同及实现全球化再平衡的过程，因为它不仅关乎中国的改革、发展、稳定、繁荣，更关乎实现中华民族伟大复兴的中国梦。学会站在巨人的肩膀上辩证地看待变化与传承，这是本单元的学习重点。

二、教学目标的设定

本次教学对象来自法语、规划、国际会计、电子创新4个专业，共136名学生。通过对“关于我们生活方式的变化”的讨论与学习，首先，要求学生能用英语正确地描述生活中的各种变化，并能积极克服变化过程中可能遇到的问题，培养学生乐观向上的态度；其次，引导学生用辩证的眼光来看待变化带给自己生活的影响，坚持“和而不同”的中国式文化表达；再次，无论是城市生活还是农村生活，学生都可以结合自己的喜好和自己家乡生活的实际，夸夸家乡的美，为自己家乡的发展献计献策，从而激发学生对家乡的自豪感与热爱之情；最后，请学生用自己的表达方式拍摄一部介绍家乡的短视频，通过亲近自然的方式发现家乡的美，体会中国传统文化中“天人合一”的思维方式，即追求人与人、人与社会、人与自然、人与自身的和谐（这也是中国传统儒释道共同的文化精神[②]），用中国元素来展现自己的身份认同。

---

① 谢伯端：《论当代大学生的文化身份认同》，《湖南商学院学报》2003年第10期，第121—124页。

② 王春林：《和而不同：儒释道与中国文化》，中州古籍出版社2015年版。

三、教学案例描述(总课时55分钟)

1. 课前

话题的导入(15分钟)。

我借用了课文标题"Mr. Doherty Builds His Dream Life"导入同学们熟悉的生活话题,从家乡生活、校园生活入手,逐步引导学生思考my dream life。

我:同学们能否从文中找出Mr. Doherty的日常生活状态?

同学们找到了很多描写日常生活的词组,如劳动类的词组haul firewood up the river、cultivate corn、weed strawberries等,如休闲类的词组canoe on the river、go picnicking in the woods、take a long bicycle rides等。

我:这么丰富的生活内容,同学们是否从中找到了似曾相识的经历?除此之外,还有什么让你难忘的儿时生活经历?

有些同学,尤其是从小在乡镇生活过的孩子纷纷找回童年的生活记忆,讲述了诸如挖竹笋、放风筝、斗蟋蟀、摘果实等有趣的经历。

我:Mr. Doherty在城市生活与乡村生活之间选择了乡村生活,他是用怎样的语言来评价他的乡村生活呢?

学生很快地从文章各个段落的主旨句中找到了答案,例如:found contentment、a self-reliant sort of life、a satisfying life、the good life can get pretty tough、loving every minute of it等。

我:作者的生活发生了巨大的转变,纵然开始会因为缺乏经验而不适应新生活,但是他的内心是欣喜、满足且向上的。而作为大一的新生,你们的生活也同样发生了变化,说说你们在学校的日常生活吧。

学生分组讨论,并用仿写课文词组的方式罗列了自己在大学的主要生活内容,有积极向上的,也有无所事事、消磨时光的,这些词组都呈现在黑板上。

我:Mr. Doherty选择了乡村生活作为他梦想生活的开始,是因为忙碌的乡村生活带给他一种成就感与满足感。那么我们作为大一学生，做什么样的选择，能够让我们的大学生活成为自己梦想的大学生活，让大学生活也变得越来越精彩，越来越有价值？

此时，有些学生就他们积极的学校生活进行了美好的展望，有些学生则开始对自己的消磨懈怠做了自我反省。同时，我鼓励同学之间相互给出实质性的意见与建议，提出改变自己的方案，从而使心中模糊的梦想慢慢明朗起来。

为了让学生对dream life有更为深刻的理解，我特别在课堂中引出了"中国梦"的翻译，让他们讨论对Chinese Dream和China Dream两种翻译的不同理解。我总结道：Chinese Dream和China Dream都是中国梦，两者的表述都没有问题，也都有知名的英文报刊媒体在用。Chinese Dream比较偏向于"中国人的梦"，是一个中国人希望在中国富足的梦；China Dream则是一个国家的梦想，是"对中国的梦"。作为中国人，带着个人的梦想，踏踏实实地去奋斗，也必然会为家乡的富裕和祖国的富强添砖加瓦。

2. 课中

课文内容的延伸——以学生为主、教师为辅的讨论（40分钟）。

1）从课文句型出发，进行讨论

为结合课文，我从课文的后半部分继续挖掘，选择了作者的两句话作为课堂讨论内容的延伸：

（1）We didn't move here primarily to (earn money) though. We came because we wanted to (improve the quality of our lives).

（2）When the time comes, we'll leave with a feeling of (sorrow) but also a sense of (pride at what we've been able to accomplish).

通过延伸，逐步引导学生，当自己有了梦想时，该如何去实现(how to

build),而又不忘初心。

2)从切身体验中获得素材

我先请学生将美国的农村生活和中国的农村生活做了简单的对比,并请有农村生活经历的同学做了一些较详细的介绍。之后请没有农村生活经历的同学结合课文一起假想参与到农村生活中,例如丰收季节,该如何保存鲜果、蔬菜;冬天来临之前,需要做怎样的防寒准备;在农场里饲养什么家畜、家禽;该怎样平衡忙碌的务农生活、娱乐和专业的学习;赚钱渠道可以有哪些;等等。学生在与我的自由讨论和问答中,兴趣盎然,积极思考自己在农村的生活。之后,我随机请学生谈了以后在城市生活与农村生活间的选择,多数学生愿意住在农村,或者在退休后住在农村。

3)升华讨论主题

我把学生分为两大组,分别就家乡、祖国的现状,以及可以维持和改进的方面进行了讨论。我让学生在描述自己的城市或农村经历与感受时套用(1)和(2),可根据需求替换括号里的内容。学生纷纷表达了对家乡的思念与自豪感,并注意到家乡和祖国在近些年的变化与发展,他们提及了生活质量的改善、文明程度的提高、科技给生活带来的便捷等。当然从另外一个角度,学生们也提出了一系列发展所带来的问题,比如环境恶化、污染严重、人口密集、千城一面等,并提出需要加大环保的宣传力度,从身边的小事做起,为美丽家园做出贡献;对外多宣传家乡美好的人文景观,传承中国的文化遗产。在实现梦想的问题上,同学们开始了头脑风暴,积极展开讨论,从现状到原因分析到解决办法,最终成果以全班合作的大幅流程图展示了出来。

3. 课后

家乡介绍的视频制作与展示——基于项目的教学实践。

留给学生的任务就是以“谁不说俺家乡好”为主题,选取自己家乡的一个方面或者几个方面进行展示,自己寻找视频素材,鼓励原创拍摄,如果能加入新旧素材的对比则更好。时长2～4分钟,全英文介绍,可配有中文字幕,制作周期为一个月。最终形成独具特色的对外微视频类的宣传片。

学生都提交了作品，对自己家乡的介绍也详尽、全面。由于拍摄水平和技术的问题，有很多学生借用外来的视频，配上自己的音频及文字。有些学生有原创意识，也有学生做了过去与现在的对比，不论是用视频还是PPT录屏等方式，学生们都有自己独到的眼光与见解。在课上，我每班挑选了几个优秀的微视频作品进行了展示。看到自己班里同学的优秀视频，大家赞叹不已。这个展示的目的不仅仅是让学生看到优秀作品，同时能让他们更好地交流家乡的风土人情，学习其他地方的文化，看到其他人眼里自己的家乡，这是很有意义的。

四、教学案例反思

本单元课内阅读的教学设计分为显性教学和隐性教学两个方面。

从显性教学来看，我把课文中的重点词汇、短语表达、写作方法和修辞手法（对比与比较、关联词的使用、记叙文顺序词的运用等）融入课文内容的阅读理解、提问、讨论中，通过寻找文章段落间的转折词，寻找段落的主旨句、时间状语等来厘清文章的写作脉络。通过近义词辨析、词性转换等方式掌握词语间的细微差异和不同用法。对收入、开支、保险等金融概念进行了难点解析，以了解文章作者是如何通过节约开支而又不明显降低生活水准的方式来弥补收入差额。整个教学过程根据授课需要，自上而下或自下而上地完成了课文的讲解，并做了相应的补充，详略得当。基本完成教学任务，课堂效果良好。

从隐性教学来看，我将热爱家乡、热爱生活，以及中国文化传承与身份认同等文化教育理念融入课堂教学中，结合当前国家战略和思想教育方针，引领学生站在一定的高度看待国家与国家间文化思想上的差异，客观公正地看待各种文化现象与风俗习惯。认同自己的民族身份，找到归属感。在与同学、老师的互动中，学生锻炼了协作能力、批判思维能力、创新能力、微视频制作能力、表现力、公众演讲能力等，收效明显。

在制作家乡视频的过程中，家乡的一草一木、一段历史、一个传统、一种小吃，都能勾起学生对家乡的依赖和热爱，以及对家乡文化的认同。在城市里成长的学生经历的变化应该是最大的,但是如今全球化带来的千篇一律的高楼大厦和生活环境让城市里的孩子不再熟悉自然,似乎觉得家乡的美是因为那些旅游景点的存在,所以有些学生在介绍家乡的语言上显得过于官方,而非自己内心的触动。其实,全球化带来的影响具有两面性,一方面导致了对传统文化的认同危机,另一方面又为本土文化的认同带来了创造性发展的契机。洛夫认为,要想让传统文化得以创造性的发展,需要将文化身份的个性部分与头脑、身体和自然相联系,才能提升我们的才智、创造性思维、生产力,最终产生一种混合思维①。而这种混合思维才会帮助学生在全球化的环境中适应未来多元化的发展。

当然本单元在课堂讨论的设计上可以更加精细化。虽然每次讨论都有学生参与,但并不是每个学生都能参与进来。此时,就讨论的内容设计一些需要填写的图表、结构图或问答题,一方面可以帮助学生树立关于学习目标的全局观,另一方面可以给不擅长口语交际的学生提供书面表达机会。当然,在教具上就需要实物投影仪,这样方便我与学生就书面内容直接交流。此外,在家乡视频的制作上,我原本没有对学生有细致的要求,希望学生能够自由发挥,以使题材更加多元化。但并不是所有的学生都有较好的微视频制作技术,也不是所有学生都能把教师的要求与期待理解透彻。因此在成品中不难发现原创性少了些,空话多了些。事实上,以小见大、亲身感受更能打动人,这才是微视频的魅力。

---

① 洛夫著,李晓楠、胡敏杰译:《自然法则》,新世界出版社2015年版。

“发现”的意蕴
——新时代“家国天下”情怀的培养

李　玲[①]

一、引言

本次教学案例选取的是《全新版大学英语综合教程(4)》[②]第二单元，主题为“智能汽车”(Smart Cars)。本单元由Text A和Text B两篇文章构成。Text A的主要内容是：新技术，尤其是计算机革命带来的新技术将对21世纪的汽车和高速公路带来巨大的影响。未来的智能汽车能看、能听、有知觉、具嗅觉、会说话、会自动驾驶。不仅如此，智能汽车还能极大地避免交通事故，提前预知交通阻塞情况，提升人们的生命安全意识和生活质量。科技的发展，如GPS、芯片、远程信息处理技术等，也使得智慧公路成为可能，给人类的生活带来福音。全文可划分为三段，脉络清晰，层次分明，符合论说文的写作手法。Text B是关于“智能车辆”(Intelligent Vehicles)的，阐述了自动驾驶车辆的诸多裨益，并详细论述了如何将其变为现实。这两篇文章可以说是一脉相承，内容上都指向智能汽车，前者比较宏观，后者则偏向具体，可谓相辅相成。本次授课对象主要来自工商专业2017级1班、历史专业2017级1班、环境专业2017级6班、社会专业2017级1班等。教学时段为大二上学期。

---

① 李玲，女，硕士，副教授，研究方向：教师教育、外语教育。

② 吴晓真、季佩英、范烨：《全新版大学英语综合教程(4)》，第2版，上海外语教育出版社2013年版。

二、教学目标设定

首先,结合课文的主旨、语篇类型,教师设定的教学目标如下。

(1)语言技能方面:拓展学生有关智能汽车方面的词汇表达,掌握与此相关的句型、习语和短语;通过课堂头脑风暴、分组讨论等教学活动,激发学生用基础知识、想象力、批判性思维的方式参与课堂活动,运用所学的短语和表达丰富自己的语言输出;进行相关的翻译和写作训练,使得听、说、读、写、译紧密围绕一个中心主题,夯实学生的输入,同时注重学生的输出锻炼和提高。

(2)思政教育方面:首先,由于本单元文章发表于20世纪90年代末,距今已经近20年,内容较为陈旧。文章中所谈的GPS、芯片等对当代的"数字土著"没有太大的吸引力,因为这些都是伴随着他们成长的科技。故本单元引入当前发展前景巨大、举世瞩目的"人工智能"(AI)的概念,以项目小组合作方式,引导学生了解国内外AI的现状、发展,从中学会分析、分享,发现问题,提出解决办法,尤其侧重于对AI在中国的发展这类问题提出自己的建设性意见。目的在于:a)引导学生关注当今时代的热点和前沿问题,紧跟时代发展脉搏,深入思考;b)以项目小组合作的方式调动学生的学习自主性、合作沟通能力、领导力,以及批判思维能力;c)通过相互分享、学习和总结,使学生既能认识到中国目前在AI领域与发达国家存在的差距,也能了解中国在AI领域取得的成绩,用SWOT分析法全面了解AI在某个具体领域的主要发展情况。使学生因中国的发展拥有民族自信心与自豪感的同时,也能对差距和问题保持清醒的认识,明确自己的责任和使命。通过这样的"发现"之旅,达到对爱国思想进行潜移默化培养的目的。

其次,结合本学期的活动——"'家乡之音':发现家乡的美",让学生发现家乡引以为豪的人、事、景、物,通过自主设计、查询资料、撰写文案、上台演讲的方式,向同学们展现自己的家乡,激发学生对家乡的认知和热爱之情。爱家乡,从本质上说也是爱国的一种具体体现,进而引发学生的家国情怀,树立新时代正确的人生观和价值观。

三、教学案例描述[1](总课时105分钟)

1. 课堂即兴讨论与听力输入:单元主题导入(10分钟)

本单元的主题是"智能汽车"。导入部分通过课堂讨论的方式,临时组队,想象未来拥有什么样的智能汽车,并且在讨论结束后列出未来汽车的三个主要特征或者功能。话题设计得较为简单,容易入手,讨论结束后,学生发言比较积极。有的说,未来的汽车是植物做的,光合作用就可以了,不用汽油,这样更加环保。有的说,未来汽车是可折叠的,可以戴在手上做戒指!我当场称赞了他们,认为他们非常具有想象力。学生听了很高兴。这样的主动发言和我及时的肯定激励大家更加踊跃发言,使得课堂氛围轻松自由。还有的说,未来汽车就像大黄蜂,可以思考,可以跟我一起睡!我笑着说,你的意思是,它也会成为你的一个很好的哥们儿,这是一个陪伴型汽车!其他的还有隐形汽车、水陆空三栖汽车等。

简短的讨论结束后,我选取了一段描述未来汽车特征的英文内容作为听力素材。一方面,让大家根据听力内容,比较自己对未来汽车特征的期望与听力内容中所展现的差异;另一方面,通过听力拓展学生有关智能汽车的短语和表达,进行适当的听力训练。

2. 角色分工,合作阅读(45分钟)

本单元Text A属于科技性文章,结构清晰。所以我在设计阅读教学时,采用了角色分工、小组合作的方式。在讲解阅读内容前,先带领学生划分好段落,并且明确各段主旨和文章框架。然后,由各组主动认领段落,课下准备。组员角色主要有:"总结能手",负责本段的大意概括;"单词大师",负责本段重点词汇和短语的解释;"句子达人",负责本段的重点句子和难句的解释;"文化链接人",负责发现本段与中国文化或者现实世

---

① 注:课堂上师生对话均为英文,本文为了表述统一,已翻译为中文。

界有关联的信息点，并进行阐释；“艺术家”，负责用可视化方式画出本段主旨内容或者吸引自己的信息点。这种带着角色完成阅读的方式让学生有新鲜感，当然也具有挑战性。

从完成情况来看，我预测的最有难度的“文化链接人”却给了我不少惊喜。“艺术家”角色也相当精彩。例如，在“文化链接人”角色中，有的小组提到了值得国人骄傲的吉利汽车的发展；有的从课文中的智能汽车直接联想到了Google研发的无人汽车的现状，并给出了具体统计数字；有的引申到汽车（尤其是中国汽车）的发展史；还有的提到了GPS的发展史，中国的“北斗”和“一带一路”倡议要惠及其他国家。相比之下，“单词大师”和“句子达人”很少有做得出彩的地方。这从一个侧面反映出，学生在重点词汇和短语的应用上还存在困难，对句子的理解和解释不足。

阅读小组汇报结束后，我会根据各班的情况适当补充文章里的重点词汇、短语、句型等的讲解和练习，并对阅读小组的汇报进行总结，引导学生发挥优势，克服不足。当然，在学生进行汇报时，我会适时进行反馈和点评，必要的时候，也会引申拓展，用提问的方式启发学生思考。

例如，在学生提到中国的“北斗”时，我问大家：“除了本文提到的美国的GPS、中国的‘北斗’，谁知道全球另外两大卫星定位系统？”对于这个突然的小问题，多数同学表示没有了解过。我看到有学生立即拿出手机开始上网查资料，对此我表示肯定，特别肯定他发挥了手机的一个重要功能——查资料。不一会儿，就有同学开始分享他的收获：另外两个是俄罗斯的Glonass（格洛纳斯）、欧洲的Galileo（伽利略）。我再次加深学生印象，说：“是的，中国的‘北斗’与美国的GPS、俄罗斯的Glonass、欧洲的Galileo并称为全球四大卫星定位系统。不过，大家知道它们各自的优缺点吗？”就这样，我通过苏格拉底式提问法逐层提问，启发学生思考，并寻找答案。

为了让学生了解我国北斗卫星导航系统的发展，我提出问题：“就在近期，我国的北斗卫星导航系统实现了一次重大突破。有谁知道吗？”在大家的茫然神色中，我宣布答案：“在2018年10月15日，我国以‘一箭双星’方式成功发射了第39颗和第40颗北斗导航卫星！这意味着什么？这意味着我们自主研发的北斗导航系统距提供全球服务的功能又近了一大步!”看到大家流露出引以为豪的表情,我的内心也很喜悦!

3．项目合作——走进AI发现之旅(40分钟)

阅读教学结束,我补充了与智能汽车相关的一些知识,特别为学生播放了一段视频,是谷歌开发的自动驾驶自行车。看到大家欣喜的样子,我问同学们:“想不想拥有这样一辆自行车?”大家纷纷表示:“想啊!”“这个创意太好了!”“可以自动行使,竟然还可以自动出现在我需要的地方!”我引导同学们将视野投向AI汽车,并据此引出“人工智能”这一概念,也就是本单元的项目小组合作话题。我请同学们用头脑风暴的方式思考:AI已经应用到了哪些领域? AI对我们的生活产生了哪些影响? AI是我们的敌人还是朋友? 经过讨论,大家对AI有了一定的认识,同时也初步罗列了其所在应用领域,如教育、电商、智能家居、无人驾驶、医疗保健等。我请各个小组自行选定一个领域,分析AI的国内外现状、发展、存在的问题及解决办法,建议大家采用SWOT分析法,两周后以PPT方式进行汇报。

项目组汇报中,工商专业学生的最为精彩,特别是其中的几个小组,其PPT制作精良,小组成员准备充分,汇报有条不紊,自信大方,汇报内容丰富、有深度。以其中一组为例。他们选择的主题是“AI与医疗保健”。在谈到国外的AI在医疗方面的应用时,他们从医学影像、远程健康、诊疗支持系统三个方面来阐述。更可贵的是,他们选取了美国四家大公司(IBM,Microsoft,Google,Intel),从它们与医疗机构的合作及使用大数据和算法两个方面,具体分析了当前的发展,让听众眼前一亮。最后的SWOT分析也做得很有见地。他们的汇报一结束,就有同学说:他们这组都超厉害啊! 大家纷纷露出羡慕之情,对他们的汇报给予热烈的掌声!

我请他们分享经验,组长说,他们选取的是自己很感兴趣的主题,组员分工明确,为此他们还专门建了一个群,谁有了发现,不管是不是自己负责的部分,只要觉得是对组员有用的资料,就及时发到群里共享。组长谦虚地说,这是大家的功劳。她的发言刚结束,该组的组员立即说:“我要补充! 我觉得主要原因是,我们有一个优秀的组长!”这句话让其他组非常羡慕。我补充:“是的,这也说明领导力的重要性,这个小组组长领导有方，组员配合默契、认真踏实、相互支持、相互启发，才有了最后的出色成果，值得我们学习！不过，也请记住，我们每一个人都是潜在的领导者，如果每个组员都发挥自己的领导力、合作精神和探索精神，一定能做出让自己满意的成绩。”

小组汇报结束，我除了对内容的总结外，也适时提到了发生在我们身边的AI的应用。比如，阿里巴巴的无人酒店、阿里巴巴达摩院（Alibaba DAMO Academy）的人工智能研究、百度的无人驾驶汽车、华为的芯片研发等。我国的人工智能企业总数已经跃居世界前列，当然，这仅仅是数量上的。这也说明，我们需要更加努力团结，奋发图强，提高我国的科技实力。

4．“家乡之音”：发现家乡的美（10分钟）

爱国思想的培养不是喊口号，而是要真正落到实处，落到与自己相关的方方面面。这学期我设计了“家乡之音”演讲活动，让学生进行2～3分钟的演讲，通过发现家乡的美，培养学生的爱家乡、爱祖国的情怀。每次课前会有2～4名学生进行演讲，并接受同学提问。所呈现的信息由学生自主决定，可以是历史人物、景点、特产、文化遗产，总之聚焦到某一个触动自己、让自己引以为豪的点就可以。从整个学期来看，可以看出班级之间的差异。工商专业2017级1班和环境专业2017级6班尤其突出。他们从最开始上台时的不自信，时不时地看稿，到学期后半段的独立、自信，直至完全脱稿，台风稳健。从中能看到他们成长的点点滴滴，我作为听众和设计者感到非常欣慰。

印象比较深刻的是一个班的班长，在介绍自己的家乡——宁波的时候，没有沿袭同学多采用的景点、美食等话题，而是从历史视角出发，介绍这座城市的历史发展，以及每个历史阶段的突出人物和特点。他的逻辑性很强，演讲时非常自信，可以看出，班级同学被这种视角和演讲者呈现的状态深深折服，他的演讲得到了同学们的热烈掌声！结束时，我听到他动容地说：“非常感谢老师给我们这样的机会，让我能够重新认识自己的家乡。以前真的没太注意我的家乡有什么值得骄傲的地方。通过这次活动，我突然发现，我的家乡有很多值得我骄傲的地方，还有很多等待我去发现！讲到这里，我真的为我的家乡感到自豪！”我甚至看到这个大男孩有些泪目了，我知道那是对自己家乡饱含深情的爱！看到这一幕，我也被深深地触动了。我想，这就是我设计这个教学活动所希望达到的效果吧！

四、教学案例反思

这次的教学活动从总体上看，基本达到了教师的教学目标。首先，通过AI项目小组合作的方式，放手让学生选定自己感兴趣的领域，收集资料、梳理信息、确定框架、设计PPT、准备汇报。整个AI“发现”之旅不仅锻炼了学生的探究能力、分析能力、合作和领导能力、演讲表达能力，同时，也通过将课本内容升级到当前社会最为关注的热点和前沿，跳出课本，走进当代大学生要面对的世界。对AI应用领域的探索能让当代大学生了解AI的最新发展，既看到中国在这个重要领域所取得的成就，也看到存在的不足和差距，激发大学生的爱国热情，明确大学生所肩负的社会责任和强国使命。例如，工商专业有同学反馈说：“我们小组通过学习，对AI有了更加深刻的认识和了解，开阔了眼界。我们明白了国内互联网的迅猛发展使我国拥有了庞大的数据规模，这已成为我国发展大数据及AI产业的一大优势。由此也为推动大数据及AI技术的发展创造了必要条件。但是AI也是一把双刃剑，具有一定的威胁，这样的系统有潜力执行递归式的自我完善，从而触发智能爆炸，发明革命性的新技术。这样的超级智慧可以帮助我们消除战争、疾病和贫困，远远超过人类的能力。我们以后将更深入地了解AI。”

其次，“发现家乡的美”则把爱国热情落实到学生自身，让学生练就一双“发现”的眼睛。通过发现家乡所承载的引以为豪的方方面面，从心底触及学生对家乡的热爱之情，燃起学生建设家乡、服务家乡的热情。例如，工商专业有同学反馈：“我发现我的家乡近年来发展很快，变化也很大，不仅城市建设全国瞩目，而且在环境治理及文化产业方面都取得了令人骄傲的成绩。”中国梦的实现离不开新时代有担当、有家国情怀的人，尤其是年轻人。通过发现家乡的美及走进AI发展的方方面面，让年轻人对自己、家乡、民族、国家、世界和未来的发展具有关切情怀，意义深远；也希望学生将这种家国精神传承下去，为家乡、祖国和世界贡献一份力量。

改进之处在于提高教学的趣味性，增强师生之间的合作和配合。班级之间的AI项目小组成员，其能力存在较大差异，教师今后需要思考的是如何调动学生的积极性和主动性。项目小组教学活动对学生的英语学习动机和英语学习水平要求较高，今后的英语教学活动设计要综合考虑学生的认知水平、学习动机、学习风格等，增加个性化。

感恩篇

拥有爱的能力，人生更多欢喜

章　瑜[1]

一、引言

教师选取一定的视角，通过一定的教学手段将英语和思政适当结合，从而引导学生在常规英语习得的基础上获取更多精神层面的认知与感悟——这样的教学实践对于习惯传统教学模式的英语教师而言是一种崭新的尝试，挑战与趣味并存。我有幸参与了第一阶段的课程思政教学项目，并身体力行，部署实施了英语、思政合二为一的课堂教学，也初步掌握了将不同体系、不同格局、不同侧重点的两部分内容相互穿插融汇的教学方法。在第二阶段的英语思政课堂内，我选取的教材为《新编大学英语综合教程2》[2]，其中第一单元的两篇文章分别从父爱和夫妻之爱的角度讲述了两个感人的亲情故事，没有浮华的言语，没有刻意的渲染，没有曲折的故事，文章作者用平实的叙述呈现了醇厚深沉的父子情、夫妻情。细读文章后，我认为该单元涉及的主题适宜与思政内容相结合。选定了素材及主题，后续的教学部署及课堂实施便能有序推进了。

本次教学实践的授课对象来自四个班级：法学专业2018级5班、计算机专业2018级1班、公共管理专业2018级5班、新闻传播专业2018级2班。授课时间为2018—2019学年第一学期的前三周。相比第一次的思政教学实践，我感觉第二次在主题导入、流程推进、问题设计、任务部署等方面更娴熟、更从容，更有分寸感和节奏感。

---

① 章瑜，女，硕士，讲师，研究方向：批判话语分析，英语教学。

② 应惠兰：《新编大学英语综合教程2》，外语教学与研究出版社2012年版。

二、教学目标

本次教学实践主要涵盖两个教学目标:(1)依托所选取的素材,训练学生基本的语言技能,特别是即兴口语表达能力;(2)在英语课堂中渗透“爱”的思政主题,引导学生对“爱”的各个层面做一些积极的思考,培养学生对“爱”的领悟能力。关于“爱”这个思政主题,我主要从他爱、自爱两个方面部署相关教学。关于前者,我强调了珍惜宽容、求同存异对于构建个体与他人和谐关系的重要性;关于后者,我又分层次阐述了关爱自我、愉悦自我的几个要点。无论哪种爱,其获取过程、感知感悟过程就像是一场漫长而艰巨的人生修炼,其间会有曲折、会有迷茫,但只要有心,只要坚定,就一定能找寻到更睿智、更从容的自我。爱是一种能力,一旦拥有,便是惊喜和欢喜。

三、教学步骤(总课时135分钟)

1. 畅所欲言,审视广义层面的爱(25分钟)

在此次思政课堂的导入阶段,我先组织学生就广义的爱进行不限定边界和框架的宽泛讨论,学生输出的话语中只要含有“love”即可。学生先自问自答,然后两两互动,最后我随机选择学生回答,并与学生互动。学生的回答内容丰富,涉及不同视角、不同性质的爱。有学生说爱是人与人之间互相依赖、关爱、吸引等情感因素的汇总,它可以是血亲之间的爱,如父母与子女之间的爱、兄弟姐妹间的手足之爱;也可以是无血缘个体之间的爱,如恋人之爱、夫妻之爱、陌生人之间的关爱等。也有学生就“爱”的词性展开论述,“爱”可以作名词,也可以作动词,作名词时人们往往把“爱”与爱情联系在一起,作动词时“爱”后面可以跟人称,也可以跟指代事与物的词,爱可以包罗万象,爱可以是小情小爱,也可以是人间大爱。在互动过程中,大部分学生都能用英语流畅表达,但也有个别学生中途卡壳,不能找到恰当的词表述某个语意。此时,我通常会接过学生的话,把漏掉的词或词组填充到句子中,并进行一定的词汇补充和内容扩展。此次导入阶段我所补充的相关英语词汇包括:sibling、spouse、nephew、niece、foster parent、cousin、mistress、countryman、coworker等。基于这些词汇,我让学生选取其中两个或两个以上的词汇组句或组篇进行即兴的语言输出,组织学生展开讨论,剖析其中的内涵,表达个人见解。

2. 细读谚语,探寻短句中爱的哲理(20分钟)

谚语凝聚智慧和普遍经验,语句简短却很有力量。为引导学生更深入地感知爱的内涵,我选取了部分易读、易记的英语谚语让学生讨论学习,内容如下:

(1) True love never grows old.

(2) True love is giving, not taking.

(3) All true love is founded on esteem.

(4) Love asks faith, and faith firmness.

我先让学生逐句释义,阐述自己的理解,然后我对学生的回答进行汇总并适当补充。句(1):真爱不老。真爱不因时间的流逝变得浮躁,变得庸俗;真爱是相知相惜的伴侣携手走过飞扬的青春,走过壮年的繁华,又在暮年时灵魂相依,不离不弃。句(2):真爱是付出而不是索取。心中有爱,付出亦是幸福。句(3):真爱之上必有尊重。尊重你的喜好,尊重你的选择,尊重你的人格,爱你便是接纳你、尊重你;懂得尊重也意味着善于倾听,倾听你的喜与乐、感知你的悲与愁,与你在一起便是欢喜。句(4):真爱离不开忠贞、忠诚。彼此忠诚是爱的底线,忠诚需要坚定的意志,懦弱、自私、不坚定的人经不起诱惑,外部袭来的试探性的涟漪就能掀起其内心的汹涌波涛。在阐释谚语字面意思的基础上,学生们又对谚语的内涵进行了延伸,并对个别语句提出了不同看法。如句(2),学生认为付出与索取对于真爱而言同等重要,一味地付出而不懂得适当的索取会使爱失衡,最终付出的一方也会因为失去施与爱的动力而放弃爱或不再爱。对谚语内涵进行充分讨论之后,我又让学生背诵部分谚语并在句后补充简短的英文解释,掌握原句,感悟精髓,展开评述,加强领会。

3. 立足课文，品爱之深切、悟爱之要义（45分钟）

英语思政课堂需英语和思政两个要素同步开展，相互融汇，互推共进。这其中主题选择恰当，内容有嚼劲，易触动读者心灵的文本尤为重要。我选取了《新编大学英语综合教程2》第一单元的两篇文章，并从三个角度将具体文本与思政主题相结合。文章的讲解过程中穿插了讨论和提问，具体形式与前文提及的一致。

1)珍惜父母缘

在第一单元的《善良之心，久久相依》(A Good Heart to Lean on)中，作者用质朴平实的语言、舒缓真挚的笔调讲述了其父生前的一些经历和故事，文中也穿插了与父亲相处时作者的一些所思所感，以及作者对父亲的评价。在课文讲解过程中，我先让学生总结出作者父亲身上的闪光点，学生们很快在原文中找到了对应的文字：虽然残疾，却每日风雨无阻坚持上班，挣钱养家；内心强大，无惧世俗眼光；热情阳光，爱运动、爱跳舞；幽默、豁达会自嘲，应对突发事件从容不迫，有大智慧；乐观自信，敢于尝试。之后，我提问：如果你的身体状况和作者父亲相似，你是否也能活得自在、潇洒？不少学生表示无法达到文中父亲的胸怀与境界，并给出了理由。接着，我又让学生分析作者与父亲相处的心路历程。学生答：起初作者和父亲在一起时觉得尴尬不自在，甚至觉得羞耻(ashamed)，送父亲上班也是很不耐烦(impatient)；之后，作者惊诧于(marvel at)父亲在如此境遇中表现出来的勇气与从容；最后，作者后悔(regret)自己曾经的浅薄，后悔当初羞于与父亲同行，并开始在内心深处敬重父亲，以父亲为榜样。在后续讨论中，我问学生：你是否也曾如文章作者那样对父母亲表现出不耐烦甚至嫌弃？你的父母亲身上有哪些品质值得你学习？在与父母的相处过程中，你觉得你有哪些方面需要改进？今后你打算为父母亲做哪些事情，让他们感受到你对他们的爱？学生们根据自身情况做了相应回答。最后，我做出总结："通常而言，父母的爱最无私，所以一定要珍惜；绝不能轻视，同一血脉，看轻父母即看轻自己；要善于发现，多看到父母身上的闪光点，多看到父母的付出；父母健在的时候，学会体谅他们，关心他们；与父母的缘分也许就这一世，要珍惜。”

2)珍惜夫妻情

第二篇文章《给凯特的吻》(A Kiss for Kate)，讲述了一对老夫妇感人至深的爱情故事。我首先对文章进行了常规处理，之后对其中的两个片断进行了重点讲解。在片断一中，作者用层层套叠的大长句细致地描述了生活在养老院的一对老夫妇沐浴着午后阳光，相互依偎翻看老照片的场景。对于这部分文字，我先讲解了其中的语言点，然后让学生谈感想、评价。学生表达的意思主要有以下几方面：执子之手、与子偕老是很多人的愿望，愿望是否能实现要看缘分；共同走过的路、看过的风景、经历过的岁月是爱的纽带，弥足珍贵；老年夫妇双方都身体健康、相伴相依、共度晚年，是大福分。我选取的片段二描写了妻子Kate得到护士的安抚之吻后哼唱歌曲的场景。同样，学生们表达了自己的看法：人生路上，所有的同行、所有的相伴不过是旅途中的某一个片断，繁华锦绣终将消散落幕，悲怆凄怨也会落入凡尘化为淡漠。所以，学会与寂寞相处，学会与自己为伴，才能在人生路上独行时不怨不艾，从容淡然。结合学生们关于该文章的评述，我做了简要总结：爱情美好，要勇于追求，更要珍惜；少年夫妻老来伴，年轻时珍惜夫妻缘，年老时才能欢欢喜喜看落日斜阳。

3)珍惜和宽容——学会爱他人

基于上述两篇文章，我组织学生进行了后续讨论：什么是爱的能力？怎样培养爱的能力？在与他人的相处中怎样才能更好地感知爱、获得爱？我提问，学生作答，不同学生看待问题的角度不同。有学生说爱他人就是认同他人身上的一些特质，并在一定程度上被吸引，从而不由自主地想施与关心，施与关爱；也有学生说爱是一种能力，可以称为“爱商”，爱商高的人更容易体会到爱并懂得如何去爱；此外，还有不少学生以生活为例，说明爱一个人就会为对方做什么样的事情，会产生什么样的心态。最后我与学生分享了自己的观点：爱他人离不开珍惜与宽容。与他人交流、共处，意见的相悖、理念的冲突、生活习惯的不同比比皆是，最终两个独立个体之间能否和睦愉悦地相处，一定程度上取决于双方能否求同存异，能否以宽容的心看待对方与你不匹配的点。多想想对方的好，多设身处地地从对方角度看待问题，多跳出原有的关系框架，理性地看待你与他(她)之间的摩擦、困惑与纠结，也许很多貌似剑拔弩张的关系会变得平和、温暖。总而言之，懂爱，必然懂得珍惜，懂得宽容。

4. 走进自我，剖析自我关爱之核心(45分钟)

在本次英语思政课堂的教学实践过程中，我特意留出一节课与学生讨论“自我关爱”这一主题。之所以纳入这一主题，一是因为这一方面可视为“爱”这个大框架的延伸，自爱、他爱一并讨论也会使整个大主题更加饱满；二是我也想通过此次英语思政课堂引导学生更全面透彻地看待“自我关爱”的内容，更理性、从容地审视自己的优缺点，更勤勉踏实地设定目标、追寻理想。和之前的讨论流程相似，我先让学生即兴陈述或两两互动，之后我随机选择学生作答。关于自我关爱，学生的想法很多，很多观点让人耳目一新。在讨论的收尾阶段，我做了汇总，内容如下。

(1)爱自己首先要关注自己的健康，心理健康和身体健康同等重要，出现问题一定要学会寻求帮助。

(2)勤奋上进是自我关爱的落脚点。勤奋也要有效率、有方法——勤奋要辅以计划和规划。勤奋意味着良好的行动力，勤奋需要用经常性的总结和反思来检验。

(3)不过分在意别人的眼光，为自己而活是自我关爱的核心。畏首畏尾、瞻前顾后、经常关注他人的评价是懦弱的表现，更会禁锢潜力、扰乱内心、扼杀幸福感。

(4)懂得自我关爱就不应对自己太苛刻。对他人宽容，更应对自己宽容，凡事尽力就好。

(5)懂得自我关爱就应远离沮丧、愤怒、焦虑、自责等负面情绪。学会自我安慰、自我调节、自我肯定，尽可能地让自己有舒畅、平和的心态。

(6)学会享受生活，学会发现生活中的美是自我关爱落入生活、归于本真的具体表现。生活处处有惊喜，只要有心，就能感知，就能得到。

关于以上要点，我基本都以实例展开，尽量争取讲得实在、实用。此外，我又布置了一篇以“自我关爱”为主题的英语作文，学生上交了纸质稿和电子稿，我一一做了回复，并在课堂上进行了点评。

四、反思

此次，以爱为主题的英语思政课堂是我第二次参与的相关主题的教学实践，我感觉这一次在整体把控方面更有节奏感、更娴熟，但个别步骤的实施依然有些仓促。回顾课堂，如果某些环节的时间能再多一些，相应的观点则能讲得更生动、更透彻。总体而言，这一教学尝试于教师而言应是趣味与成就感并存。教师在传授语言技能的同时，能把自己的一些感知感悟、人生经验与学生分享，引导学生更理性、敏锐地看待周围的人和事物，更从容自在地安排日常生活、规划未来；于学生而言，整个习得过程因思政要素的融入变得更完整、更有意义。英语课不仅仅只有英语，英语课还能给你更多。

毋庸置疑，这样的英语思政课堂能促使教师从一个全新的视角审视课堂的结构和内容，审视自己与学生的关系，从而更清楚地意识到自身的不足及努力的方向。站在讲台前，面对一双双充满信任和期待的眼睛，教师应珍视自己说话的权利，好好地说，认真地说，因为我们的每一句话都有可能帮助迷途中的他或她找到光亮与方向。

话感恩，道幸福　你的心事我愿意听

——记一次“感恩”主题的教学实录

李　雪[①]

一、引言

《全新版大学英语综合教程(3)》第五单元的主题是“感恩”。个人觉得这是一个非常好的主题。党的十八大提出，倡导富强、民主、文明、和谐，倡导自由、平等、公正、法治，倡导爱国、敬业、诚信、友善，积极培育和践行社会主义核心价值观。富强、民主、文明、和谐是国家层面的价值目标，自由、平等、公正、法治是社会层面的价值取向，爱国、敬业、诚信、友善是公民个人层面的价值准则，这24个字是社会主义核心价值观的基本内容。爱国、敬业、诚信、友善是公民基本道德规范，是从个人行为层面对社会主义核心价值观基本理念的凝练。友善强调公民之间应互相尊重、互相关心、互相帮助、和睦友好，努力形成社会主义的新型人际关系。

在青年学生逐步成熟、走向社会的过程中，构建健康、和谐的新型人际关系非常重要。人是社会动物，良好的人际关系是幸福感的重要内容。观察学生身边的人际关系，主要有两方面：一方面是与家人的关系，包括父母、长辈、亲戚等；另一方面是与老师、同学、社团成员之间的关系。在大学期间，这两方面的关系对学生的影响都很大，家庭好比是学生成长的“大后方”，大学校园里的人际网则直接见证了学生成长的每一步，也会对学生今后走上社会、就业工作产生影响。

---

① 李雪，女，硕士，讲师，研究方向：口笔译理论与实践。

积极心理学之父马丁·塞利格曼在他的专著《持续的幸福》[1]中提到，提升幸福感的重要一环是懂得感恩。他曾在志愿者中开展过长达半年的实验，具体操作如下：把志愿者分成两组，一组是实验组，一组是对照组。实验组的成员每天在固定时间(比如下午7点)写下一天里让他心存感激的三件事，并写清楚发生的原因。对照组则什么都不做。半年之后，实验组的成员有了惊人的变化，他们的情绪报告比以往都积极，甚至他们的健康状况都得到了改善。由此可见，感恩对人类幸福感的提升作用。

二、教学目标和教学准备

本次教学的主要目标是：把社会主义核心价值观引入课堂，学生在掌握课本内容和语言知识的基础上，理解“感恩”主题，并把这个内容置于家庭、师生、生生关系中，学习建立健康、和谐的人际关系，提升幸福感。

有了这样的初步思路之后，我开始深入课文，寻求课文内容和这个主题之间的连接点。本单元选取两篇文章，第一篇文章作为单元授课重点，是美国作家亚历克斯·黑利写的一篇散文，文字优美，感人至深。内容如下：第二次世界大战期间，作者作为一名随军远征的厨师，乘坐美国军舰“军市一号”航行在大西洋上。在大餐结束、收拾停当之后，作者在甲板上思考感恩的含义，并联想到迄今为止自己最想感谢的三个人，并“时不我待”地写下了三封感谢信。由此引发了作者的一段人生感悟。

这篇文章给我的启发有三点。第一，故事发生的时间是20世纪40年代，如今是21世纪。当时书信是人们主要的交流方式，现在可能已没有多少人会选择这种方式。我们有更多选择：语音聊天、视频聊天、微信、QQ等，还可以发送即时消息。以上工具的迅捷性不言而喻。但是，可能正是因为要找到某一个人并跟他交流太方便了，很多时候我们就会不那么“走心”。这恐怕也是交流方式越来越多、人情却越来越淡漠的原因之一。反观书信这种“原始”的交流方式，在车马都慢的年代里，却被作为一种郑重

① 马丁·塞利格曼：《持续的幸福》，浙江人民出版社2012年版。

而真诚的方式，联系着通信人的心。那么现代人还能不能耐住性子、放慢脚步，给某个珍视的对象，写一封情真意切的信呢？这样写下的书信意义是否非同一般呢？

第二，作者在甲板上思考，然后到船舱里写信，没有半分拖沓。作者在文章里提到，其实对他影响深刻的人不只三位，但有半数已经不在人世了。正是这种负疚感让作者马上行动，他不想再留下任何遗憾。作为青年学生，也应该有这种情感上的紧迫感，特别是对最亲的人。

第三，我们的学生正值芳年，从出生起就备受呵护，一路成长，得良师益友庇护。或许他们内心会把这一切认为理所应当，而这样很容易陷入以自我为中心的境地，一旦遇到挫折，容易一蹶不振。感恩的目的就是告诉学生，来自父母、长辈、老师、同学的爱是他人发自肺腑的，但是作为接受者，不能无动于衷，而应该感知、感谢、感恩。感恩的另一层含义是，在接受爱之后，还应该把这种爱传递出去，在自己能力范围内去帮助别人，成就别人。这样做的同时，自己的思想得到了升华，品质得到锤炼，从而获得更多的幸福感。这属于马斯洛需求金字塔的顶层——自我实现(self-actualization)。

三、教学实践

基于上述三点启发，根据情景教学法，我在课堂上设计了这样一个环节：让学生给自己的同学或者老师写一封感谢信。这样设计的初衷是：课堂上写，训练学生在规定时间内写作的能力；给老师或者同学写，是因为在学校里学生最熟悉的对象是同班同学，还有授课老师、班主任、辅导员等，比较容易形成思维联想，表达自己的观点。给学生规定的时间是20分钟，字数是100个单词左右。为了加强互动，在写作之前我先告诉学生，这篇文章写完之后是要在课堂上跟同学一起分享的。这样让他们有心理准备，也能沟通感情，增加生生、师生的感情。

第一天的授课班级是新闻专业2017级1班和电子专业2017级2班。学生听到这项任务，颇感意外，因为以前没有做过同类型的练习。但是从他们掩藏不住笑意的眼睛里可以看出，学生对这个任务颇为认同。都是朝夕相处的人，要感谢的地方很多，素材不难找。上台朗读自己的作文，好比是向同学老师当面表达，也会有趣很多。

事实也证明了之前的推测：女孩子上台后声情并茂地感谢了自己的室友，室友在其生病时照顾她，平时帮忙打饭，比赛时做了荧光牌为她打气，一点一滴，尽在她心头。台上的女生讲得动情，台下被表扬的室友也忍不住湿了眼眶。被感谢次数最多的那个同学可能未必是学业最优秀的，也未必是班干部，但是真诚善良的她在同学心中闪闪发光。相比之下，男生的情感可能不那么细腻，他们感谢的理由听起来也有点“无厘头”。

课程结束后，课堂气氛依然活跃，学生的表现可圈可点。我开始思索，接下来的几节课是依样画葫芦，还是另辟蹊径？上这个单元的时候已经是六月份了，再过几天就是父亲节。这个节日给了我一些灵感：相比母亲节，父亲节有点被“冷落”。但是，父亲在孩子成长过程中的作用一点不比母亲少。但并非所有父亲都能得到孩子的充分理解，而孩子也需要一个渠道，表达对父亲的真实感情。我也不想因为是父亲节就一定要学生为父亲唱赞歌，唱一下“反调”也可以。于是，我有了一个更大胆的想法。

第二天的课上，我请学生给父亲写一封信，内容自定，写下最想对父亲说的话。这下子，学生的表情更丰富了，有开心、有期待、有意外，还有那么一丝哀怨。接着，我启发学生：“父亲的事迹远未被挖掘出来，他们的赞歌也很多未被歌唱。”这句话本来是评价在解放黑奴运动中的许多默默无闻的英雄的，用在父亲身上也非常贴切。但是，我话锋一转：“当然，未必所有的父亲都如我们所愿，他们可能这样或者那样辜负了我们的期望。所以，今天你可以写下任何想对他说的话。”这话起了作用，本来面露狐疑之色的学生像是下定了决心，很快提笔写了起来。也因为可能会涉及家庭隐私，这一次我没有要求学生当堂朗读。我把学生习作小心翼翼地捧回了家，仔细阅读起来。

看完学生作文，我发现，大多数学生表达了对父亲的喜爱和感谢。例如，喜欢父亲从小带他野餐远足，给他念美丽的童话，回答他稀奇古怪的问题，如金鱼一直生活在冷水里为什么不觉得冷？也有学生说，在成长过程中，父亲为了给他提供更好的成长环境，认真工作，辛苦赚钱。感动之余，也不得不承认，父亲这个角色对孩子成长的重要性。相比赞美父亲的作文，我更加认真地阅读了表达对父亲不满的文章。有些学生埋怨父亲不注意身体，一直抽很多的烟；埋怨父亲因为忙工作，忽略了家庭和子女，造成情感上的隔膜。看到这里，我庆幸在课堂上做出的不当堂分享的决定。如果不是这样，我可能无法倾听学生心底最真实的想法。

届时已临近期末，不知是不是期末事情太多的缘故，我居然失声了，这给教学实践带来了很大困难。好在只剩下最后一次课，教学的重点也放在学生接下来的口语考试上。所以在最后的课上，我用PPT列出了本次授课的主要内容和要求，还郑重向学生表达了感谢：感谢他们与我分享自己对父亲的感情，无论这种感情是肯定，还是疑惑甚至不满。但有一点是肯定的：你们的故事是我们之间的小秘密，在我这里是绝对安全的。

四、教学案例反思

教学到这里就结束了，取得了令人比较满意的教学效果，但也带给我几点反思。第一，在学期中，我一般都会布置学生写至少3篇作文，题材多样。主要目的是让学生多练手，在写作过程中培养英语思维习惯，巩固平时的学习内容。学校也提供了诸如批改网这样的在线写作平台。学生写完就可提交，系统会打分，甚至还有修改建议。但是，平台再好，教师在整个过程中却是基本“缺席”的。反观这次作文，那种实实在在捧着学生作文，掌握学生学习进度的感觉是批改网不能带来的。

第二，学生其实对生活中的人和事是很敏感的，同学的一次举手之劳，老师的一个鼓励眼神，都被他们铭记心间。父亲为家庭的任劳任怨、无私付出，他们也铭记在心。但是，学生缺乏一个表达的机会。如果教师在平时能多为学生创造这样的机会，多给他们机会抒写心头思绪，既能提高他们的英语表达能力，又能改善人际关系，实现社会主义新型人际关系，促进社会和谐发展。

第三，都说“家庭是社会的细胞”，家庭关系的和谐是整个社会健康向上的基础。但是，社会生活恰恰是复杂的。对于很多社会问题，社会学家苦苦思索也难以形成完美的解决方案，一两堂英语课更是杯水车薪。但是，跟表达感恩、感谢这样的正面情绪一样，表达不满这样的负面情绪也是一种情绪管理方式，有助于主体更快地建立正面情绪。考虑到青年学生的年龄、性格特点，这样的方式有利于他们的身心健康。

帕克·帕尔默曾在《教学勇气》一书中说：“真正好的教学不能降低到技术层面，真正好的教学来自教师的自身认同与自身完整。”[①]在课堂中进行社会主义核心价值观教育也绝不能仅仅停留在技术层面，只有教师走心，学生才能从中受到启发，得到正面的影响和指导。

① 帕克·帕尔默：《教学勇气》，华东师范大学出版社2005年版，第10页。

弘扬"孝"的中华传统美德
——从写给父母的一封英语感谢信说起

周　迈[①]

一、引言

本文选取《全新版大学英语综合教程(3)》第五单元为教学案例，授课班级为工商专业2017级7班，授课时间为第9～10周，这个单元的主题是"感恩"。其中课内阅读文章Text A的主要内容是：作者亚历克斯·黑利在第二次世界大战时在海岸警卫队服兵役，出海在外，时逢一个倍感孤寂的日子。他开始认真思考这一天的意义，因为对许多美国人而言，这一天已成为大吃大喝、没完没了地看橄榄球比赛的日子。黑利决定写三封不同寻常的信，以此来纪念这个日子的真正意义。这是一个普通美国大兵的普通故事，语言十分朴素。作者在课文中分别叙述了自己写这三封感谢信的原因，最后在文章的结尾，作者对全世界的人建议道：我们在生活中不要吝惜自己的溢美之词，应该褒扬生活中一切美好的事物，感谢我们身边每一位给我们提供帮助的人。课文内容虽然非常简单，但是我认为非常有教育意义。在生活中，如果我们每个人都怀着一颗感恩的心，感恩父母、感恩师长和朋友、感恩身边的人，那么人与人之间的关系将会更加和谐。我们也一定能建成一个令人羡慕的文明社会，而这是一篇极好的对学生进行思想教育的文章。

① 周迈，男，硕士，副教授，研究方向：语料库语言学和翻译理论与实践。

二、教学目标

根据本课的主题，我设定的教学目标是：讲解课文中的重点单词、语法点、复杂句、篇章结构，同时借用课文展现的“感恩”主题，采用语料库分析、听说和写作这三个教学手段，对单元课文进行分析和讲解。在学习的过程中，引入思政教育中“文明、品德”，培养学生弘扬中华文明中“孝”的传统美德，感恩父母，感恩他人。

三、教学案例描述(总课时135分钟)

1. 课前

1)单元主题的导入(25分钟)

为了保证教学效果，在学习这个单元之前，我事先布置学生对该单元进行预习。为了辅助学生做好预习工作，我提前把这个单元的两篇文章的译文放在超星泛雅网络教学平台上，学生可以通过电脑或者手机随时访问下载。此外，除课文中词汇表提供的单词和词组之外，根据我个人的教学经验，我还在Text A中挑选出了20个比较实用的词组和短语作为补充：

(1) give serious thought to
(2) genuine statements
(3) heartfelt appreciation
(4) graduate into a habit of ...
(5) electronic media
(6) have little awareness of
(7) sprinkle ... with stardust
(8) in the routine
(9) personal experience
(10) topmost priority
(11) fistfuls of
(12) undergo swift changes
(13) in self-doubt
(14) a rocking chair
(15) character by character
(16) express one's loving gratefulness to ...
(17) make a living as a ...
(18) give sb. an insight into
(19) with similar needs
(20) simple common sense

按照我教授大学英语的惯例，在开始学习新单元之前都要先听写单词，这些词组和词汇表中的单词都是单词听写的内容。除了听写以外，我要求学生课前认真阅读课文。在我提供的课文的译文及教材注释的帮助下，大部分同学认真阅读了课文。为了检查学生课前预习的情况，我要求学生复述课文，并且把课文的复述作为一次口语作业，在课堂上进行检查。由于课堂时间有限，每个班级（工商专业2017级7班、商务专业2017级6班、统计专业2017级2班、哲学专业2017级1班）我只抽取了一部分口语小组在课堂上进行复述。如工商专业2017级7班，我挑选了一半的口语小组（有的班级，如统计专业2017级2班，由于人数比较多，我只选1/3的小组进行复述），其余的小组课前用手机录制好视频，再由学习委员统一发给我进行检查评价。下面以工商专业2017级7班为例进行说明。

这个班被要求在课堂上复述Text A的小组准备得非常充分，有的小组还非常有创意。如张同学和杨同学所在的小组，他们运用自己丰富的想象力，将课文改编成一个适合表演的剧本，由小组成员扮演不同的角色，使得课文的内容和主题更加生动、逼真和感人，博得了其他同学热烈的掌声。

以检查预习情况为目的的口语复述活动结束之后，我给学生播放了一段和课文主题紧密相关的小视频。视频讲的是美国和加拿大感恩的习俗，看完以后（因为视频语速比较快，我特别给视频添加了我制作的外挂字幕），我向学生提了几个与该视频相关的问题。最后，我借其中的一个问题，将学生引到我要启发他们思考的问题上。

T: When the first colonists came to America and on the verge of death for the lack of food, who came to help them to get through the tough time?

S: The American Indians.

T: So who have helped you most in your life and who should you thank most?

学生陷入了短暂的沉思，接着，我给学生5分钟时间让他们进行讨论，然后请3个讨论小组的代表发言。根据学生代表的发言，3个小组都一致认为，在自己的生命中，给自己最大帮助的是父母，自己首先要感谢的是父母。

最后我总结：大家说得很不错，孝敬父母是我们中华民族的传统美德，我们应该感谢父母对我们的养育之恩，感谢他们对我们的辛勤付出。

2）进一步思考提出的话题（15分钟）

接着，我又给同学们5分钟的时间，让每个同学单独思考一下父母为他们付出的点点滴滴，再请他们挑选出最令他们感动而又难以忘怀的场景。然后按照学生的学号，利用随机数字抽查网站提供的软件，在工商专业2017级7班，选了3个同学起来发言（因为课堂时间有限，如果学生发言时间比较长，只选2个同学发言）。这是一个比较严肃的话题，但也是大部分同学有话可说的话题，正因为如此，课堂气氛十分活跃。不过，由于课堂时间有限，所以我不能让每个同学发言，为了满足同学们表达思想和感情的愿望，我抓住这个机会，告知学生，我在超星泛雅网络教学平台上提供了一个“How to Write a Thank-You Letter”的视频，通过观看这个视频，学生们可以学习怎样写书信这类应用文（全国硕士研究生统一考试英语写作部分）。我对学生说，下次上课，我要请几个同学（采取自愿的原则，因为信的内容毕竟是私人的信息）在课堂上朗读自己写给父母的感谢信，并且要进行评分，自愿发言的同学平时成绩有加分。

2. 课中

1）课文的导入（5分钟）

在讲解课文之前，我利用一个语料库网站，把课文制作成词汇云图，同时利用该网站的应用工具，将该课文中的词汇按照频率进行了排列，如图1所示。

图1 词汇云图[①]

Vocabulary density: 0.452

Average words per sentence: 35.1

Most frequent words in the corpus: thanksgiving (9); letters (8); thank (6); books (5); mail (5)

学生能够很直观地从词汇云图和频率表看出,本篇课文中出现频率最高的实词是thanksgiving,其次是letters,然后是thank。于是,我问学生这个词汇云图说明了什么问题?同学们一致认为从这幅图可以看出,该课文的主题词是giving thanks。接着我又问学生,感恩能带来什么益处?大部分学生认为,学会感恩,可以使人与人之间的关系变得更加和谐,如果这个社会人人都学会感恩,人人都怀有一颗感恩的心,那么这个世界将是一个美好的世界。

2)分析课文的篇章结构(5分钟)

在讲解课文语言点之前,我先帮助学生理清文章的结构,先请学生找到文章的"起、承、转、合",最后根据学生的分析和我的补充,我把文章的

① 参考网址:http://voyant-tools.org/? corpus=0ff05bd8fd17ee7db8b03147c52b2f5f。

结构通过思维导图的形式进行了展示(考研英语中就有题目专门测试学生对文章结构的掌握),如图2所示。

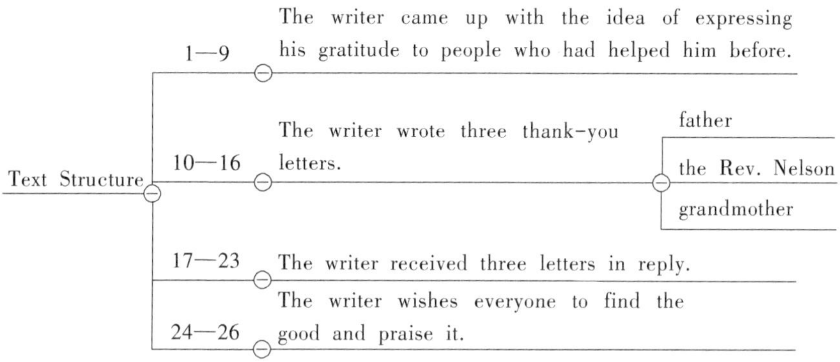

图2 课文语篇结构图

3)讲解语言点(30分钟)

对课文的宏观结构进行分析之后,在讲解单词和词组的时候,我尽量提供包含father,mother,grandmother,thanks等字眼的释义,引导学生多思考"感恩亲人"这个话题,让他们在心灵上不断地受到触动。语言讲解主要利用skell语料库及朗文词典的windows版本分析重点词汇的用法。

4)课文的总结(15分钟)

在疏通语言点之后,我以口语小组为单位,要求学生进行口语活动。假定一部分小组是作者,一部分小组是father,一部分小组是grandfather,还有一部分小组是the Rev. Nelson。然后请各小组对感谢信和回信的内容进行大胆地想象,经过5分钟左右的讨论,各小组代表分别朗诵作者给他们写的感谢信、father的回信、grandfather的回信、the Rev. Nelson的回信。再请一个组的代表对课文主题进行总结。完成这个活动以后,我再进行点评和总结。

3. 课后

1)写作练习(课后完成)

在这个单元的学习即将结束的时候,我趁热打铁,及时给学生布置了写作任务,题目为“A Thanksgiving Letter to My Parents(Father or Mother)”,要求学生写出感谢的理由,表达真情实感,同时要求写清楚自己回报父母养育之恩的方式。经过3天的时间,我选出了4篇优秀作文,并对这些学生进行了小小的奖励。我还请一些同学把这些感人的英语信用实体信封、贴邮票的传统寄信方式寄给自己的父母,并且请求父母在看了信以后,用英语给自己的子女写一封回信。如果学生愿意分享,可以在班级的QQ群中分享给大家。

2)给父母的感谢信的展示和汇报(40分钟)

征得学生的同意之后,我把4篇优秀作文和父母的英语回信在班级QQ群中进行了展示。分享完之后,我进一步总结,指出父母在我们的成长过程中一直在默默付出,我们要学会感恩,而感恩的形式不一定要通过物质的形式。我们平时不要总是把手机当作玩的工具,而应该多利用它和父母主动沟通,多问候父母,尤其在父母的生日及其他节日时。如果时间允许,可以回家看一看父母。最后,我引用了孔子的一句名言:“立身行道,扬名于后世,以显父母,孝之终也。”

四、教学案例反思

在这个单元的教学中,我采用的教学环节和其他的教学单元大体相同。第1步是给出预习材料,给学生布置预习课文和单词的作业。第2步通过课文复述活动和单词听写的形式检查预习情况,督促学生做好预习作业。第3步是通过观看与主题相关的视频,以提问的方式导入课文主题。第4步是分析课文语篇结构,找到课文的“起、承、转、合”。第5步是讲解课文的词汇和语法知识点。第6步是总结全文。在教学过程中,我还让学生在课堂中进行讨论,请同学发言,并布置与主题相关的写作任务等。学生在单元学习中,巩固了所学的单词和语法,加强了口语的训练,提高了写作水平。

然而,与其他教学单元不同的是,这个教学案例最大的好处是对学生进行了一次很好的思想品德教育,教学生怎样做人,尤其是教他们如何感恩父母,弘扬中华孝道,培养高尚的品德情操。学生在学习英语的课堂内外,潜移默化地接受了一次思想品德的教育。而"感恩"这一思想品德的培养,是全世界所有民族一致认可的,具有普世性。

在教学的过程中,我课前和课后都布置了作业。例如,我通过超星泛雅网络教学平台,布置词汇、语法、听力等练习,一些学生(工商专业2017级7班)的课外活动比较多,感觉作业压力大,每次作业都是在截止日期的前一天匆匆忙忙完成的,这样的效度就有"打折扣"的问题。由于班级人数多,我没有做到仔细批阅学生上交的每一篇作文,这给部分学生心理上造成了一定程度的失落感。

单元学习结束以后,我利用问卷星对学生进行了一次问卷调查,90%的学生对这个单元的学习方法和内容的评价是积极的。如有学生这样写道:"通过这个单元的学习,我不仅学到了新的单词和短语,也重新认识到了父爱和母爱的伟大,认识到父母为我付出的是那么多,而我所回报的是那么少,以后我要改正。"还有学生这样说:"我平常和爸爸妈妈打电话都是要钱,不需要钱就很少主动和他们联系,他们每次打电话过来,我都觉得很烦。学习完这个单元以后,我觉得我错了,我以后也要主动多联系他们,以后他们打电话过来,我也要和他们多聊聊。"还有学生说:"学完这个单元,我真希望马上放假回家,在家里多待几天,和爸爸妈妈一起做饭,帮他们分担一点家务。"

当读到这些学生的反馈时,我感到欣慰,因为教学目的达到了。我不禁想起《师说》中的一句话:"师者,所以传道授业解惑也。"老师就应该履行这样的职责。

爱的教育:学会感恩

周　颖[①]

一、引言

本次教学案例选取的是《全新版大学英语综合教程(3)》第五单元,授课时间为2018年5月的第3个星期,授课对象为工商专业2017级2班。该单元的主题是"感恩"。课内阅读为《写三封感谢信》(Writing Three Thank-You Letters)。课文大意是,作者"二战"时在海岸警卫队服役,时逢一个特殊的日子,他正好出海在外,决定给他的父亲、文法学校校长及外祖母写三封不同寻常的信,以纪念这个日子的真正意义。整篇文章都以三封信为主线,将故事有机地串联在一起,结构紧凑、合理。

二、教学目标的设定

我设定的教学目标是,在传播英语知识和培养语言技能的同时,通过审美阅读方式,促进学生与学生之间、学生与教师之间的交流,充分感悟课文的语篇情景,分享审美体验。通过阅读,了解作者写作的真正意义是揭示大多数人都暗自期望有更多的人对自己的努力表达谢意,作者希望每个人都能够发现并赞扬一切美好的事物。课堂上,对感恩意义的思考和讨论,能让学生意识到人若常怀感恩之心,培养其与人为善、乐于助人的美德,有助于促进其健康人格的形成。听说练习,能让学生了解相关的文化背景知识。最后,对比中英文感谢信的写作格式,可以让学生学习英

① 周颖,女,硕士,讲师,研究方向:大学英语教学和华裔美国文学。

文感谢信的写作方法。

三、教学案例描述(总课时76分钟)

1. 课前

1)话题的导入(3分钟)

首先,我从上课前一周的妇女节谈起,问学生们是否向自己的妈妈送上了节日的祝福。

师：在每年的“三八”妇女节,你们有没有给自己的母亲送上节日的祝福?

生：有。

师：你们是用何种方式呢?

学生1：给妈妈发微信。

学生2：我给妈妈在网上预订了花束。

学生3：我给妈妈买了一件衣服。

学生4：我给妈妈用微信发了节日红包。

我总结说,母亲为大家的成长付出了很多,同学们能够为自己的母亲送上祝福,表达感恩,相信你们的母亲肯定很欣慰。

2)听说练习(18分钟)

在这部分文化背景知识的介绍中,我先以头脑风暴的形式,让学生们说出他们已知的节日的信息(4分钟)。有的学生说出了节日的日期和人们庆祝节日的方式。

接着,我通过两个视频,设计听说练习,以此让学生掌握节日的相关背景知识(7分钟)。并将此视频内容的“总结部分”作为听力填空练习,让学生在观看两遍视频后,填出“总结部分”的缺失信息。

学生被第一个视频吸引后,我趁热打铁地问了几个问题。学生们通过口语输出,再次加深了对相关历史知识的印象。然后,我播放了一个中央电视台第9频道的新闻视频，内容是关于2015年的一场节日庆祝。我在放视频前，提出了3个问题(7分钟)：

(1) Whom did the American president express his thanks to?

(2) Why did thousands of New Yorkers gather on the streets?

(3) What did the troops in Iraq have on that Day?

学生观看了新闻视频后一般能回答出后两个问题。第一个问题的答案在新闻的第一句中，只有个别学生能说出关键词。我分析大部分学生未能听出关键词的主要原因是学生对新闻体裁中第一句为主导句的结构不了解。因此我在此简短介绍了一下英语新闻报道的特点，即倒金字塔结构，也称“倒三角”结构，并提醒学生在听英语新闻时需要注意的策略。

2. 课中

1)课文导入(2分钟)

在做完听说练习后，我给学生展示了一张图片，图片上是一家人其乐融融地围坐在餐桌旁，餐桌上是节日的特色菜肴。我指出通常在节日期间，家人朋友会在一起聚餐。那么，我们来看看在“Writing Three Thank-You Letters”这篇文章里，作者如何庆祝1943年的节日呢？我首先让学生快速读完文章的导言部分，学生可以从导言部分知道课文的大概意思。培养学生学会看导言，抓住导言的关键点，这样有助于学生在快速阅读时理解全文。

2)审美阅读(18分钟)

本篇课文共有1259个单词，按照大学英语教学大纲中的阅读速度要求，学生要在13分钟内完成这篇文章的阅读。我在这一环节里不采取阅读干预手段，尽量让学生自己去体验文本，并对文本做出自己的反应。

学生以口语小组的形式分享并讨论了阅读此篇文章的感受(5分钟)。有小组说，对作者来说有点孤单，因为远离家人朋友；有小组说，作者用书信的方式来梳理情感，能让作者理性地看待人生；有小组说，心怀感恩让人感到快乐和温暖。我也在此分享了自己的阅读感受：作者在“二战”期间作为服役军人，没有因为远离家人，不能和家人一起共度节日而感到沮丧，相反，他开始认真思考这个节日的真正意义。在中国，感恩也是我们中华民族的传统美德，鸦有反哺之义，羊有跪乳之恩，不懂感恩，就失去了友善的感情基础。

3）发现阅读（15分钟）

我采用任务教学法，引导学生总结课文结构和特点，找出各部分的主题句。课文第一部分指出作者想到写三封感谢信的原因，第二部分是作者写的三封感谢信，第三部分是作者收到的三封回信，而在最后一部分中，作者点出节日的真正意义——发现人世间的美好并且给予赞美。课文的主要内容在第二和第三部分，于是我让学生以小组合作方式，完成课后习题，填写关于三封感谢信和三封回信的主要内容。我引导学生总结出作者的三封感谢信的共同特点，即都是写出了表达感谢的原因和具体事例。

本篇课文中有大量单词和ship相关，我通过画cobweb引导学生找出课文中的相关词语。这些词语按照三种方式分类：一是船的各个部分的名称，二是船上人员的名称，三是和船相关的动词短语表达。在此活动中，我以思维导图为主，图片展示为辅，引导学生扩展相关表达。

4）课文内容扩展——如何写英文感谢信（20分钟）

首先，我设计练习让学生熟悉用英语表达感谢的词汇和句式。在这个练习中，我采用blank filling的题型，让学生结合语境，从方框里的单词中选出正确的词汇（3分钟）。

其次，在学生们了解了感谢的相关表达后，我引导学生看第161—162页的四篇感谢信，分组讨论这四封英文感谢信里表达感谢的词汇，以及四封感谢信的特点，然后请小组代表汇报讨论结果。我先请一个小组汇报了他们找到的相关表达，再请一个小组归纳出英文感谢信的基本格式。其他小组当场给予评价和补充。通过比较四封英文感谢信，总结出英语感谢信的格式就是由heading，salutation，body，complimentary close和signature组成的。感谢信的主体部分（body）是感谢信的重点，一般是写信者开门见山地指出写信的原因，即表达感谢，接着解释感谢的缘由，最后再次表达感谢。

在了解了英文感谢信的基本格式和特点后，我提问学生：中文感谢信的格式是什么？教师在此展示了一封海报型中文感谢信和一封中文商务感谢信。在商务感谢信中，格式就是书信体，和英文感谢信类似。在海报型中文感谢信中，标题要居中写，明确写出"感谢信"三个字，其他方面和商务感谢信一样，要有感谢的对象、感谢的内容，结尾写表示感谢和敬意的话，最后署名。我总结出中英文感谢信的共同特点：都要求写出被感谢的人和事，并能准确地叙述出来，评价恰当。

3. 课后

我以《感恩的心》为背景音乐，以图片为辅助，给学生朗读了一段关于母亲角色的文字，结束了课内阅读教学。在这段文字中，母亲为孩子的成长劳心劳力，当母亲老了后，我们也应该以母亲对待我们的耐心和爱心对待母亲。学生边听朗诵，边看所展示的图片，都深深为之动容。

最后我布置课后作业，给自己的父母、老师或者同学朋友写一封英文感谢信。要求学生应用课堂上学习的词汇和句式，在感谢信的主体部分重点描述感谢缘由。

四、教学案例反思

1. 教学内容的反思

本单元的教学主题是表达感恩。在导入部分，我由妇女节那天如何送上祝福出发，让学生分享对自己母亲表达爱意的方式。学生讲述了他们受到的来自母亲的关爱和教诲。在学生们讲述的过程中，我发现分享故事能够抓住学生的注意力。

我在介绍相关的背景知识时，通过播放两个视频，吸引了学生的注意力。通过视觉、听觉的刺激，很好地调动了学生的学习积极性。语言是思想的载体。语言学习的目的不仅仅是语言知识点，还应了解语言背后的文化知识，了解语言所表达的思想内容。学生在观看第二个新闻视频时，大多忽略了新闻开始的内容，对于英语新闻的结构特点不是很了解，因此对主题句的把握不太好。

在审美阅读中，学生们分享了各自阅读《写三封感谢信》的感悟。从学生的阅读体验和分享中，我发现他们的思维非常活跃，共享了群体的思维和智慧。通过审美阅读，我和学生交流了对感恩意义的看法。感恩的教育，也是爱的教育。感恩是积极向上的思考和谦卑的态度，感恩让人感到幸福。感恩是对社会和谐的一种贡献，使被感恩的人感受到自己的价值，进而以人为本，与人为善，共同创造出一个完美的世界。

在发现阅读中，学生能有效地完成教师布置的任务，找出作者写感谢信的真正目的，那就是发现美好，赞美美好。这也是此篇文章的主题。

在课文内容扩展活动中，学习写感谢信。我通过任务教学法，先让学生阅读和讨论课本上感谢信的范例，然后让学生说出他们发现的感谢信的特点，罗列出表达感谢的词汇和句式，最后由我来进行归纳总结。在此过程中，学生先进行思考，而不是被动地接受老师的灌输。在课后交上来的作文中，学生们基本能掌握英文感谢信的写作格式，但也有极个别学生对英文感谢信的格式和中文海报张贴式感谢信的格式有所混淆，在作文中标题处居中写了“Thank-You Letter”。从学生写的感谢信的内容上看，大部分学生是写给自己的母亲的，由此可以发现母亲在孩子的成长中付出的心血，孩子们还是能感受到的。也有部分学生向以前的中学老师或者自己的同学朋友表达感谢。学生在感谢信写作中，基本能恰当地使用相关词汇，在句法层面做得不错，但文中过渡词和衔接词使用较少。有部分学生的感谢信内容过于空洞，在应该凸显感谢缘由的地方一笔带过，忽略了对事件的描写及其对写信人的具体影响。

2. 教学设计的反思

第一，我在教学设计中应该考虑不同学生的学习能力和参与能力，做到因材施教。我在设计教学活动中主要采用苏格拉底式提问法和任务教学法来引导学生思考和参与课堂活动。在英语基础较好的班级中，学生的英语表达能力较强，苏格拉底式提问法的实施效果就比较好，学生和我的互动比较多；但在英语基础相对薄弱的班级，如计算机科学专业的学生，他们和我的互动就要少点，主要原因在于他们词汇量偏小，找不到合适的词语表达自己的意思。因此给这样的班级上课前，应该给予一些课外资料。在有了输入的前提下，课堂上的输出效果才会好。

第二，我设计的听说活动形式相对单一，主要是观看视频后，完成填空和回答问题。"听"的技能目标局限于"整体理解"和"细节辨别"两方面，并没有列出更具体的"微技能"目标。应该聚焦一两个了解大意和细节的方法，对关注和辨认什么样的细节、如何辨认等提供相关提示，充分利用材料本身并补充其他相关材料，安排后续拓展训练，这样听力技能才会得到系统性的训练。

第三，教学活动形式相对单一，缺乏多样性。可以设计一些活动让学生进行戏剧表演，让学生主动设计、参与戏剧表演，这样可以培养学生的自主学习能力，增加课堂参与度。

在大学英语口语课中融入中国元素：从感恩“说”起[①]

翁青青[②]

一、引言

习近平总书记在2018年全国教育大会上强调，教育工作的目标为“凝聚人心、完善人格、开发人力、培育人才、造福人民”。在中国文化“走出去”战略下，高校英语教学不仅要满足学习者的个人发展需求，帮助其提升听、说、读、写、译等技能，更要服务于国家宏观战略，承担起时代使命——培养真正的跨文化交际人才，引导学生既要尊重异质文化，又要注重对中华文化的感悟和热爱，以英语为媒介，有效地对外介绍中华传统文化。如何切实讲好中国故事，提高大学生运用英语从事跨文化交际活动和解决实际问题的能力？显然，“说”在这个过程中是最直接的输出端。

因此，本文从“说”入手，借《全新版大学英语综合教程(3)》第五单元的主题“感恩”，设计了一堂口语课，可视为整个单元及课内阅读文章《写三封感谢信》(Writing Three Thank-You Letters)的导入部分。本案例别出心裁地融入了一些中国文化元素，旨在抛砖引玉，以期为充分挖掘大学英语教学中蕴含的传统文化资源提供思路。授课班级为工商管理专业2017级8班、日语专业2017级1班、商务专业2017级1班、旅游专业2017级1班，授课时段为2017—2018学年下学期。

---

① 本文为浙江工商大学2018年外语能力提升HELLO计划校级教改项目“讲好中国故事：基于Seminar推进英语口语课中的传统文化教育”的阶段性成果。

② 翁青青，女，硕士，讲师，研究方向：语用学、话语分析、英语教学。

二、教学目标的设定

(1)技能:使用英语口头翻译与感恩有关的汉语成语、名言警句;分享自己对感恩的理解及为何要心存感恩之情,讨论成长过程中值得感恩的人、事、物。(2)知识:用五种不同的英语句型列出感恩事项,表达感谢之情;熟记中国节日的英语表达,并用英语描述农历日期。(3)情感:了解感恩、孝道在中华传统文化中的重要性,形成对传统文化的认同;了解感恩的重要性,培养知足常乐的情操,懂得孝敬父母,回报社会;录制小组公益广告视频,体验小组合作的乐趣及自制英文广告的成就感。

三、教学案例描述(总课时50分钟)

本次课程共分五个环节,主要围绕"感恩",从何为感恩、为何感恩,向谁感恩,何时感恩,感恩行动等四个方面开展教学活动。

1. 话题导入(2分钟)

首先,我向学生展示了两幅图片,分别是"乌鸦反哺""羊羔跪乳"的图片,让其根据图片猜汉语成语。

T: Then could you please translate the two Chinese proverbs into English?

S1: The crow feeds its parents.

S2: The lamb kneels down to suckle ...

在此基础上,我很自然地引入了本单元的话题。

T: So now, can you guess our topic today?

S1: Be grateful to our parents.

S2: Giving thanks.

S3: Gratitude.

T: Yes, today we will talk about Unit 5 "Giving Thanks." The sense of gratitude is deeply rooted in our Chinese culture, as is shown in this Chinese classical coin of Picture 3. Can you guess the meaning of the words on the coin?

学生对于这种猜图游戏非常感兴趣，于是我又顺势在投影上展示了一枚中国古代铜钱，让他们猜该铜钱表面所刻的字的意思。这枚铜钱叫“唯吾知足”币，圆形方孔。其表面刻字设计别出心裁，以中间的方孔为偏旁，上下左右共用一个“口”字，从右边开始逆时针读为“唯吾知足”，即知足者常乐。这样的设计反映了中国古代人民朴素的心愿、寄托和追求，不但构思巧妙，而且寓意深刻。

2. 何为感恩，为何感恩（10分钟）

在这一环节，首先，我邀请学生根据自己的理解对“感恩”进行定义（3～4个学生发言），并分享为何要心存感激之情（3～4个学生发言）。这两个问题与学生日常生活息息相关，因此他们发言极为积极。接着，我在投影上展示10个有关感恩的句子，仅展示英文，不提供译文。10个句子依次播放，全班齐读；齐读后，每个句子指定1个学生进行口头翻译，共10个同学，即约占全班1/3的学生可参与到口语即时翻译中。这10个句子及其参考译文如下：

（1）Nothing is more honorable than a grateful heart.

没有什么比一颗感恩的心更值得尊敬。

（2）Gratitude is the best attitude.

感恩是最好的态度。

（3）Gratitude is riches. Complaint is poverty.

感恩是财富，抱怨是贫穷。

（4）There is always, always, always something to be thankful for.

永远、永远、永远都有值得感恩的事情。

（5）Gratitude is not only the greatest of virtues, but the parent of all others.

感恩不仅是最美好的品德，而且是其他品德的根源所在。

(6) It is not happiness that makes us grateful, but the gratefulness that makes us happy.

不是快乐让我们感恩,而是感恩让我们快乐。

(7) The more you recognize and express gratitude for the things you have, the more you will have to express gratitude.

你越欣赏、越感恩自己所拥有的事物,你就会有越多的东西值得去感恩。

(8) Feeling gratitude and not expressing it is like wrapping present and not giving it.

心里觉得感激却不表达出来,就好像礼物包装好了却没有送出去一样。

(9) Gratitude takes three forms: a feeling in the heart, an expression in words, and giving it.

感恩有三种形式:用心来感觉、用语言来表达、用行动来报答。

(10) None is more impoverished than one who has no gratitude. Gratitude is a currency that we can mint for ourselves, and spend without worrying of bankruptcy.

没有人比不懂得感恩的人更贫穷。感恩是一种货币,我们可以不断为自己铸造,花费起来也不必担心会破产。

3. 向谁感恩(21分钟)

在上一步骤结束后,学生对感恩及其重要性有了初步的认识,接着我组织全班同学开展小组讨论"To whom will we give thanks, and why?"。各小组开始了激烈的讨论,我选取其中2~3组做group report。总体上,学生提到最多的感恩对象是父母,其次为师长。于是我顺势给他们播放了中央电视台曾播出的一则公益广告,该广告题为"Family",长度约1分钟[①]。该广告以拆字法的形式,以"我"的成长过程为主线,将家庭中爱、责任与感恩的理念展现得淋漓尽致。特别是视频的结尾处,family这个单词被拆分,六个字母(F-A-M-I-L-Y)被扩充为Father and Mother I Love

① 参考文献 http://igongyi.cntv.cn/20130320/104992.shtml。

You，这一幕更是将全班同学的情感推向高潮，部分同学甚至感动得落泪了。

在这种感人氛围的熏陶下，学生的思路被充分打开，有很多话想说、想写。于是我给每个人发了一张小卡片，让他们按照以下5个句型列出自己的感恩事项（List 5 things/persons/experiences/events to which you feel grateful by using different sentence patterns below）：

（1）My gratitude goes to ...

（2）I'm grateful to ... for ... /that ...

（3）I greatly appreciate ...that ...

（4）I want to express my heartfelt thanks/gratitude/appreciation to ... for ...

（5）I'd like to extend appreciation to ... from the bottom of my heart.

此举旨在引导学生学会用多种句型来表达感谢。学生造句后，我引导他们交换卡片，让大家仔细品读拿到的新卡片上的5个句子，如果认为有写得特别好的，可举手示意，朗读给全班同学听。值得一提的是，交换卡片是打乱后随机抽取的，卡片上也没有写学生姓名，所以大家拿到新的卡片后，总是忍不住去猜这张卡片的主人是谁，这个细节也提升了活动本身的趣味性。总的来说，学生拿到卡片后，总是充满好奇、饶有兴致地读卡片上的句子，偶尔读到一些有趣的句子则忍俊不禁，这时他们会很主动地向全班同学朗读、分享这些句子。当有些句子能透露出卡片主人的个人信息时，我也会借机引导大家去猜这张卡片出自哪位同学之手。总之，这个环节是在一种温馨、轻松的氛围中进行的。

4. 何时感恩：与感恩相关的节日（17分钟）

这个问题一抛出，学生马上积极回应，“Mothers' Day”“Father's Day”“Teachers' Day”等，也有个男生开玩笑地说“Every Day”。于是我趁热打铁：

T：Yes，we should be grateful every day and express our thanks every day. Just now you have mentioned some Western holidays. How about any traditional Chinese holidays on which people give thanks?

S1：Spring Festival.

S2：Tomb-sweeping Festival.

S3：Mid-autumn Festival.

学生在我的引导下开始对一些中外节日进行头脑风暴，在这个过程中，我很遗憾地发现，不少学生已忘记了一些节日的具体日期。于是，我顺势引导，指出："节日的重要意义之一便是让亲朋好友更好地团聚，表达感恩之情，我们不能忘记我们的节日。"接着我对法定节日进行梳理，投影详情如图1、图2所示。具体过程为：(1)PPT左侧部分为节日的英文表达，我依次播放，让全班说出对应的中文。其中，学生对Lantern Festival，

图1 中国节日英文译名1

图2　中国节日英文译名2

Tombs Sweeping Day, Dragon Boat Festival等表达相对陌生。(2)接着让学生用英文说出每个节日对应的日期,特别让其注意如何用英文表达阴历(lunar calendar)日期。(3)然后让学生快速记忆这些节日的表达及日期,限时2分钟。(4)最后,我对速记做一个小测验——全班同学接龙式地用英语进行如下任务:PPT上仅提供节日,要求其说出日期;或提供日期,要求说出对应的节日。

5. 感恩行动:制作公益广告(课后完成)

作为大学生,除了从自身做起、从小事做起以外,还能通过何种途径影响身边的人,倡导全社会一起努力营造感恩、和谐的氛围呢?带着这个问题,我给学生布置了一个特别的任务——以小组为单位,拍摄一则英语公益广告,主题与感恩相关,要求所有组员都要参与,时长约3分钟。公益广告录制由各小组在课后完成。

四、教学案例反思

作为大学英语教师，应该有意识地把中国文化和核心价值观融入英语教学中。本案例找准了英语知识与情感教育、价值观教育的结合点，从“感恩”切入，将教育的目的与意向渗透在相关的知识载体中，以大学生喜闻乐见的方式进行引导。虽然“感恩”这一话题在英语课堂中并不鲜见，但本案例融入中国文化元素可谓别具一格，能够增强学生对中国文化、对中华民族的认同，突显了立德树人的特点。

《大学英语教学指南》指出，大学英语教育的重要任务之一是跨文化教育……社会主义核心价值观应有机融入大学英语教学内容……实现工具性和人文性的有机统一。本次课较好地实现了大学英语教学工具性和人文性统一的目的，具体表现在以下几个方面。

首先，在工具性方面，系列口语活动的设计和实施，充分调动了学生的积极性和参与度，课堂效果较好，具体表现在：(1)教学设计思路清晰、环环相扣、层层递进，使学生对话题有深入的认识。(2)互动形式多样。以年轻人喜闻乐见的方式推进口语操练，具有很强的教育亲和力及感染力，方式包括猜图游戏、翻译、小组讨论、视频欣赏、交换卡片、头脑风暴、速记游戏等。(3)互动范围广。本次课通过情感支持和丰富的活动设计，大大提高了学生的积极性和参与度，所有同学都开口练习英语，部分同学的发言次数甚至高达6次。

其次，在人文性方面，具体表现为：(1)情感教育突出。从“感恩”切入，结合中国文化及学生个人生活，动之以情、晓之以理，有“春风化雨、润物无声”之效。(2)通过视觉材料的引入，凸显中国元素，形成了一定的信息差，调动了学生的求知欲。从看图猜成语，到“唯吾知足”铜钱，再到对中国节日的梳理，娓娓道来、栩栩如生、意犹未尽，无形中增强了学生对中华文化的认同，也使学生熟悉这些中国文化的英语表达，为日后向外国友人传播中国文化、讲好中国故事做了铺垫。(3)别出心裁地将拍摄公益广告为课后作业，给予学生很大的创造空间，既促进小组合作能力的提高，又锻炼了口语，还有效地实现了课内、课外的衔接，引导学生树立正确的人生观、价值观，使其真正学会感恩。

再次，从收上来的公益广告视频来看，学生的选材贴近中国大学生、老百姓的现实生活，富有创意。从选取广告切入点、设计剧情，再到背台词、拍摄，以及后期的剪辑、配乐、字幕制作等，学生发展了同伴协作能力、领导力、创造力、视频剪辑制作、面对镜头进行英语表达等多种能力。他们在欣赏自己小组精心制作的公益广告时更是有满满的自豪感、成就感。除了上交广告视频之外，学生也上交了反馈材料，即在录制视频过程中的种种感受。学生深深地感受到，不是快乐让我们感恩，而是感恩让我们快乐，要心存感恩，用心去发现身边值得感恩的人、事、物。以下选取个别小组在录制视频中的感悟。

(1) The theme of our advertisement is "Giving Thanks to My Old Friend." Every one of us has friends in our daily life and friends have always been with us. It is friends' encouragement, assistance and companionship that make us better. Through this advertisement, we want to appeal everyone to cherish friendship and learn to express our thanks to our friends. During the procedure of ads-making, we have gained a lot. On the one hand, all of us have deepened our friendship through the cooperation. On the other hand, such kind of homework reminds us of cherishing the people around us.

(2) In order to express our thanks to our dear university, we selected a few scenes in the campus, such as the library, the playground, the lovers' corridor, the pigeon square, and so on. We try to focus on common people and common things of our campus. This ads-shooting experience is so unforgettable.

(3) In the shooting process, for the first time I went around the campus corners with my friends. For the first time

I enjoyed the scenery of my campus so well. I suddenly realize that that we have such a lovely university which I really need to appreciate. And the time spending with my roommates is the thing that I really need to cherish.

(4) During the procedure of ads-making, we exchanged our ideas and turned the good ideas into reality. We enjoyed the delight of teamwork.

(5) I think the task of making an English ad is a special method to improve our spoken English, though at the very beginning we found it a little bit difficult. What delighted us is that with everyone's effort, we made a great success.

最后,在本次教学过程中也发现了一些问题,如学生语言输出形式单一、输出内容空洞等。学生在讨论过程中所使用的语言形式较为有限,无论是词汇、句式,还是语篇,都较难呈现多样化的表达,其篇章构建能力相对较弱,并且缺乏多角度论证观点的能力。如何进一步使学生在输出时言之有物,这将是今后大学英语口语教学的重点和难点。

传承与感恩:新年新意教学活动的叙事研究[①]

潘文红[②]

一、引言

我国的春节,是在农历新年伊始,是一年之岁首。自古以来,人们都强调春节作为一年开端的意义。当下,临近期末,大学本科一年级的新生马上要迎来上大学后的第一个春节,他们思亲思乡,归心似箭。通过一个学期的大学学习和生活,他们有了与以前完全不同的感悟和成长。这个农历新年对他们来说应该是颇具新意的,但是真的要过出新意或许也要有正面的引导。在此背景下,在本学期最后一次英语课上,我给学生们设计了听说课"China During Spring Festival",选材于我参编的教材《新视界高级英语视听说教程2》[③]的第一单元"Holidays and Festivals"。本单元主要讲述国内外重大节日的历史、习俗和意义,以此引发学生的相关思考和讨论,所选视频"China During Spring Festival"正是按照这个思路剪辑的,并结合了相关听说练习,从选材和立意都非常适合本次教学。

本次教学案例的主要教学对象为电子商务专业2018级6班、公共管理专业2018级1班、日语专业2018级2班,授课时段为大学一年级第一学期期末及第二学期开学。

---

① 本文为浙江工商大学2018年外语能力提升HELLO计划校级教改项目"传统节日的传承——'大学英语'课程新年新意教学活动的叙事研究"的阶段性成果。

② 潘文红,女,硕士,讲师,研究方向:话语分析。

③ 陈婵、王蕾、潘文红:《新视界高级英语视听说教程2》,大连理工大学出版社2016年版。

二、教学目标的设定

采用任务教学法使学生了解春节的来历、我国春节的传统习俗及其意义，在任务的完成过程中使学生了解与春节相关词汇的英文表达，并结合项目教学法引导学生去观察故乡的春节传统，去审视自己应该如何过一个有意义的农历新年，如何与父母一起参与过年的各项准备工作、一起分享春节的喜悦，用新的视角去欣赏春节期间的家乡、春节期间的祖国，体会我国最隆重的传统佳节所具有的深邃的文化内涵，传承和发展丰厚的历史传统文化，生发爱父母、爱家乡、爱祖国的感恩情怀。

三、教学案例描述[①]（总课时30分钟）

教学视频“China During Spring Festival”时长3分50秒，我进一步按照主题把它剪辑成6段，并设置了相应的6个问题：

（1）根据历史记录，春节的来历是什么？

（2）中国人过年有哪些准备工作？

（3）“福”字的内涵是什么？

（4）除夕这天，中国家庭主妇的头等大事是什么？

（5）中国人是如何庆祝新年的？

（6）正月初一中国人有什么传统习俗？

这6个问题被分成4个部分来完成。考虑到大一新生的语言表达能力尚不足，前3个部分我都采用导入、泛听（概要回答每个问题）、精听（完成信息填空任务并对问题做精确的回答）的方式来完成；最后1个部分的语言比较简单，导入后即进行泛听，让大家了解熟悉的传统习俗的英文表达。

① 注：课堂上师生对话均为英文，本文为了表述统一，已翻译为中文。

1. “春节的来历”的导入及听力练习(7分钟)

我首先通过观察—提问的方式导入春节这个主题,并逐步激发学生思考春节来历的兴趣,最后通过完成学习任务让大家了解春节的来历。以下是该部分导入的一个案例:

我:上课前有几个同学说要一起打车去火车东站,你们是约好了同时段回家过年吗?

课前约定这件事情的几个女生纷纷笑着点头,给出正面的口头回应。

我:太棒了,大家可以回去与父母团聚了。大家知道春节是怎么来的吗?

有学生回答:好像是某年为了赶走一个怪兽,有段时间人们都放鞭炮吓唬它,后来,这段时间就变成春节了。

有好几个同学点头表示同意。我也笑了,说大家对童年时期的神话故事和传说印象很深刻啊,我们来看一看纪录片中对我国春节来历的描述,看完视频请大家做一下介绍。

同学们通过泛听和精听后知道了春节的来历:根据历史记载,4000多年前舜成了部落首领,某日舜带领部落成员向天地献祭,祈祷好的收成。那时起,那日就被称为一年的第一天,即正月初一。同学们茅塞顿开,原来春节跟我国古人的理想愿望有关,民以食为天。而今天我们的国家日益富强,我们也有了更高的理想和信念。

2. “过年的准备”与“‘福’字的内涵”的导入及听力练习(7分钟)

那么大家的家乡过年前有哪些准备工作呢?我请同学们做头脑风暴,并请他们来描述。学生提到了大扫除、贴年红、买东西、预备食物等。大家是否能在视频中看到自己所提到的内容呢?学生在期待中开始泛听,原来典型的准备工作都是类似的:中国人在过年前一个月就开始做准备了,打扫房子、贴对联、贴年画、贴“福”字。视频中提到的贴窗花,学生说现在基本没有这个习俗了,但是都觉得剪纸非常美,这种传统文化艺术需要传承下来。而贴“福”字是比较流行的传统,它的含义是什么?同学们各抒己见。大家通过泛听和精听,概括出"福"的现代含义就是幸福。我的总结:贴"福"字是我们对传统文化的一种传承,祈盼美好的生活;那么放到一个国家,怎样才算是幸福呢?国富民强,这是我们所期盼的,所要努力的。

3."家庭主妇除夕的头等大事"的导入与练习(7分钟)

首先,这是过年必需的准备工作。同学们通过头脑风暴,像放电影一样在自己脑海中回顾了一遍除夕这天妈妈(很多时候爸爸也参与)做的事:一大早就起来买各种食材,然后马不停蹄地切、炖、煮、烧、焖……有同学在听之前就猜出了答案。经过泛听和精听任务的完成,大家明确地知道了家庭主妇除夕的头等大事情就是烧一顿丰盛的大餐。我问同学们,大家在除夕吃年夜饭之前做了什么事情?不少同学不好意思地笑着说,睡觉、看手机、抢红包、玩游戏,反正很轻松的。我就向他们提议,同学们这次回去是否能体会到父母的辛苦并成为他们的好帮手呢?大家都做出了正面的回应。同时大家在这个部分也了解了两种除夕必备食物的意义:北方的饺子寓意辞旧迎新,南方的鱼意味着年年有余。我们参与除夕这天的各项活动也是对我们民族饮食文化的传承。

4."庆祝新年"及"正月初一的习俗"的导入及学习(6分钟)

年夜饭吃好后,中国人如何庆祝新年?我们首先通过头脑风暴导入。大多数同学是看春节联欢晚会等着新年的到来,部分同学则是按时就寝,第二天精力充沛地迎接新年。通过第一遍泛听看视频,同学们看到新年的钟声敲响时举国欢庆,鞭炮声、欢呼声响彻上空,国旗耀眼,国人欢腾,世界各地的华人都在庆祝这一时刻,人们互道新年快乐。大家在视频中感受到了过年的隆重与祖国的伟大。然后我问同学们,大家是怎么过正月初一的?大家最多的回答是领红包。而视频练习则告诉我们,正月初一走亲访友,首先要看望长辈,长辈给小辈红包,寓意新年祝福。小辈领到红包时更多地要想到孝道,要常常去看望长辈,心怀感恩。

5. 项目布置:A New Spring Festival(3分钟)

视频听力练习结束,我就将“A New Spring Festival”这个寒假作业项目交给学生。我总结说,春节是中华民族最隆重的传统佳节,通过观看视频,同学们了解了春节的历史和传统习俗,作为大一新生,即将来临的这个农历新年意义非凡,希望同学们以全新的态度和视角去参与这个春节,去发现春节的新意。大家的项目汇报可从以下维度去观察和思考:

(1)你的家乡有哪些吸引你的春节传统习俗?为什么?

(2)你家是怎么过年的?

(3)春节期间的家乡是什么样的?

(4)为了过一个有意义的春节你做了哪些努力?

(5)这个充实的春节给你带来了什么启发?

四、学生项目汇报——基于项目的教学实践(120分钟)

每位同学按照3—5分钟的时间来准备他们的项目汇报。在汇报课之前,我阅读了所有同学的PPT内容,并做了文字内容、排版形式、表达方式等方面的修改意见,使他们可以用更准确的语言和更有效的方式来呈现自己的汇报内容。

春节后新学期开学,学生们进行了项目汇报。同学们的汇报异彩纷呈,不仅有PPT,也有最时髦的Vlog,还有直接将自己的春节经历和感悟做成的英文视频,创意十足,看得出大家对这一项目的热情。大家在这次春节第一次感受到了什么是春运,也用心体会了成年后(年满18周岁)的第一个春节。

同学们汇报了春节期间的家乡及家乡的传统,描述家乡春节的饮食、节庆活动的传统习俗和魅力。不少同学直接参与了传统文化活动的传承,充满自豪和喜悦。同学们记录并参与了家乡的各种除旧布新、迎喜接福的节庆活动,如大扫除、写对联、贴“福”字、做粿、做发糕、包饺子、舞板凳龙、扭秧歌、看冰雕、看灯展、拔河、看春晚……不少同学感叹自己的家乡有这么多的传统习俗，而以前都把它们当成理所当然的事情，没有好好去观察，现在却发现几乎每个传统都有动人的故事和寓意。

多数同学都图文并茂地提到了自己和家人过年的情景，描述了自己为了过一个有意义的春节所做的改变。大家不再是一个旁观者，而是一个积极的、让父母感到欣慰的参与者：除夕前参与购物、布置、做菜肴等各种准备工作，除夕与春节期间与亲人一起看春晚、聊天、旅行，感受与家人在一起的愉悦，体会春节与父母家人团聚的意义，感受家、家乡、祖国的美好。

有的同学探究了新式春节活动，比如微信红包取代传统红包、新式红包管理法——存银行、电子鞭炮代替烟花爆竹、旅游中过新年等活动及其利弊，认为科技和经济的发展推动了春节活动的多元化，过年的形式或许会有变化，但中国人对美好生活的向往、对家和亲情的向往永远不会改变，团聚和渴望幸福的主题不会变。有的同学在汇报中特地探究了窗花剪纸的历史渊源和发展现状，非常希望可以将这一传统文化传承下去。

为了过一个有意义的春节，同学们从不同的角度去改变、去体会、去发现。有的同学特地去超市做了13天的销售员，充分体会了完成销售任务之不易，开始更加勤勉地学习、做事；有的同学特地去采集家乡的人情风俗，发现一些有意义的活动和习俗已经慢慢消失，并为此感到深深地惋惜；有的同学在春节期间早早开始了一年的学习规划并付诸行动，认为假期的确需要放松，但也要适度，“比你优秀的人都在努力着，你还有嬉戏的资格吗？”；有的同学利用寒假充实自己的爱好，“开始用直播记录自己在音乐、绘画、文字上的成长，并在学习、熟悉PS绘画快捷键的过程中提高自己的绘画效率，也意识到自己对PS软件的不熟悉并因此找到了解决此问题的方法”……同学们的表现非常令人感动，他们潜力无穷，创意无限。

同学们还拍摄了春节期间家乡美丽的风景、除夕夜及拜年时的丰盛家宴、亲戚朋友一起参加的丰富多彩的春节活动，表达了自己感受到的春节的意义，认为自己与家人一起参与春节的文化传统、与家人互相陪伴就是最大的幸福和意义。

同学们汇报时，我有时会根据其汇报内容与之互动或启发同学之间进行互动,同学们汇报结束后我做了总结。以下是我总结的一些记录:无论是刮风、下雨还是下雪,无论是骑摩托车、坐火车,还是采用其他交通工具,中国人都要回家过年与家人欢度春节,这已经成为中国人不变的传统,是我们对家人和家乡的那份爱牵引着我们。同学们说春节是爱的纽带,是文化传承的纽带,是继往开来的一种仪式;我说,是的,同学们拍摄的家乡如此美丽富饶,春节的饮食和活动丰富多元,我们感受到的是对家乡、对父母、对祖国的爱与感恩。同学们说年味没有以前浓了,因为过年能吃到的东西平时都能吃到,春节似乎没有太大的吸引力了;我说,国富民强,我们的生活已经不像以前那样只在过年时穿新衣享佳肴,所以更应该深深地感恩,感恩父母的辛劳,感恩祖国的和平与日益富强。

五、教学案例反思

此次新年新意的教学设计可分为显性教学和隐性教学两个方面。

从显性教学来看,授课的节点把握较好,教学内容重点聚焦在春节的传统与习俗、国人的节庆活动,使学生了解了与中国春节有关的文化习俗的英文表达。然后通过项目任务的布置,让学生去了解家乡的春节,思考过年的意义及其传递的精神。之后把学生请上讲台,通过学生PPT讲解,我补充并总结的方式,完成了基本教学任务和设计项目任务的初衷。

从隐性教学来看,我的主要目标是启迪学生传承优秀传统文化,感恩父母、家乡和祖国,将社会主义核心价值观融入课堂教学中,因而设计了项目式教学,引导学生真正了解一个习以为常的节日,从中发现问题、分析问题、解决问题,并以PPT等方式展示汇报自己的所得。我欣喜地发现,学生真正在思考过年的意义,开始注意观察春节期间的人、事、物,更加细致地了解春节的传统和习俗,发现春节的宝贵之处,愿意肩负起自己作为成人的责任,成为春节文明传统的积极参与者、传承者,与父母长辈之间的感情也变得更加亲密。学生们还发现,用英语来做这样一个与中国传统文化有关的项目,对自己的英语水平是一个挑战,更加有动力要把英语学好。

本次教学设计仍然存在以下问题。

首先，项目汇报的PPT修改耽误了学生互评的环节，减少了学生互相学习、借鉴的机会。其次，此次教学活动的项目汇报集中在一次课(3节)完成，同学们的汇报虽然很精彩，但是在最后一节课都已经疲劳，学习效率明显降低。

以后类似项目活动的汇报可以采取三种方式进行：(1)在学期教学任务内分散汇报，以保持同学们对汇报内容的新鲜感；(2)可以采取视频图文解说汇报，这种方式更加高效，既节省课时，又可以挑出最佳作品进行赏析；(3)每班选择几个内容做得好的同学进行课堂汇报。总之，如何最高效地进行项目成果的展示需要更加缜密的思考。

敬业篇

新时代,新变化:从生活方式谈起

汪露秋[①]

一、背景分析

作为戊戌新年后的第一堂课,和学生聊一聊如何过年是个合适的话题。刚从全国各地的喜庆气氛中回到校园的学生,对于过大年都有各自不同的体会与感受。但对于出生在20世纪70年代的我而言,学生眼中的新年与三四十年前相比,发生了众多变化。于是乎,"变化"成了新年第一次课堂讨论的关键词,这与《全新版大学英语综合教程3》第一单元的话题"生活方式的变化"(Changes in the Way We Live)正好契合。衣、食、住、行的具体变化是学生在生活中最直观的感受,随之而来的人们生活观念与选择的多元化值得学生细细体味,而生活变迁背后的原因则需要学生仔细探究与思考。第一单元的两篇课文正好从生活方式的对比描写、生活观念转变的阐述,以及生活变迁背后力量的分析等方面为学生们展现了文体、修辞、逻辑的范本。

二、教学案例描述(总课时90分钟)

本教学案例以《全新版大学英语综合教程3》第一单元Text B《美国家庭生活:变化中的景象》(American Family Life: The Changing Picture)为例,教学班级为商务类专业2017级2班、3班、4班,教学时段为周一的1～2节、3～4节、6～7节。

① 汪露秋,女,硕士,讲师,研究方向:英语语言教学。

1. 教学理念

在帮助学生夯实听、说、读、写、译语言技能的同时，提升他们的批判性思维和创新能力。在“生活方式的变化”这一单元，通过翻转课堂与传统课堂相结合的教学方式，使学生在掌握字、词、句、段落和篇章结构的同时，学会观察中国百姓生活方式的变化，体味生活观念的多元化，并探讨新时代生活变迁产生的原因；在这一系列的线上线下交流、沟通、分享教学活动中，我和学生作为学习共同体一起感受和体验新时代人们的敬业与友善、社会的自由与平等、祖国的富强与文明，一起树立和践行社会主义核心价值观，从而一起为实现中华民族伟大复兴的中国梦而奋斗。

2. 教学设计

1）教学目标

（1）学生能掌握及运用与生活方式相关的英文词汇和短语。

（2）学生能借助思维导图来理解和获取课文重要信息。

（3）学生能熟悉并运用课文中对比、比较、比喻、设问、借代、夸张等修辞手法进行口语表述及书面表达。

（4）学生能通过视频、课文、听力等材料的输入来输出自己的思想、情感、观点和态度。

2）教学重点

（1）中国新年习俗的表述，以及过年方式变化的对比和比较。

（2）运用思维导图，归纳课文中生活方式的变化及其影响。

（3）结合杭州作为“电商天堂”的现实，总结新时代杭州人的生活方式，特别是年轻一代（Generation Z）的生活方式。

3）学情分析

（1）知识维度：学生们已经具备有关生活方式的基本英文表达，但需要进一步掌握与传统新年的相关表述，以及新时代互联网经济下的新词汇等。

（2）技能维度：学生们已经基本掌握思维导图这一图形思维工具，但在文本输入和输出时还需进一步掌握对比、比较、设问、借代等修辞手法。

（3）素质维度：学生们已经具备了一定的批判性思维与创新能力，但还需通过英语综合运用能力的提高来进一步树立和践行社会主义核心价值观。

4）教学方式与方法

运用现代教育技术，翻转课堂与传统课堂相结合，通过启发式教学，课前组织学生进入翻转课堂自主学习；课上我进行讲授、提问，组织学生进行小组讨论、大组比赛等合作学习；课后鼓励学生撰写作文。

5）教学过程安排（总课时180分钟）

◎课前（45分钟）

（1）要求学生在翻转课堂平台观看BBC纪录片《中国新年》。

（2）要求学生预习课文《美国家庭生活：变化中的景象》。

◎课上（90分钟）

（1）翻转课堂内容检测（10分钟）：学生以小组为单位，简单复述纪录片中有关"春运""全家福""祈福""舞狮"等的片段。

（2）新课内容预热（15分钟）：学生以小组为单位进行头脑风暴，主题为"中国新年的变化"（Changes in Chinese New Year）。

（3）课文内容处理（40分钟）：首先，学生以小组为单位完成课文思维导图（如图1所示）；其次，学生需在文中找出运用了对比、比较、比喻、设问、借代、夸张等修辞的文字；再次，帮助学生理解课文难句或长句。

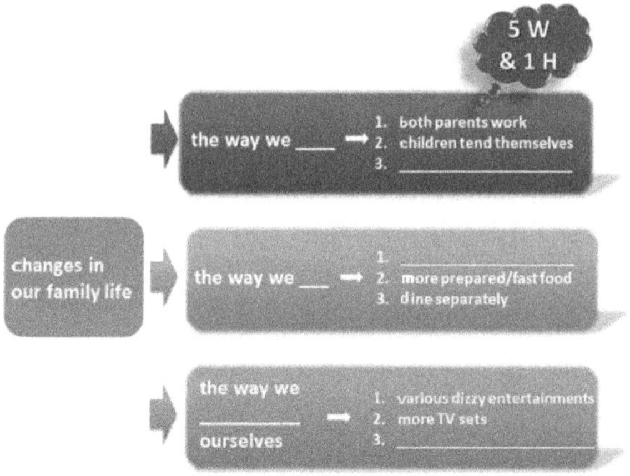

图1 课文思维导图

(4) 课堂延伸讨论(20分钟):学生先以小组为单位进行关于"杭州'95后'的生活方式"(Generation Z's Life in Hangzhou)的讨论,并阐述其与之前生活方式不同的原因。

(5) 总结课堂内容,并布置课后作业(5分钟)。

以上所有课堂活动均以小组为单位,并按照活动表现进行积分,积分最低的小组则需上交课后的翻译作业。

◎课后(45分钟)

(1) 要求学生独立完成有关中国新年的四六级翻译一篇。

(2) 要求学生撰写题为"Recent Changes in Chinese Family Life"的作文一篇。

(3) 每班各选一则主题为"Changes in Our Life"的小组视频与大家分享。

3. 案例事实与分析

1)现场片段一

首先,我提问:"大家能说出最近这几年我们的新年有什么新变化吗?"问题一抛出,学生们已经迫不及待地要回答了。刚过完年,他们红润的脸上顿时又增添了自信的笑容。我要求学生以小组为单位简单讨论后再抢答,每次轮到的小组回答一个方面,但不可与前面小组的答案重复。抢答一开始,同学们便踊跃举手。第一组的代表回答:"大家都不看春晚,在手机上抢红包。"说完大家都笑了,我就问:"马云给你发了多少红包?"不少学生心满意足地给出了不同的数字,我转而发问:"为什么现在越来越多的人,特别是年轻人,不看春晚了?"部分学生说道:"我和表弟一起打游戏咯。""我看Bilibili(哔哩哔哩,视频网站)。"我顺势问道:"并不是春晚真的不好看,而是大家能接触到的娱乐资源或方式越来越多了,对吗?"大部分同学都点头或说"Yes"。

第二轮抢答,学生又答道:"大家都到饭店吃年夜饭。"其他同学脸上的笑容不仅说明这是事实,更多的似乎又将思绪拉到了他们不久前刚刚享受过的美食。我继续问道:"那以前人们过年是怎么准备团圆饭的呢?"

“自己做啊。”“谁做？怎么做呢？”反应快的学生脱口而出：“奶奶、外婆或者妈妈呀。”我还想要得到进一步的答案，问道：“除了她们自己动手做以外，这之前还有什么准备吗？”听出问题关键的同学举手答：“会在之前特别腌制一些食物，比如，猪肉、鱼或鸡鸭。”我听了非常满意，该小组也获得了相应的分数。以前过年如此准备食物的原因大家也都了然于心，因此，现在过年的新变化很明显，说明人们的生活水平一年比一年好。

接下来，几乎每个小组都罗列了过年的新变化。“很多家庭过年都不在家，选择外出旅行。”“很多地方都不可以燃放烟花和爆竹。”“给年长的亲戚拜年的礼物和以前不一样，现在都拿牛奶或其他营养品。”“现在红包很多都在微信上发，而且学生也可以给父母发。”每个小组在这一次课堂讨论中都为自己赢得了分数。

我的分析：刚过完年回到课堂，学生对这个话题自然都有自己的切身感受，因此，每个小组的回答都能切中要点，只是在语言上需要进一步的修饰。例如，关于新年传统习俗的表达。我在每个小组给出答案之后，基本都会有进一步的提问或点评，在这个互动过程中，我会用同义词汇或不同的语态等重复一下答案，同意学生观点的同时，给予学生正确或更恰当的输入。例如，学生说，“People cannot play fireworks and （停顿）(不清楚‘爆竹’的英文单词) in the city.”；我则会回应道，“Yes, for the sake of being environmental friendly, fireworks and firecrackers are prohibited in many places.”。又如，关于红包，“People give the red envelope in the WeChat.”，我则以“Red packets are sometimes given in the electronic form.”表示赞同。

作为新课预热的活动，这个话题的讨论可以顺利过渡到课文主题；与此同时，同学们通过讨论也都进一步明确，中国百姓过年时的团圆饭、传统礼节、娱乐方式、出行方式等发生的变化都是新时代所赋予的。

2)现场片段二

《全新版大学英语综合教程(3)》第一单元Text B的作者唐娜·巴伦描述了近年来美国家庭生活的变化，那么中国的家庭生活是否也发生了同样的变化？在完成课文思维导图及语言点讲解之后，我又鼓励学生进行课文话题延伸讨论——“杭州‘95后’的生活方式”。我先起了个头:“人们都说在杭州生活可以不带钱包。”学生瞬间笑着猛点头,表示赞同,有同学甚至脱口而出:“生活在杭州真的很洋气。”接着,我将小组合并为大组,全班分成两大组进行比赛,要求学生们在5分钟内完成对“95后”生活方式的描述,描述的语言是以字母A—Z开头的单词或短语。领到任务之后,两大组学生立刻展开头脑风暴,不一会儿便派出代表在黑板上写起来,而且不时还有同学冲上前来补充词语,5分钟之后,已是满满一黑板(如图2所示)。有同学在字母E的旁边写了“饿了么”,在字母J的旁边写了“Jack & Jones”(服饰品牌),字母O的旁边则有“Ofo Bike”,还有“Uber”、“滴滴快车”、“Tmall”(天猫)等,我惊讶于学生的机灵,学生们则被自己的答案给逗乐了,课堂气氛达到了一个新高潮。最后根据写出的数量及适当性,选出胜出的一大组,并给其中的小组加分。

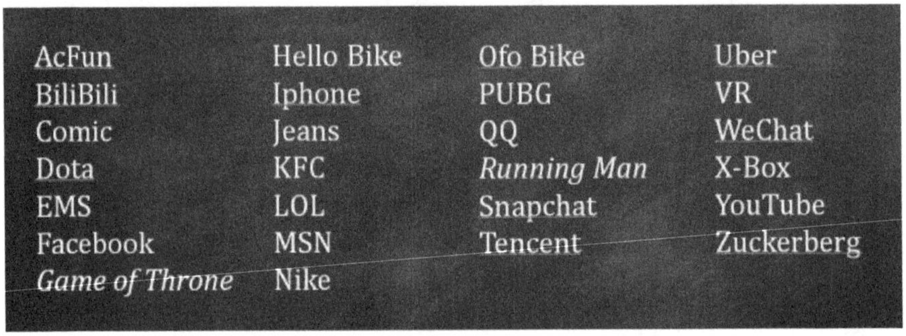

图2 课文话题延伸

(注:此图中的词语是综合了所有班级的表述。)

乘胜追击,我又化身为精神助产士,引导学生思考为什么他们这一代人的生活和之前的不一样,杭州这座城市在这些变化中起了什么样的作用。我给了四个关键词economically、technologically、historically、culturally。学生们按小组回答问题,为自己赢得积分。思考片刻,有小组答道:“杭州的互联网经济蓬勃发展,这使得我们的生活很方便。”另有学生紧接着这个观点补充道:“杭州有网易、阿里巴巴这样的互联网技术企业,我们今后的工作也因此有了方向。”也有同学从历史和文化的角度出发,说“杭州是古都,所以对中国的经济和文化有着重要的影响”。还有小组急着要发表自己的观点,“杭州举办了G20,之后还有亚运会,这不仅会推动城市的发展,也将影响着我们的生活”。

我的分析:虽然是在课文讲解之后,课堂时间也只剩最后的三分之一,但在这一环节中学生们的思维表现得特别活跃,“社交网络”“电游”“分享型经济”等成了他们描述自己生活方式的关键词,弹幕、极客文化、动漫游戏是这些“95后”年轻人跳动的脉搏。短短时间内,他们就对自己的生活方式有了如此生动、形象的描述。不过,我也发现,这一代的学生还是受到了外来品牌的影响,例如,iPhone、KFC、Nike等,我顺势以HUAWEI、OPPO、Vivo、Taobao、WeChat为例,鼓励学生更多地关注民族品牌;与此同时,我告诫学生要树立正确的消费观,在能力范围内进行合理的消费,而不能一味地花父母的钱追求名牌。

除了思维活跃之外,我在这一堂课中还发现学生已经学会了知识迁移。针对杭州在他们生活方式中所起的作用,学生能在短时间内给出比较合理且全面的回答。我发现,这是因为学生通过那四个关键词回忆起了在上学期的翻转课堂中看过的一个关于杭州的视频,根据视频内容,他们的回答都很到位。不过,表述的语言还是受到了词汇量的限制,例如,蓬勃发展(boom)、企业家(entrepreneur)、古都(ancient capital)、峰会(summit)等,无法被准确表达。

3)现场片段三

课后,我在批改网布置了题为“Recent Changes in Chinese Family Life”的作文。作文的要求是运用对比和比较的修辞手法,写一写父母小时候的生活,现在的家庭生活,最后阐述为何会有这些变化。结果,学生们全部都按时提交了作文,有10%的同学获得了90分以上的高分。这些同学的高分作文有一些共同点:家庭生活的变化主要表现在衣、食、住、行等方面,词汇丰富,句式结构变化多样。除此以外,较为明显的特点就是对比、比较的写作手法运用自如。例如,有学生在描写母亲小时候和她现在对于食物的选择时,这样写道:

My mother at school didn't want to afford herself even so much a luxury as a meal with meat. But as a student, I can now enjoy meat cooked in various ways every day.

这前后的对比让人感叹当代大学生物质生活的充足。在点评作文时，我与学生分享了这一段文字，同学们纷纷表示，这对比看似夸张，但都真实地发生在父母和他们自己身上。因此，在新时代，年轻人没有理由不自信、不乐观，更没有理由不迈步前进。

除了作文之外，每个班还各有一个小组需完成题为“Changes in Our Life”的视频制作作业。一周之后，学生提交上来的视频让我叹服，视频不仅制作精致，而且主题鲜明，配音、旁白都极为流畅，我不禁多看了几遍，并将视频转发到了班级交流群，与所有同学分享他们的智慧结晶。制作者们聚焦高铁、共享单车、支付方式、各类APP（叫车、外卖、网购、就医等）等生活中的新事物，而且视频的制作方式也独具匠心。商务类专业2017级4班Clover小组的同学用拍摄手绘作品的方式（如图3所示）制作了一个视频，可爱的画面、新颖的拍摄，以及一气呵成的故事，受到了班级同学的一致称赞。

图3 学生手绘作品展示

我的分析：作文通常是学生较为抗拒的一项作业，但是基于学生的真实感受和经历，课文、视频等的语言输入，以及学生的课堂讨论，这篇作文对于大部分学生而言是小菜一碟。特别是在作文的最后部分，即关于中国家庭会有这些变化的原因,同学们几乎都能联系到经济的发展、技术的创新,所以学生对新时代的新变化都能提炼出自己的观点。只是部分学生还需在遣词造句、行文结构及修辞手法等方面进一步提高。而视频作业看似轻松,实则是比较耗费时间的,但学生先进的制作手段、娴熟的剪辑手法、流利的语言表达,都证明在现代教育技术手段辅助下进行学习的新时代大学生,他们的学习方式也发生着天翻地覆的变化。

三、教学案例反思

以上是面向浙江工商大学商务类专业2017级2班、3班和4班的教学过程。为了更全面、深入地反思自身的教学行为、教学效果等,以下部分将以态势分析(SWOT Analysis)为工具进行这一单元教学的自我评价。

1. 优势(Strengths)

(1) 以社会主义核心价值观为指导的课堂教学能帮助学生树立正确的人生观、价值观和世界观。

(2) "新时代,新发展"的教学主题易于理解、观察和实践。

(3) 以衣、食、住、行方面的变化为焦点的教学内容具有较大的现实性。

(4) 启发式的教学方式更有利于师生互动。

(5) 翻转课堂与传统课堂相结合的教学模式能引导学生更积极地进行自主学习。

2. 劣势(Weaknesses)

(1) 教学设计无法兼顾每一个学生的英语水平和认知水平。

(2) 实际教学效果没能达到教学目标所提出的要求。

3. 机遇(Opportunities)

(1) 电子商务类的学生由于其专业原因,对新时代的新变化的感受尤为强烈。

（2）“95后”大学生的生活方式就是新变化的一个缩影。

（3）学生具有较强的小组合作、竞争意识。

4．威胁(Threats)

（1）部分学生的词汇量有限，句法基础薄弱。

（2）小部分学生英语学习动机不高。

综上所述，若对“新时代，新发展”主题进行第二轮教学，则需要尽可能地将劣势转化为优势，即根据学生的实际英语水平和认知水平进行更为合理的教学设计，并努力达到既定教学目标；与此同时，化威胁为机遇，尽可能调动学生英语学习的积极性，提高其自主学习的能力，鼓励其在经济发展日新月异、技术创新突飞猛进的新时代树立正确的人生观、价值观和世界观。

人生需要规划，规划成就人生
——记大学英语课堂思政教育

章　瑜[1]

一、引言

英语课堂中导入思政的教学实践，是常规英语课堂基于思政教学意图在视角层面的延伸拓展，是教师凭借常规英语课堂中获取的认知和感悟，将相关内容分解细化并将主题适当升华的过程。在明确此次教学尝试的基本要求后，教师们各自着手话题、教学素材等要素的选择。由于当时我所使用的教材《学术英语：管理》[2]旨在提高学生的专业英语水平，因而其所囊括的大部分文章与思政主题不是很契合。反复斟酌比较后，我选取了该教材第一单元的第一篇文章《在瞬息万变的商业社会中寻求你的未来》(Your Future in the Changing World of Business)作为此次英语思政课堂的切入点。这篇文章主要阐述了学习商务知识的四方面原因——选择职业、成为优秀员工、创立自己的公司、成为消息灵通的消费者和投资者。上述要点粗看与思政内容并不很搭边，但经过细化拓展，文章的大部分内容都能与思政内容巧妙结合。最终，我将"规划"设定为思政主题：职场需要规划，创业需要规划，生活消费、投资理财也需要规划。除"规划"这一主线，我又适时地在各个教学步骤中穿插了其他正能量的价值导向、可借鉴的人生策略等多个思政教育内容。

参与本次教学实践的学生来自大学二年级的六个班：金融工程专业

① 章瑜，女，硕士，讲师，研究方向：批判话语分析、英语教学。

② 季佩英、吴晓真、张颖：《学术英语：管理》，外语教学与研究出版社2012年版。

2016级1班、2班、3班，人文地理与城乡规划专业2016级1班、2班，以及资源与环境经济学专业2016级1班。授课时间为2018年3月。整个过程下来，我认为，教学步骤的落实总体顺畅，学生的参与热情度、课堂配合度及学生课堂内外输出的语言质量较为理想；此外，学生在价值取向、道德观念等方面也基本呈现出正气阳光、积极乐观的特质。

二、教学目标

本次教学实践的目标主要分为两部分：第一，以所选文章为载体，通过各种教学手段培养学生听、说、读、写的能力，尤其是即兴口语表达能力；第二，在常规英语课堂内融入思政教育，促使学生对周围的人、事、物做出更多理性的思考，对今后的生活进行更多积极的部署和规划。本次英语课堂的思政教育形式多样，包括学生两两互动、教师提问、学生即兴陈述观点等方式。思政教育的主线为“人生需要规划”，同时也纳入了其他思政视角。就“人生需要规划”这一主线，我主要引导学生认识规划的重要性，规划可以涉及不同的时间跨度，如长远规划、短期规划；规划可以涵盖人生的各个方面，如职业规划、学习规划、理财规划；合理的规划可以使人生更有条理，使目标更加清晰，使个体更有动力，朝着既定方向脚踏实地地走好每一步。此外，我又尽可能地去发掘文章中可以外延的点，将其他适宜的思政视角糅合其中，通过举一反三、点面结合，引导学生积极乐观地面对困难，努力勤勉地对待学业，认真负责地对待感情，对于未来敢闯敢拼，敢于走出舒适圈，勇于挑战自我。

三、教学步骤(总课时145分钟)

1. 组织学生两两即兴对话，导入思政教育主线(25分钟)

两两即兴对话有助于学生养成随口说英语的习惯。通常情况下，我会在每堂课的前十分钟让学生两两自由交谈。鉴于此次英语课堂涉及的思政内容，我要求学生在会话过程中额外添加以下话题：大学毕业后你想从事什么样的职业？为什么？选择这一话题有以下两方面的考虑：第一，这一话题有助于导入“规划”主线；第二，这一话题与课文中的择业、就业、职场等内容有一定关联。根据要求，学生先按惯例进行两两自由会话，之后围绕指定话题进行讨论。讨论结束后，我随机请一组同学还原之前的对话，进行现场即兴的对话复现。学生的会话内容显示：很大一部分学生在现阶段还处于迷茫状态，对今后的职业没有特别的想法和规划；关于职业方向、职业类别，学生的回答也不尽相同，各有侧重点。一半以上的学生想要从事和本专业相关的职业，例如金融专业学生选择成为基金管理人、银行职员、股票分析师、风投公司的项目参与人等，还有不少学生选择与本专业不相关的职业或自我创业。在学生的会话复现之后，我做了简单的总结和点评，这一步骤主要包括：概括描述学生所呈现的会话内容；罗列学生错误或不恰当的表达，给出正确表达或更贴切的表达；补充相关表达，帮助学生扩充词汇储备。

2. 以课文标题为切入点组织讨论，适时穿插思政教育（15分钟）

经过两两即兴会话的热身，学生们的口语表达略显顺畅，对之前讨论过的主题也形成了初步的认识。此时，我会切入课文标题，指导学生通过标题挖掘关键信息，了解文章主旨，并进行一定的思维拓展。我先让学生就文章标题“Your Future in the Changing World of Business”展开评述，评述方式为即兴开口说，自言自语。之后，我阐述了以下观点：我们所处的世界处处跃动着商业信息，商品、商人、商业组织、商业行为、商业竞争这些要素与我们生活的各个层面息息相关；同时，这个商业的世界又是一个动态的存在，它在不停地变化，不停地向前推进、演变，在不同阶段呈现出不同的面貌。由此，作为商业世界中的一个普通个体，你及你的未来也必然与你所处的商业世界有着密切关联。阐述完毕，我接着提问：身处这样一个瞬息万变、错综复杂的商业环境，你该如何应对各种困惑？如何洞悉商业社会各层面的属性及要领？如何把控、协调好方方面面，从而获取个人成长的最大收益？同样地，学生先进行自我即兴陈述，然后我随机抽取学生回答，与其互动。最后，我做总结：第一，要与时俱进。世界是不断变化着的，你要不断更新你的知识体系，跟上时代的节奏。第二，要学会适应。要尽可能地调整自我去适应变化中的世界，自己哪方面不适应就打磨哪方面，弥补不足之处。第三，要学一点商务知识。既然你的未来绕不开这个商业社会，你就有必要涉猎一点有用的商务知识，武装自己，充实自己，使自己在工作、生活的方方面面更从容，更有底气。

3. 介绍背景知识，选择合适素材展开思政教育（25分钟）

评述完文章标题，我选取文章中出现过的企业名、人名及专业术语等做背景知识介绍，并重点介绍了Oprah Winfrey(奥普拉·温甫瑞)——美国著名演员、制片人、主持人。在讲述奥普拉的传奇经历时，我穿插了以下几个思政视角：第一，再困难的时期都会过去，没有过不去的坎，撑过去便是柳暗花明。第二，珍惜生命，生命不能草率，生死之外无大事，再难也不能走绝路。第三，遇到困难，要学会寻求帮助，向可信赖的、经验丰富的亲友寻求帮助；有了心理疾病，不要苦撑，要上专业的医院，接受专业的治疗。第四，人生需要梦想，有了梦想，再加上坚持，努力再努力，终有一天你的付出会得到回报。介绍完奥普拉，我让学生发表看法，大家踊跃发言，部分学生讲述了自己以往的经历，其中一个学生讲到感怀处，声音哽咽，无法继续表达，台下也是一片静默，有学生开始擦拭眼泪，接着教室里响起掌声。

4. 词汇教学与口语训练相结合，一问一答部署思政教育（35分钟）

词汇学习是相对枯燥的一个环节，但该环节的学习成效直接影响到英语习得其他方面的输出质量。在设计词汇教学方案时我会尽可能地引入口语训练，常用的手段有三项。第一，要求学生用英文即兴解释某一词汇或词块。第二，让学生就某一词汇或词块进行拓展性造句，即学生随口讲出几句话或一段话，所表达的话语中需包含给定的词汇。第三，给出重点词汇、词块，并让学生将列出的表达串联起来，组成一定长度的篇章，用即兴口语输出；该篇章可以是一个故事，也可以是一个观点。第四，设计含有某个词汇或词块的问题，让学生即兴回答；学生回答完，我可能追问，学生继续作答。

在本次教学实践中，考虑到思政教育这个教学目标，我更多地采用了上述第四种方式，即教师提问，学生回答。以“adversity”“underestimate”“cooperative”三词为例，我所设计的问题为：

(1) When faced with adversity, what will you do to overcome the difficulties and make your life easier?

(2) Do you constantly underestimate your potential and thus miss good opportunities?

(3) Do you think being cooperative is an important quality one needs to have in order to achieve personal success?

这些问题与学生的学习生活较为贴近，学生愿意讲，有话可讲，虽然表述时偶尔也会有停顿，但大部分学生都能即兴完成回答。此外，由于这些问题融入了思政内容，学生在锻炼口语的同时又能对相关问题做一些有益的思考，可谓一举两得。本次词汇教学所涉及的思政主题包括：要学会与他人合作，培养团队精神；面对困境要乐观，要从容，要有韧劲；不要低估个人潜力，适度张扬，敢想敢做。

5. 讲解文章，层层推进，理出思政教育主线(45分钟)

在正文讲解这一环节，我通常会简要地梳理一下文章的框架，帮助学生更清晰地了解文章的主题及各个段落推进的脉络。本篇文章分为两部分，第一部分包括第1～4段：商业社会充满竞争，职场充满竞争，个人要有使自己不可被替代的能力和素养。第二部分包括第5～13段：学习商务的四个原因。

就第一部分，我先让学生就文中两个内涵句子及两个核心问题展开讨论。

两个句子为：

(1) Success is a journey, not a destination.

(2) You must bring something to the table that makes you different from the next person.

两个问题为:

(1) What can I do that will make employers want to pay me a salary?

(2) What skills do I have that employers need?

问题讨论过程中,我适时引出以下几个观点:大学期间要尽量多学一点东西,增加人生的可能性;商务知识不仅有助于求职,而且有助于在今后家庭的投资理财方面提供有益的思路,可以适当了解一下。

就第二部分“学习商务”的四个原因,我以“规划”为主要切入点,在四个层面的原因中逐一导入相应的思政内容。关于第一个层面——择业。我阐述了以下观点:择业需要规划,大学生活也需要规划,学生们可根据自己的兴趣、爱好在大学期间广泛涉猎各领域的知识、技能,扩充知识储备,并尽早明确今后择业的大方向。关于第二个层面——成为优秀员工。我结合文章内容指出:要想在职场获得成功,个人必须有规划,即必须设计好文中所提及的road map;个人要尽早明确什么样的能力、什么样的知识结构、什么样的综合素养是这份工作所要求的,然后一项一项地去落实这些能力、技能和素养,不断地充实自我,从而使自己在职场更有竞争力,更有机会脱颖而出。关于第三个层面——创业。我表述了以下个人观点:创业必须要有细致、理性的规划,要及早做好各项铺垫;创业之前最好能在相关企业或公司工作一段时间,熟悉相关流程,摸索行业要领,为今后创业做好相应的技能、知识、经验、人脉等关键要素的积累。之后,我让学生设计一个大学生创业计划,大家发言积极,气氛活跃。有学生打算开一家网店,售卖二手物品;有学生打算收集各个学院的考研信息,对外售卖;也有学生打算众筹租下学校附近一室一厅的毛坯房,把它装修成特色民宿,然后挂到airbnb以日租形式赚取租金。学生们所描述的创业方案大都比较细致,具有一定的可操作性;整个讨论氛围也很好,不少学生非常投入。我又适时介绍了身边几个亲友成功创业的事例,并适时指出:创业需要规划,更需要行动力,不能只想不做;想清楚了,心中基本有底了,就应果断付诸实践,不应贪恋目前所处的舒适圈。关于第四个层面——投资与消费。我强调了规划对于投资和消费的重要性。投资要理性,要有计划,要向懂行的人多学习、多咨询,不能头脑发热、盲目跟风;消费支出也应有一定的规划,避免过度消费,但不必无缘由地缩减开支,拉低应有的生活品质。

四、任务布置及任务完成

讲解完课文之后,我布置了一项课堂内的口语任务。按要求,学生在两分钟内对大学生活做一个近期和远期的规划,并用即兴陈述的方式将意思表达出来,学生们用手机录下自己所说的话并即时传到我的邮箱,我逐一评分,并抽取表达流畅、具有借鉴意义的音频在课堂内播放并点评。此外,我还布置了以"规划"为主题的作文,详细列出评分标准及作文要点,学生上交作文的纸质及电子版本,我给出分数并进行相应点评。

五、教学案例反思

结合思政的英语课堂是一次很难忘的教学尝试。由于是第一次采用此类教学模式,我感觉自己在许多方面还做得不够细致与完善,比如选择的课文契合度不够,个别提问设计得不够巧妙,部分思政教育的导入有些牵强。虽有不少遗憾,但总体而言,整个教学实践推进有序、互动畅通、立意饱满,教与学的双方都有了不少收获和启发。对于学生而言,语言能力提高了,眼界拓宽了,心灵触动了,觉悟提升了;对于我个人而言,通过准备教案、与学生互动,以及不断的梳理、反思、感悟,我也在不知不觉中向一个更加从容、豁达、理性的自我靠近。

通过这次教学尝试,我也更深切地体会到教师所肩负的责任,教师不能仅仅局限于机械的知识传递,教师应着眼于更高层次的理念、方法、内容等的传播与传授,着眼于真正意义上的传道、授业、解惑。教师这个职业使我们有机会站在台前,向一群人传递正能量,传播积极、健康的理念,传授有益有用的策略方法。所以,我们一定要把这一权利保管好、利用好。我们的一句话,学生很可能一辈子都记着,放在心里,并因此而受益。

从爱因斯坦说起：唤起对科学的敬重

王晓英[①]

一、引言

本次教学案例选取的是《全新版大学英语综合教程3》第四单元，该单元的主题是"想象力和创造力"（Imagination and Creativity）。课内阅读为《爱因斯坦是个外星人吗？》（Was Einstein A Space Alien?），大意是，现代物理学的开创者爱因斯坦成就巨大，如解决了光电效应问题，提出了狭义相对论及量子理论，课文还剖析了他之所以能获得如此成就的个性特点，如无惧权威、相信直觉、强大的专注力及不拘小节等。文章通过引人入胜的细节描述和恰到好处的举例论证，生动展示了伟人的独特之处。

二、教学目标设定

结合课文主旨，本单元我设定的教学目标是，在注重单词、语句、写作等语言层面技能培养的同时，采用翻转课堂教学模式及任务教学法，引导学生通过了解爱因斯坦等伟大物理学家的生平和成就，关心中国乃至世界范围内的新兴科学技术和科技成就，唤起年轻一代对科学知识的渴求及对自己所学专业领域突出人才的了解和敬重，凸显社会主义核心价值观中的"富强、爱国、敬业"等内容。与此同时，对于部分大学生盲目而缺乏意义的"偶像崇拜"现象，给予他们积极的引导，以塑造其正确的人生观和价值观。

① 王晓英，女，硕士，讲师，研究方向：英语教学。

三、教学案例描述(总课时155分钟)

1. 课前(线上45分钟):翻转课堂在线学习

了解课文背景知识、单词;要求预习课文,了解大意;通读课文之后,绘制一幅有关爱因斯坦的思维导图(mind map),内容包括外貌、个性、成就、逸事等。要求学生提前了解文章大意和思路,并了解文章之外爱因斯坦的一些逸事。

2. 课中(55分钟)

课中我首先使用15分钟,开展"哪个组更聪明"(Which Team Is the Smartest?)的小组竞赛,以检查课前预习情况,并呼应本单元"想象力和创造力"的主题,为整个单元的内容做热身准备。

1)小组竞赛(15分钟)

(1) 4个体现创造性思维的脑筋急转弯,作为热身练习。

◎What do you know about the Kings of France?

They are all dead.

◎When do you go as fast as a racing car?

When you are in it.

◎What kind of man can raise things without lifting them?

A farmer.

◎What person tried to make you smile most of the time?

A photographer.

(2) 词汇网:从课文中挑选出最能概括爱因斯坦特点的14个单词或者词组,小组讨论后写在答题纸上交给我。答案如super thinker, Nobel Prize Winner, theorist, physicist, slow starter, Theory of Relativity, law of the photoelectric effect等。

(3) 抢答课文中出现的4位著名的物理学家(Isaac Newton, Albert Einstein, Max Planck, James Clerk Maxwell)的主要成就。

(4) 抢答课文中出现的物理学词汇(中译英),如原子和分子、光子、量子、狭义相对论、光电效应、统一场论等。

以上四个环节均记分,最后教师统计出每组得分,并对得分最高组给予适当奖励。通过小组比赛,一方面考察学生们课前预习情况,另一方面也检测小组的合作能力、想象力和创造力,使他们在英语课上即时展示本单元主题。课堂气氛热烈,效果良好。

2)优秀思维导图展示(15分钟)

本次布置的个人作业,要求每人都要提交,作业纸尺寸为A4或者A3大小,内容要求涵盖爱因斯坦的外貌、个性、成就及逸事四个方面。

在布置作业之前,我在翻转课堂在线平台上上传了思维导图绘制方法介绍视频及样图,作为示范材料。同学们对此项作业的热情超出了我的预期。在上交的思维导图中,80%的学生用绘图的方式展示爱因斯坦的外貌,或写实,或漫画,体现同学们对这位科学家的热爱。在根据课文内容总结人物的外貌、个性及成就之外,增加的"逸事部分"则反映出同学们课前对该人物相关资料的搜集情况。一桩桩有趣的逸事,通过学生们的概括描述,使人物形象得以丰富,读起来引人入胜。

我拍照后把图片导入PPT,向大家展示了优秀思维导图。采用多维度的评价标准,如最佳词汇、最佳绘图、最佳故事、最佳创意等。并和课文相结合,一一找出课文中和导图相呼应的内容,并加以概括和归纳。同学们据此学习了课文的重点内容,并厘清了文章思路。从这些学生的作业中,我看到他们对爱因斯坦的伟大成就、他强大而异于常人的专注力和无畏权威、相信直觉的勇气,以及他特立独行的个性特征的由衷赞叹。

3)课文讲解及布置作业(25分钟)

关于课文中的语言知识点,我摘取了部分较难的句型进行解析,并通过英译中翻译练习,使同学们了解了理解课文难句的方法。同时,给同学们归纳了外貌用词,并选取了思维导图作业中的一些不恰当用词,说明如何选用恰当的词汇来准确描述人物外貌。并从课后练习中选取"CLOZE"这项练习,再度归纳爱因斯坦的成就及个性特点,强化了所学内容。

最后我布置了课后作业:复述文中4位物理学家的主要成就(个人作

业);展示与专业相关的偶像人物(每个班分成4组);线上观看视频"关于爱因斯坦的23个惊人事实"(23 Surprising Facts about Albert Einstein),并开展讨论,如你认为爱因斯坦是理想的结婚对象吗?为什么?你如何评价他?(Do you think Albert Einstein is an ideal choice for marriage? Why or Why not? How do you comment on him?)

3. 课后(60分钟,线上15分钟,线下45分钟)

1)用课文中的表达,复述4位物理学家的主要成就(10分钟)

本环节主要回顾课文中所学的重点句型,并梳理课文中提到的物理学领域相关术语,使同学们学会用英语简要介绍科学家的生平和成就。

2)PPT展示:我的偶像(要求与所学专业相关)(25分钟)

本次作业要求主要基于如下考虑:根据以往的课堂教学经验,学生在展示自己所崇拜的偶像时,结果会往往大同小异,或者列举马云、乔布斯等耳熟能详的偶像,缺乏个人特色及新意;或者介绍球星、影视明星等,与本身所学专业无关,仿效可行性较小。而且部分同学聊及影视明星时如数家珍,而谈及自己专业领域的人才时却所知甚少,有时他们展示的偶像特质模糊甚至盲目。因此,我在作业要求上添加"要与所学专业相关"这一条,以激起他们对自己所学专业的热情。

在同学们的展示环节,每班小组两两合作,分成4个大组,共同展示本行业的4位偶像。财务会计专业2018级1班、旅游专业2018级1班等以小组成员集体合作介绍的方式,配以图文结合的PPT,在4分钟内介绍了本专业领域的偶像。如"携程"范敏、"蚂蚁金服"前董事长彭蕾等。由于和本专业相关,同学们准备起来更加认真,并且通过英语来阐释专业术语,学以致用。在PPT展示之后,还进行了现场提问。同学们的提问丰富多样,角度有趣,只有充分了解自己偶像的小组才能完美地给出答案。通过提问,同学们对所展示的人物也增加了了解的维度。

在展示结束之后,我对同学们展示的偶像人物特质进行了总结,并给予各个小组在PPT展示环节的意见和建议,如PPT的制作、陈述技巧、小组合作及互动方式等。这些展示如同一部部浓缩的精彩纪录片,偶像们勇于坚持、勇于创新、不折不挠、脚踏实地等品质也印入了同学们的心底。这让学生进一步加深了对专业知识的了解，坚定了专业选择，同时对自己的未来职业走向也有了进一步的认识和思考。

3）线上学习（15分钟）

观看视频“关于爱因斯坦的23个惊人事实”，并列举相应的逸事。

4）课堂讨论（10分钟）

你认为爱因斯坦是理想的结婚对象吗？为什么？你如何评价他？

本环节首先让同学们列举视频中提到的爱因斯坦的一些逸事，以及他崇尚自由、无视婚姻契约等小故事。这有助于学生了解爱因斯坦异于常人的一些个性及缺点，让学生学会辩证地看待人物。

在讨论中发现，大部分同学认为爱因斯坦是一位伟大的物理学家，其专注力和创造力是学习的重点，同时也发表了他并不适合做婚姻伴侣的观点。

四、教学案例反思

本次教学案例设计主要围绕“创造性”这个主题词，通过翻转课堂模式，结合线上和线下教学，以任务教学法为主线，贯穿始终，总体教学效果良好。

首先，从教师本身来看，教学设计要有新意。因此，我基于翻转课堂在线学习资料，大胆使用了课堂小组竞赛的方式，并且给同学们布置课前绘制思维导图这项具有挑战性的任务。从教学实践上来看，小组竞赛有效激发了同学们的团队荣誉感和表现欲，达到了检验和强化学习的目的。而从思维导图的质量来看，同学们较好地厘清了课文思路，而增加的绘画环节，由于是在课外完成，没有占用课堂时间，还增加了学习乐趣。总体上看，这是比较成功的课堂设计。

其次，从学生的学习效果来看，线上、线下结合的混合式教学法能增加学生学习课文的时间和空间维度。线上学习思维导图绘制方法及观看视频，有助于提前熟悉课文单词和难句，并全面了解人物特点。线下的思维导图赏析、课文难点辨析、PPT展示、小组讨论等方式，有助于学生学习语言知识。同时剖析人物之所以能获得如此成就的个性特点，如无惧权威、相信直觉、强大的专注力及不拘小节等，以及PPT展示偶像等环节，重新唤起了年轻一代对自己所学专业领域突出人才的了解和敬重，使得社会主义核心价值观中的“富强、爱国、敬业”内容也如春风化雨般潜入同学们心中，从而完成“课程思政、立德树人”的教学目的。

本单元的教学设计也存在一些不足之处。如思维导图的绘制是在课前完成的，小组竞赛也是在课程开始就进行的，这两项活动是否能成功开展受限于所教班级学生的英语基础及配合程度。如果是在英语水平较弱的班级，可能无法达到较好的教学效果。另外，课堂设计偏重听说能力的训练及价值观的引导，而对学生写作能力的训练不足。这些都是在以后的教学中需要改进的地方。

友善、敬业：和谐社会的主旋律

张继青[①]

一、引言

高校作为培养社会主义建设者和接班人的重要场所，其根本任务是育人。育人的根本在于立德，在于对大学生进行核心价值观教育，让社会主义核心价值观成为全体大学生的自觉追求，使社会主义核心价值观真正成为大学生的行动指南。在教授语言的同时，向学生传授语言背后承载的价值观，应该成为大学英语教师义不容辞的使命。有幸的是，我们的大学英语教材不乏生动鲜活的课文，这为我们提供了核心价值观教育的素材。我校艺术与设计学院学生使用的是“十二五”普通高等教育本科国家级规划教材——《新世纪大学英语综合教程(3)》[②]，本文拟通过其中的第一单元来探讨大学英语教学如何与社会主义核心价值观的传播相融和。

本单元的主题是“我们周边的人”，包含Text A《送给史蒂维的一点心意》及Text B《无法忘怀的车程》。两篇课文均为记叙文。Text A中的“我”，一家卡车司机休息站负责人，雇用了史蒂维，一个唐氏综合征患者为餐馆勤杂工。史蒂维的极端敬业使他赢得了每位员工的心，卡车司机们也视他为休息站的吉祥人物。得知史蒂维生病住院动了手术，让相依为命的母子俩经济上雪上加霜时，卡车司机们纷纷募捐，在餐巾纸上写下“送给史蒂维的一点心意”。这些捐款竟达上万美元之多，在史蒂维重返

① 张继青，女，硕士，讲师，研究方向：英美文学。

② 秦秀白、崔岭：《新世纪大学英语综合教程(3)》，第2版，上海外语教育出版社2014年版。

休息站时捐款被当面交给史蒂维母子。Text B中，“我”回忆了20年前开出租车谋生，深夜接送一位老妇人去安养院度余生的故事。老人希望去市中心她曾经熟悉的那些地方，回顾一下旧日好时光，再去安养院。“我”帮助老人完成了心愿，没有收整整两个小时的车费。本单元的两篇课文，都从第一视角出发，给人一种亲历感。而这些平凡人生展现的人性美，恰恰与社会主义核心价值观所推崇的“友善、敬业、和谐”高度契合。这两篇文章不是说教论理，而是以最真实平凡的故事直击人心，向学生生动揭示了何为友善、敬业与和谐，让社会主义核心价值观通过真实感人的故事深入学生心灵。

二、教学目标的设定

我在课堂教学上坚持“聚焦学生”和“聚焦文本”的理念。通过各种问题的设置，引导学生听课文音频，细读文本，在回答问题的过程中，掌握核心词汇、句型，抓住文本脉络，在此过程中训练学生的实际语言运用能力，掌握课文主旨。在课堂教学的过程中，要求学生既要见整片树林，即课文的整体结构及中心思想；又要见每片树叶，即核心词汇及课文的细节。抽取重点章节进行英汉互译，通过双语视角，获得对课文的深度理解。通过适时介入的小讨论，带来师生互动、生生互动，触发更深的思考。总而言之，通过教学，使学生真正读懂课文，获得心灵的感悟，深切感知社会主义核心价值观提倡的“友善、敬业、和谐”内容。

三、教学案例描述(总课时135分钟)

1. Text A课前预习(25分钟)

正式开讲前，给学生以下8个层层递进的问题，要求学生做好课前预习，反复阅读，细听课文，寻找课文主旨。

(1) 为什么“我”对雇用史蒂维心存疑虑?

(2) 是什么消除了“我”的疑虑？如何做到的?

（3）史蒂维母子俩的生活状况是怎样的？

（4）为什么三年来史蒂维第一次没来上班？

（5）对于史蒂维的健康状况，员工们与卡车司机们做出了什么反应？

（6）史蒂维是否盼望哪天可以回来工作？为什么？

（7）当裹在不同餐巾纸里的总计一万多美元的捐款呈现在史蒂维母子面前时，大伙做出了什么反应？史蒂维接着做了什么？

（8）这个故事告诉我们什么？

我要求学生预习时带着这8个问题进入故事。随着问题的层层解答，故事的主题也就清晰了。课文主题与社会主义核心价值观的关联是不言而喻的，教师在授课中引导学生回答问题时，加以点拨，学生必定能够领会。接下来对预习问题进一步详解，并指明探索故事主题的过程同时也是对社会主义核心价值观中“友善、敬业、和谐”内容的探索。因为史蒂维患有唐氏综合征，所以“我”对雇用他为餐馆杂工举棋不定，“我”不确定顾客会有什么反应。史蒂维在顾客和员工中广受欢迎，因此，“我”打消了顾虑。史蒂维满脸笑容，极端地敬业，工作一丝不苟，这是他自豪的源泉。他煞费苦心地取悦每一个人，惹人喜爱。问题解答到此，学生自然而然能领会到：一个人即便有缺陷，友善和敬业仍然可以为他赢得众人的肯定和喜爱。敬业的第一要义是热爱，甚至是挚爱，这是敬业的前提，是人对这项工作的社会价值的充分认同。人在职业中获得实现价值的快乐，职业因人的创造而变得更加神圣。史蒂维的母亲是个寡妇，因多次手术而落下残疾，靠社会保险金生活。史蒂维当餐馆杂工能保证母子俩可以一起生活，他也不会被“集体之家”收容。史蒂维的敬业使得他突破自身的先天不足，拥有母子俩的和谐小家。然而史蒂维因为要接受心脏手术，三年来第一次没能上班。手术的费用让史蒂维母子俩的生活雪上加霜。听闻此消息，卡车司机们纷纷捐款，用餐巾纸包裹，并写着“送给史蒂维的一点心意”。卡车司机们不约而同的捐款行为，完美地诠释了何为“友善”。它不是空洞的口号，不是虚幻的愿景，而是人与人之间善意的真实表露，是一人有难、众人相帮的社会风貌。史蒂维手术后盼望重返工作，除了害怕失去来之不易的工作，更体现了他的敬业精神，这是对工作的热爱，对顾客的牵挂,对职业的坚守。史蒂维回来的那天,面对一万多美元的捐款,所有人都欢呼雀跃,甚至喜极而泣,"友善"在此达到一个新的境界:乐他人之乐,喜他人之喜。而当众人忙着握手、拥抱之时,史蒂维却忙着清理桌上的杯盘。这恰恰是敬业最好的写照。故事结尾的这一幕描绘了一幅令人动容的和谐社会的美好画面:劳动者兢兢业业地工作,友善把人们联结在一起。我希望通过对这些问题的回答,让学生掌握故事的全貌,并思考故事带给他们的启示。

2. Text A课堂呈现(70分钟)

正式开讲时,先请学生回答预习的8个问题,以探索课文主题。我请学生再次细读课文相关段落,全面调动学生的听说能力,以便尝试运用准确的语言来组织答案。8个预习问题的回答一般需要45分钟。这8个问题的详解及与社会主义核心价值观的契合之处,前面已讲述,此处不再重复。我在引导学生回答问题时,注重的是学生对文本的透彻理解。当学生答非所问时,我会循循善诱,指导学生从相关章节入手,分析文本,帮助学生做出相应的推导、归纳和总结。此过程要求学生在课堂上全神贯注,积极思考。而且,因为问题是环环相扣的,所以在整个教学过程中,我借助问题紧紧抓住学生的注意力。而课堂中小讨论的介入,可以调节一下气氛,增加互动,碰撞思想。这节课最后10分钟让学生讨论最后一个预习问题,自由谈论对这个故事的感想。

在对整个故事有了总体的认知之后,也就是看到了整片树林的全貌之后,进入第二轮的阅读,也就是细看每一棵树,领略其风姿。从词汇到句子结构,再到段落,仍然可以借助更多细节问题的提出,帮助学生全面细致地把握课文,透彻理解主题。譬如,课文中有这样一段:

I shouldn't have worried. After the first week, Stevie had my staff wrapped around his little finger. Within a month my truck regulars had adopted him as their official truck-stop mascot.

我指出这一句是主题句，虚拟语气的运用巧妙地说明“我”的担心完全是多余的。后两句就是证据。让学生聚焦在“wrap sb. around one's little finger”这一短语上，从字面意义到引申含义，一直讲到在本语境下的含义，请学生尝试翻译：

> 第一周过后，史蒂维就抓住了每个员工的心。不足一个月，我的老顾客——那些卡车司机们——就正式认定史蒂维为卡车司机休息站的吉祥人物。

在学生完全理解这段文字后，我向学生提问：史蒂维，一个身患唐氏综合征患者，是怎样赢得人心的？请在课文中找出证据。文中细节的描述非常出彩，一个友善、敬业的人物形象呼之欲出：史蒂维21岁，穿着蓝色牛仔裤和耐克运动鞋，满脸笑容，讨人喜爱，极其地敬业。他收拾好一张餐座后，盐瓶和胡椒瓶归于原位，丝毫不差，桌面不见一点面包屑、一滴咖啡液。我告诉学生重点词汇“in place”的运用，这一词汇生动地解释了敬业就是一丝不苟地工作。学生继续在文中找这样的细节：

> 他总是在不起眼的地方转悠，左右脚替换着支撑体重，眼睛巡视整个餐厅。一看见哪张餐桌边的客人离去，他就立即赶过去，仔细地把碗碟收拾到餐桌上，拿起抹布仔细地擦桌子，动作娴熟、夸张。

我提醒学生重点词汇“hover in the background”的运用，这一词汇传神地解释了敬业就是时刻准备着服务他人。

3. Text B的课堂呈现（45分钟）

请学生带着以下2个问题阅读：

（1）“我”如何看待一名出租车司机的生活？

（2）为什么说“我”同时扮演了教堂牧师的角色？

仔细阅读第1～3段。通过对问题的解答,学生了解到"我"作为开夜班出租车的司机,"我"能像牧师一样聆听乘客不同的人生。出租车生涯令"我"兴奋。我告诉学生,从以上内容可推测出,"我"对出租车司机的职业有某种程度的期待和兴趣,"我"是一个非常善于聆听的人,"我"对这份职业没有任何抱怨。接着,我请学生特别关注第3段最后一句:最令我感动的是在8月的某一个暖和的深夜,我接送的一个女乘客。邀请学生期待下文谜底的揭晓。

请学生带着以下3个问题阅读:

(1)"我"在凌晨2:30被派到哪里接送一名乘客?

(2)为什么很多司机在漆黑的地方会选择稍等片刻后立即离开?

(3)为什么"我"选择等待乘客?

仔细阅读第4～7段。对这3个问题的解答,让学生明白,"我"是个非常善良、敬业的司机。在凌晨2:30到地处偏僻、黑漆漆一片的小楼接人,"我"心中想的是,"我"的乘客是一个需要"我"帮助的人,这种想法超过了"我"内心潜在的恐惧,"我"打算主动上楼敲门。同时,我引导学生思考文中最为动人的这一句:

> Would I not want a driver to do the same if my mother or father had called for a cab?

这一句顶过滔滔不绝的说教。这样的服务精神,基于设身处地为他人考虑的心态。我由此启发学生:敬业精神可以源于一种非常朴素的情感——我为人人,人人为我。这种友善与中国传统的"老吾老,以及人之老;幼吾幼,以及人之幼" 是相通的。如果人们服务他人时,能想到我希望我的至亲也能被如此善待,这种发自内心的敬业精神必定能构建一个真正和谐的社会。

通过提问,继续引起学生的好奇,"我"上楼敲门去接的究竟是怎样的一个乘客?请学生带着以下2个问题阅读:

(1)乘客长什么样呢?

（2）“我”怎样对待她？

仔细阅读第8～13段。乘客是位八旬老妇人，“我”帮她提箱，扶她上车，一如对待自己的母亲。学生深深感受到，“我”的敬业，是发自心底的互帮互助。

仔细阅读第14～20段。通过问答，学生了解到老人要去安养院，希望出租车司机先带她去市中心留下美好记忆的地方。闻此，“我”默默关闭了里程计价器。回忆之旅耗时两个小时，“我”两个小时的护送远远超出了一个司机的职责。老人回忆往昔，“我”耐心聆听，有时听从她的心愿在旧地停车静坐。这让学生体会到，敬业就是服务者尊重服务对象的个性需求，服务要耐心、体贴、到位。

仔细阅读第21～28段。通过问答，学生了解到“我”终于把老人送到了安养院，却分文未取。引导学生理解老人的感谢之情，“你给了我这个老太婆一些愉快的时光，谢谢你”。两人的拥抱与握手，表明这时两者之间的关系已超越司机与乘客的关系，体现了人世间的美好真情——友善。

第29～31段是故事的结尾，“我”在把老人送入安养院后，内心十分感慨。故事让学生明白，平凡生活中的无数瞬间，因为我们给予他人的友善而成为可以铭记的伟大时刻。

四、教学案例反思

本单元的教学聚焦于学生，也聚焦于文本，通过环环相扣的问题的设置，引导学生深入文本，进行深度思考。我犹如导游，带领学生身临其境，细细品味每处美景。我犹如灵魂导师，引导学生透过文本细节，触发心灵共鸣；借助生动鲜活的人物和故事，潜移默化地传达社会主义核心价值观。我告诉学生，当一个人出于自由的意愿，充满愉悦地、全心全意地去服务是美好的。对我们来说这也许是微不足道的一份慈善，但对需要者弥足珍贵。个人并非一座封闭的孤岛，每个人都是大陆的一部分；我为人人，人人为我，方可构建一个美好、和谐的社会。

友善篇

爱国、友善:课堂教学正向情感培养

——以两节商务英语课的课堂教学为例[①]

丁仁仑[②]

一、引言

情感贯穿人的一生。生活、工作、学习当中,人们的一言一行无不是情感的表达或宣泄,抑或是人在用妙不可言的情感表达或宣泄着每一言、每一行。教育也不例外,课堂教学的互动不仅是知识的传递、碰撞,也是师生在求知问道生涯中学术情感的互动交流。

美国高等教育协会资深会员,集作家、教师、实践家等身份于一身的Parker J. Palmer在其《教学的勇气:探索教师生命的内在视界》一书中这样致言:“这本书是为那些在工作中有欢笑、有眼泪的教师而写的,那种眼泪与痛苦是源自对某种事物的热爱。这本书的写作是为了那些热爱学生、热爱学习、热爱教学生命、常怀赤子之心的教师。”[③]从Parker的致言中可以看出,教师的教学本身离不开“爱”这种情感。从事教师这份工作并不是件容易的事,因为教学所需的太多,而情感更是其实践教育的出发点。教学需要勇气,需要爱,更为关键的是在教学中要正确地为教学破除负面或不良情感障碍,引导和建立正向的情感,从而成就高效课堂教学,不断提升教学效果,进而实现教育之育人使命。本文基于教学情感环状

① 本文系2018年度浙江工商大学HELLO计划外国语学院教学改革项目“基于英语公众号等新媒体的大学英语自主学习研究”和浙江工商大学高等教育研究课题“网络技术视域下大学英语教学中的自适应学习”(课题编号:XGY18038)的研究成果。

② 丁仁仑,男,博士,副教授,研究方向:英语教学。

③ Palmer Parker J. *The Courage to Teach: Exploring the Inner Landscape of a Teacher's Life*, Taipei: Psychological Co., Ltd., 2009, p.2.

模式，以商务英语课堂教学中的两个案例来阐释如何进行爱国与友善教育，并尝试从破除学生英语学习情感障碍的角度出发，探讨如何建立课堂教学正向情感。

二、商务英语教学、教学情感、教学情感环状模型

2018年春季，我教授两门课程，商务英语和学术英语。这两门课程对有些专业来说是必修课，而对有些专业来说是选修课。有的班级是混合班，学生来自近10个不同专业。其中学术英语课程涉及的班级有文管专业2016级1班和行政专业2016级1班，商务英语课程涉及的班级主要有经济统计专业2016级1班、编辑专业2016级1班等。针对这两门课程，我均在开学之初就设计了基于项目和任务的教学方法，在随后的教学实践中发现这两门课程均比较适合这两种教学方法，其中尤以商务英语课程为佳。教学内容已计划好，教学方法也已设定，那么除了商务英语知识和英语语言技能这条主线之外，课堂教学还能给学习者带来什么，就成了我时常思考的问题。

该学期商务英语教学计划中含有“International Business”“Career Choices”和“The Job Market”主题。正确理解国际贸易合作关系，学以致用报效祖国是课堂教学中应有的内容，“爱国”是教育的永恒主题。商务的本质是用商品包括产品与服务来进行交换，而交换和为他人服务讲究的是“和气生财”，因此，商务英语课堂教学中应传递友善情感。商务英语信函如求职申请中，一些基本的步骤和表达既是礼仪，也是友善的表达。

基于教学情感的研究不在少数，比如围绕教师教学的积极情感、职业倦怠、心理疲劳与焦虑，学生的学习动机、学习的情感环境等。以教师教学的积极情感为例，在中国知网上键入“教学的积极情感”，就会出现1202条结果[①]。虽然以往关于教学情感的研究很多，但大多关注教师与学生的

① 参考网址：http://kns.cnki.net/kns/brief/default_result.aspx。查询结果截止到2018年10月6日。

心理动机和职业倦怠或成就等，却忽略了友善、爱国等情感的传授。

教育情感不同于其他普通的情感，这主要表现在教育情感的职业性和教育性。作为教师在课堂教学过程中的情感表达甚至是传授，必不可少地带有这两种天然属性，否则教师便是不合格的。教书育人，教书是途径，是职业性；育人是目的，是教育性，也是教育的本质。正因为这样，教师课堂教学的情感管理非常重要，绝不可任意妄为。首先，教师要逐渐学会组织管理自己的情感，切忌冲动、怒吼；在讲台上的老师就应该是微笑的天使，因为课堂上教师个人的情感早已不属于其个人（虽然从某种程度上讲还是其个人内心的感受）。教师情感会不自觉地外露外显，教师情感既可能伤害学生，也可能感染学生。无论是面对学生个体还是学生群体，由于其职业性和教育性，在教育情感上面，教师可以说是一个弱者，因为教师只有一个选择，那就是表达正面、积极、向上的情感。举个明显的例子，教师哪怕前一分钟刚刚接到不愉快的信息，走进教室、走上讲台后也必须收拾心情，在微笑中开讲。这种内心反差是职业需求。久而久之，教师情感的表演性也会日渐形成。其实这种职业表演性各行各业均有涉及，演员自不必说，国际航班的空乘人员十几个小时保持微笑也绝非一蹴而就。

Feldman Barrett L.和Russell J. A.提出激活（指唤醒、动员、能量）和合意（指效价或快乐情调），可以用来描述构成情感环状模式[①]的一系列核心情感。如图1所示。

从情感环状模式中可以看出，高激活和合意会形成增力的合意（activated pleasantness），如兴奋；也会形成减力的合意（deactivated pleasantness），如放松，两者截然不同。最糟糕的是失意导致悲伤，而失意与低激活会形成减力的失意，如疲倦，甚至是精疲力竭。情感环状模式给教学情感提供了一个较为全面的参考模型。教师可以整合各种情感状态，对教学情感进行更为全面的探索和研究。

---

① Paul A. Schutz, Reinhard Pekrun. *Emotion in Education.* Shanghai: East China Normal University Press, 2007, p.100.

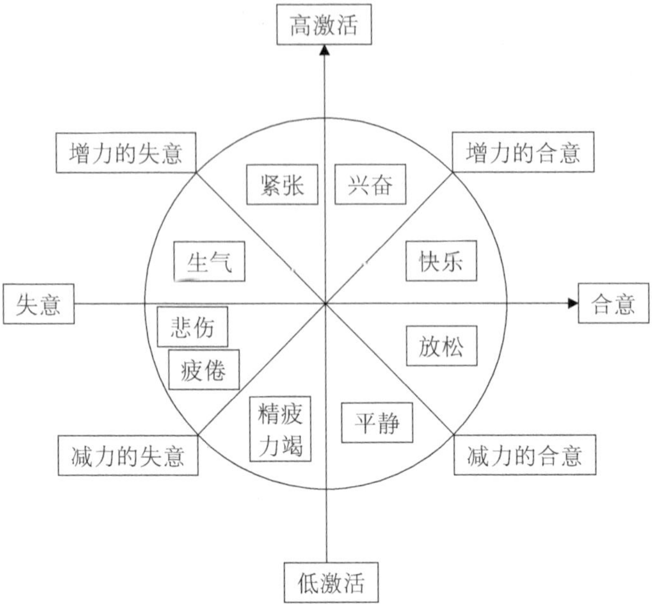

图1 情感环状模式图

(注:原图没有箭头,本文加了横轴和纵轴两个箭头。)

三、服装贸易与贸易关税

在"International Business"这一主题的教学中,除了针对国际商务及英语语言知识技能的教学目标开展教学之外,还进行了以"爱国"为主题的口语形式的情感教学。原文中有一篇题为"Fashion Industry Crisis After EU Import Ban"的阅读材料及一篇相关的听力材料,内容是主持人对一名小服装企业主和一个服装零售商的采访。

阅读材料讲述的是由于欧洲贸易委员会成员Peter Mandelson于六月宣布了进口限制,来自中国的大量衬衫、毛衣、胸罩等囤积在海关的仓库,与之形成反差的是服装零售商如H&M、Zara和C&A有可能在圣诞节期间无货可售。听力材料中的小服装企业主和服装零售商站在自身立场,一人赞成进口控制,另一人反对。在进行了相关的阅读和听力理解任务后,课堂教学进入了说的环节,这一部分的形式为自由讨论,结合所学的欧盟案例，分析讨论这一国际商务摩擦，进而引申到爱国教育。讨论焦点有两个，一个是中国该如何应对此次贸易摩擦，另一个则是作为当代大学生，怎样才能更好地爱国。在国际化日益加剧的今天，大学生还是要从自身做起，学好专业知识和技能，学好外语，做好全球贸易。

此次讨论的时间不长，才十几分钟，但是同学们的参与十分踊跃，对照图1中的情感环状模式，学生们积极投入讨论的话题，不仅仅因为话题的时效性，更因为每个人都有表达出自己观点的意愿。在高激活和合意当中，一部分同学产生了增力的合意，即兴奋，从而带动了小组和班级的讨论，进而形成了积极正向的情感。而积极正向的情感反过来触发更多更深入的参与，从而使得讨论更有效果，教学效果自然大大提高。

四、商务英语信函与友善

在以“Career Choices”和“The Job Market”为主题的教学中，我把友善这一主题融入了教学设计当中，在商务信函课堂教学讲解练习中特别增加了“友善”这一主题。其中以求职信、简历和电邮回复的书面表达作为练习。限于篇幅，在此仅以电邮为例。我除了解析商务英语教材中列举的部分电邮范本外，还给每个学生布置了电邮汇报作业。为了更好地让学生掌握电邮的写作技巧和步骤，在课堂教学中我用视频材料进行了演示和讲解，并简明扼要地提出电邮作业所涵盖的五个基本要点：主题、抬头称谓、关键信息或沟通内容、署名、附件。

非常欣慰的是，大多数学生在用电邮上交作业时，均按照五个要点进行了写作。可令人遗憾的是，还有学生不是忘了主题，就是忘了署名，更有甚者居然五个要点丢了四个，只有附件，其余全是空白。如果说爱国主题教学恰恰符合情感环状模式的积极正向情感，也就是增力的合意，那么在收到一封、两封、三封甚至十几封信息不全的电邮时，教师的情感环状模式走向了减力的失意。把五个要点再发一次，依旧有学生在发送莫名其妙的电邮后，我想到了自身的调节，更想到了如何再次把学生的情感环状调节到正向。

学习不是简单把知识传递给学生，而是要激发学生自主学习。“通过自我导向的过程，学习者将他们的心智能力转化为与任务有关的学业技能。这一方法将学习视为学生通过主动（前摄）的方式指向自身，而不是作为教学经历的结果通过隐性的方式被动发生的活动。”[①] 教师的增力合意——积极正向情感只有转化为学生的增力合意，才能真正提升教学效果。于是在课堂教学中，我增加了作业点评环节，并运用良好的用户体验（user-friendly）讲授如何在电邮中表达友善：信息全面时，虽有个别词错误，只能算是瑕疵，仍可达到电邮沟通之基本目的；若信息不全面，则是低效或无效电邮，电邮沟通之目的并未达到。

Hargreaves曾提出过七项重要假设[②]：

（1）教学是一项感情实践；

（2）教与学关涉感情理解；

（3）教学是感情劳动的一种形式；

（4）教师的感情与他们的道德目标及其实现这些目标的能力密切相关；

（5）教师的感情来源于，并影响着她们的自我、身份及与他人的关系；

（6）教师的感情经（过）有能力和无能力的经验而塑造；

（7）教师的感情随着文化和情景的改变而变化。

因为学生个体的差异，教师，尤其是教授大群体学生时的教师，其教学情感压力会比较大。鉴于各方面原因，总会有少数（相对而言）学生使教师教学情感走向减力失意，但正如前文所述，由于教师这一职业特点，教师教学情感只能主动选择或主动调节到情感环状模式中的增力合意。

---

① Barry J. Zimmerman. Theories of Self-Regulated Learning and Academic Achievement: An Overview and Analysis. Barry J. Zimmerman, Dale H. Schunk. Ed. *Self-Regulated Learning and Academic Achievement: Theory, Research, and Practice.* New York: Springer, 2001, pp.1-37.

② Andy Hargreaves. The Emotional Politics of Teaching and Teaching Development: with Implication for Educational Leadership. *International Journal of Leadership in Education*, 1998, 1(4), pp.315-339.

理解了上述七项假设，教师就要管理好自身的教学情感，而这只是其一；其二是破除学生的学习情感障碍，积极帮助学生建立正向情感。

五、英语学习情感障碍与课堂教学正向情感的培养

英语学习的情感障碍指的是学习者在学习过程中表现出某种情绪、态度或心理上的紊乱，这种紊乱对其积极学习产生了阻碍，表现为紧张、焦虑，甚至是担心、冷漠、厌烦、愤怒和恐惧。外语学习中常见的情感障碍大致可分为五类：外语交际恐慌、担心否定的社会评价、外语考试焦虑、习得性无助感、挫折心理和苦恼。[①]当这些负面的消极的情感产生时，教学即转入情感环状模式中的低激活和失意当中，此时的学习效果很差，甚至是零效果。在破除情感障碍前，首先来尝试分析情感障碍形成的原因，尤其是学生英语学习情感障碍产生的原因：学生自身的原因、教师的原因、与教学相关的其他要素。

学生自身的原因又可分为学生的学习动机、学习能力、学习策略。没有学习动机，即使学习能力再强，学习方法再好，学习者也会陷入怠惰，处于低激活状态，比如平静。如若长期怠惰，则会慢慢转入情感环状模式的左下角，逐渐进入减力失意。同样，如果学习者有动机、动力，但自身学习能力不强，学习策略不对，时间一久就会产生负面情感，如紧张、悲伤、生气和疲倦等。

教师的原因则来自教师本身的职业倦怠及其课堂教学行为。教师职业倦怠是指，由于学生的动机不足等，教师表现为对其职业或工作缺乏兴趣，在相对持续时间较长又不得不做的情况下产生的一种身心俱疲的心理状态。职业倦怠产生的原因很复杂，比如收入低微、社会地位不高、工作强度大、面对学生和行政管理的挫折感等。教师课堂行为所产生的情感障碍主要表现在课堂师生互动不足、教学成就感缺乏等方面。因为互动不足，教师教学和学生学习没有达到和谐共振，有时师生虽同处一个教

---

① 文卫平、朱玉明：《外语学习情障碍研究》，西北大学出版社1998年版，第54—69页。

室,反而不在同一个教学轨道中。无论是教师的职业倦怠还是教师课堂教学行为不当,都会让教师自身产生情感障碍,形成减力合意,对学生学习同样会产生强烈的减力合意作用。教师的一举一动都会影响学生,但教师与学生也有很大的不同。学生个体可能会影响教师,也可能会影响课堂群体,而课堂教学中教师的任何言行都会对每一个学生产生巨大的影响。

除了学生自身原因和教师的原因之外,还有一些与教学相关的其他要素也会让学生产生英语学习情感障碍,比如社会上对英语学习的导向、学校学院和班级对英语学习的重视程度、英语测试的难易度和频率等。了解了情感障碍产生的原因,那么如何帮助学生破除情感障碍,建立正向情感呢?

程黎辉[①]提出了六条建议:

(1) 帮助学生明确英语学习的价值,激发其学习动机;

(2) 消除或缓解学生的紧张、恐慌心理;

(3) 充分发挥教师的期望效应;

(4) 创设最佳的课堂情境;

(5) 进行心理换位;

(6) 注意课堂教学的趣味性。

在情感环状模式中,教师和学生会处于不同的位置。与学生不同的是,教师的站位永远只有一处,如果错位,教师的职业素养会要求教师回到正确的区间。这就是教师反思之必要。而当学生迷失于低激活/失意区间时,教师要善于通过不同的教学方法和手段破除学生学习情感障碍,使其重归高激活/合意区间,只有这样才能建立课堂教学正向情感,提升教学效果。

---

① 程黎辉:《英语学习中常见的情感障碍问题及解决方法》,《常熟理工学院学报》2002年第6期,第50—51页。

六、结语

本文通过商务英语课堂教学的两个案例，以情感环状模式为理论依据，阐述在商务英语课堂中进行商务英语口语和写作教学的同时，也进行了“爱国”“友善”正向情感的培养的内容。本文在分析课堂教学情感障碍的类型及其产生的原因之后，进一步阐述了如何破除情感障碍和课堂教学正向情感培养的重要性。

和谐、友善的世界观：培养基于中德文化比较的跨文化交际意识

冯思敏[1]

一、引言

随着高校思想政治教育的内涵和方式的不断改革，高校思想政治教育已不局限于通过传统思政课堂引导学生，转而开始将思政教育的内涵植入其他专业学科教学中。把思政工作贯穿教育教学全过程，实现全程育人、全方位育人[2]，将是教育工作者在开创我国高等教育事业发展新局面的过程中面对的重要任务之一。

各学科的专业教学特点不同，思政育人的切入点也有所区别。这是思政课程向课程思政改进、转化的基础，也是思政育人能发挥更广泛、更有效作用的前提。比如艺术设计可在全面挖掘中国传统文化元素的基础上进行传承和创新，政治学可从比较不同政治制度的角度对中国特色社会主义加强认识和理解等。不同专业因学科特点各异而具有不同的思政教育功能定位，但都应具备共同的价值目标：关注中国传统文化，培养爱国情怀；不忘初心，坚守正道，牢铸理想信念；注重科学思维和职业素养，加强职业道德教育，树立职业诚信意识。外语学科作为中国高等教育的重要组成部分，教师应挖掘本学科特有的课程思政元素，思考课程不同章节和板块与思政内容的结合点，在课堂上积极实践。

① 冯思敏，女，硕士，讲师，研究方向：外语教学法。

② 高德毅、宗爱东：《课程思政：有效发挥课堂育人主渠道作用的必然选择》，《思想理论教育导刊》2017年第1期，第31—34页。

“二外德语”是为英语专业本科生和研究生开设的一门专业选修课。根据新国标背景下的《大学德语课程教学要求》，大学德语教学旨在培养学生的德语综合应用能力，同时提高其跨文化交际能力和综合文化素养。本次教学以教材《新编大学德语（第2版）》[①]中的第三单元为例。本单元的主题是“德国人与外国人”（Deutsche und Ausländer），主要从以下三个板块展开：主课文《德国人都这样吗？》里四个来自不同国家的中学生根据在德国的亲身经历描述对德国人的大体印象；听力课文《汉斯眼里的中国和中国人》反映一个来过中国的德国人对中国及中国人的印象；阅读课文《德国人对外国人的看法》介绍了三个德国人如何看待在德国的外国人，从另一个角度再次深化和丰富了本单元的主题。

二、课程教学目标

课程思政育人理念的教学设计既要注重在价值传播中凝聚知识底蕴，又要注重在知识传播中强调价值引领，坚持思政课程显性育人和课程思政隐性育人相结合[②]。围绕单元主题，学习相关单词、句型和语法等语言知识，锻炼培养听、说、读、写等语言技能，结合课文内容讨论分析，比较中德文化异同，深挖现象背后的历史、文化和国情因素，思考跨文化交际过程中的应对策略。将社会主义核心价值观中的爱国、和谐、友善通过文化比较和文化溯源的方式潜移默化地教授给学生，从他人的角度反观自我，继承、发扬、丰富和发展中国的传统文化，形成全面的世界观、科学的人生观和正确的价值观。

---

① 朱建华：《新编大学德语（第2版）》，外语教学与研究出版社2011年版，第58—79页。

② 高德毅、宗爱东：《从思政课程到课程思政：从战略高度构建高校思想政治教育课程体系》，《中国高等教育》2017年第1期，第43—46页。

三、课程思政教学设计(总课时270分钟)

本单元计划学时270分钟,在两周内分三次授课。第一次授课内容是引子和主课文(90分钟),第二次授课内容是语法和练习(90分钟),第三次授课内容是交际意向、听力和阅读(90分钟)。

1. 引子(20分钟)

因为授课对象是中国大学生,自然容易将主题联系到中德文化比较这个方向,涉及问题如中国人眼里的德国人形象、中德文化的异同点和跨文化交际策略等。

引子选用华裔设计师刘扬的漫画《东西相遇》。在开始的话题导入阶段,用PPT呈现一系列简洁直观的图画,展示中德两个社会的细节,比如两国家庭对待孩子的态度、时间观念、生活方式和审美观等。图片描绘的多是日常情景,学生能很快开启思路,引发共鸣。让学生组成3—4人的小组,在小组里讨论以下问题:画面反映了哪些文化差异?你认同吗?差异背后的社会、历史、文化和国情因素是什么?还有哪些东西方文化异同点?英语专业的学生少有机会和德国人接触,所以这个环节的主要任务是引导学生阐述对外国人的看法,比较东方和西方在诸多方面的异同,分析原因。我随后做课堂小结,并介绍和德国有关的知识信息。

考虑到发言和讨论过程中,学生受德语水平的限制,不能很顺畅地表达自己的观点,因此会事先用投影给出相关词汇、短语和句型。第一单元主要讲了"外表和个性",也操练了这方面的表达句型,在本单元可做复习和拓展。但遇到复杂的表述,鼓励学生用中文或英语表达,目的在于导入话题、引发思考和交流观点。

2. 主课文(70分钟)

从引子过渡到课文,首先引导学生集中在"德国人"这个概念上做头脑风暴,从实际交际经验到耳闻目睹再到各种文学文艺作品中的德国人形象。我先举例说明,然后学生轮流作答。这个教学活动的目的在于让每个学生在进入课文学习之前都能不断搜索自己先前获得的相关信息,然后通过讨论交流和课文学习肯定或修正自己的看法,并从这种思想碰撞中获得启发。有些学生好像有很多话要说,摩拳擦掌跃跃欲试,有些则显得有些慌张,绞尽脑汁地搜寻着什么。有同学提到德国人严谨、准时、守秩序、足球踢得很好,还有同学认为他们比较冷漠。我接着问:“冷漠体现在什么方面?”得到的回复是气质高冷,不容易亲近。我笑而不语,转过头问其他学生:“Sind alle Deutschen so?”大多数学生点头表示同意。这里我适时插入一个问题:“有一种观点认为美国人像桃子,德国人像椰子,为什么呢?”大家你一言我一语,发言踊跃但都说不清楚。我解释:“美国人像桃子,外表柔软,甜美多汁,其实剥开来里面有着坚硬的内核。就像美国人表面很easy-going(随和),不管认不认识,见面先问‘How are you?’,并附上一张笑脸和甚是亲切的语调,弄得人心温暖,交道打到一半,若想继续深入可能就会有难度了。德国人像椰子,有着十分坚硬的外壳,打开后内心却无比柔软。德国人说很难有人能够轻易地靠近我们,我们也很难轻易地接纳别人。但是一旦椰子壳被撬开缝隙,就能品尝到里面软糯香甜的椰肉。走入了德国人的内心,就不难成为他们的知心朋友。”大家恍然大悟,若有所思。这时我总结说:“这只是一种看法,并不适合每个美国人和德国人,但你们可以由此认识到人的认知有局限。大家都知道东西方文化差异大,但西方人之间也各有不同,如果没有深入交往很难辨别。正是不同的民族特性,才构成了丰富的世界文化。我们很容易看到不同,但也要善于发现共通之处。知道异中有同,同中有异,这样就能和外国人泰然处之了。这个道理适用于一切人际交往。”

由这个观点启发学生,再引导学生速读全文,然后结合课后的两个练习,总结出文中在德国生活过一段时间,来自土耳其、哥斯达黎加、意大利和斯洛伐克的四个中学生对德国人在诸多方面的印象,并找出文中支持该观点的事实依据。在梳理文章脉络和细节内容后,归纳整理文章中出现的重点词汇和句型表达,拓展用法并引导学生造句。本单元着重解决的语法现象是带"zu"不定式的用法，讲解课文时已多次提到带"zu"动词，学生也有很多疑问。接着我引导学生找出文中出现的不定式，归纳语法结构和用法，用课件展示更多例句，说明不定式可在句子中充当不同成分，为后续的语法练习打下知识理论基础。

该环节结束时，我提醒学生这篇课文仅代表文中人物的个人意见，并不能说明其所在国家的人都持有此种看法，可做抛砖引玉、启发思考、为讨论提供素材之用，不必拘泥于文章观点。

3. 语法和练习(90分钟)

本单元有三个语法现象，分别是带"zu"的不定式、"damit"引导的目的从句和不定式结构"um...zu"。语法部分的练习融入了跨文化交际内容，如操练不定式作主语的用法，采用同桌练习的方式，用"es"作逻辑主语，将真正的主语用动词不定式表达出来。操练句型的内容涉及跟德国人交往的注意事项及德国人的普遍做法和习惯，如德国人在见面前会提前预约，喜欢准时和守秩序，聚餐AA制，吃饭先食汤，不打听他人的年龄和收入，当面打开礼物等。练习后紧接着在课堂上提出两个问题：

(1) Was ist in China üblich?

(2) Und was nicht?

思考中国人在不同场合的行为习惯，做出简短的东西方文化比较，总结异同及背后的文化因素，分析跨文化交际应对策略。由于都是日常生活场景，学生发言积极，回忆耳闻目睹或亲身经历的跨文化交际案例，互相启发，碰撞思想。在课堂发言和讨论时，鼓励学生积极思考，畅所欲言，学生发言时如果提到中国不同地域的风俗习惯，也不打断，在时间允许的情况下让他们完整地表达自己的想法，这样可以引起其他同学的兴趣，拓展本单元的跨文化话题讨论。

4. 交际意向(30分钟)

本单元的交际意向主题是表达打算或计划。首先让学生总结已学过的表达方式，板书展示。然后请学生运用以前学过的语法和词汇知识造句，锻炼口语能力，起到复习和巩固的作用。最后再打开课本学习语言素材，可与写在黑板上的表达方式做比较。

5. 听力练习(30分钟)

在播放听力文本之前，先解释题目中重要的单词和词组，以便学生更好地听懂并理解。然后让学生预读题干和选项，预估主旨，预判答案。听力课文借外国人之口来谈中国在社会、经济发展过程中所取得的巨大变化，紧扣本单元主题。学生可从阅读题干和选项得知：汉斯和彼得在聊天，谈论在中国的亲身经历及所见所闻，过程中谈及一些具体事例。第一题是主旨题，学生需要在听力播放第一遍时获取概况信息。第二题是细节题，播放到第二遍时需要特别留意汉斯在谈论中国见闻时阐述的细节信息，如他觉得中国在过去几年间变化很大吗？他觉得中国人友好亲切、乐于助人吗？他对中国年轻人了解吗？第三题是纠错题，听完第三遍录音后对给出段落改错。第四题是配对题，根据前三遍听到的信息将汉斯对中国街道、年轻人和中国社会的竞争等的描述进行连线匹配。

通过这篇听力文章，可以看出来过中国的德国人积极肯定中国经济的巨大发展，感受到中国人民生活水平的提高，喜欢和中国人打交道，并通过亲身经历了解中国，为同伴解答对中国和中国人出于不了解所产生的困惑。学生得到启发表示："误解是因为不了解，中国人要以自己的祖国为荣，以友善和自信的姿态向外国人宣传中国，消除错误印象。"

6. 阅读(30分钟)

课前布置学生阅读文章，完成练习，课堂上检查学生的理解程度并引导学生讨论。

阅读文章主要讲了德国人对在德国的外国人的看法。生活在德国的外国人是一个庞大的群体，这一群体的人数有逐渐增加的趋势。为此，德国一家著名报社对在德国的外国人做了一个民意调查。首先通过三道客观题总结文中三个德国人对外国人的不同观点，罗列出对外国人持褒贬立场的各种论据，如来自不来梅23岁的女大学生认为多数外国人友好亲切;来自斯图加特35岁的银行职员认为在德国有很多不同的民族和来自世界各地的人,这是一件很棒的事,能使德国社会国际化,而世界也变得越来越小,外国人居住在德国,使德国人有机会了解异国文化,而且外国人也为德国的发展做出了很大贡献;来自法兰克福47岁的家庭主妇则认为,在德国的外国人抢走了德国人的工作和住房,享受着和德国人同样的社会福利,他们的饮食习惯不一样,很多外国人有着和德国人不同的宗教信仰,穿着古怪,正因为有这么多外国人,才有如此多的矛盾冲突。根据这些总结,组织学生分小组(3～4人),引导他们探讨以下问题:为什么这三个德国人会对外国人持截然不同的观点?主要原因是什么?你对在中国的外国人持什么样的观点?讨论结束后在课堂上让每个小组各派一名组员报告讨论结果,分享经历和见闻,最后由我总结、点评和补充,引导学生开阔视野,纠正刻板印象。

虽然文中观点仅代表个人意见,但能以小见大,我总结说:“可以看出,在学习、工作及生活领域和外国人打过交道的德国人对外国人持积极态度,他们感受到的是外国人给德国社会带来的活力和贡献,而和外国人接触较少的德国人容易对外国人产生排外情绪。”最后我问学生是否赞同此观点,多数学生发言表示没有亲身经历,但认为这种情况很有可能。一个学生在发言中提到:“东西方文化的不同不是导致沟通障碍的主要问题。陌生产生隔阂,只有敞开心扉,走进彼此,才能和谐共存。”在其他同学若有所思的反应中,我对这个同学的反馈给予了积极肯定,提出当今社会正需要这种开放、包容的世界观。

四、课后反思

最高效利用课堂时间,让学生在课前预习课文、自学新的语言知识点,课上解释疑难点并引导讨论,培养学生自主学习能力和主动参与课堂的积极性。

课中无论是轮流作答、小组讨论还是独立发言,学生都踊跃地用德语或是中文、英语来表达自己的所见、所闻、所感。教师作为引导者,作用是有效执行教学计划,即控制时间节点和落实各个环节。在课堂组织井然有序的基础上,凸显学生的主体地位,使每个人主动参与课堂教学活动,同伴的分享启发也会促进个体的独立思考,双方不断碰撞出火花,使课堂气氛变得生动有趣。

通过这个单元的学习和讨论,学生了解了东西方在社会、经济、政治和文化等方面的基本异同,认识到中德差异是由于东西方思维方法、哲学根源、生活方式、语言文化及历史方面的差异。如在思维方法方面,西方文化多见于形式分析、开门见山、突出主体;东方文化则注重整体把握、委婉含蓄、从实际出发,注重主客体之间的融合。从哲学根源看,东方人好曲线,重整体,偏模糊,喜中庸;西方人则好直线,重解析,偏精确,喜偏激。生活方式的区别在于中国古代以农耕为主,比较保守与内向;西方文化则以游牧与商业为主,因而个人、自由主义观念发展较东方更为凸显。通过对比,学生对这两种文化有了更深刻的理解,能更从容地看待差异,也在反观自我的过程中对中国传统文化加深了解和认同,这有助于培养他们的文化自觉和自信。这样,可以潜移默化地将"爱国、和谐、友善"等社会主义核心价值观融入语言文化学习中,实现思想教育功能。

此次课程的实践结果基本符合设定的教学目标,经过课后反思,仍有以下几点待改进。

由于学生的德语水平不足,不能完整表达自己的观点,课堂以鼓励表达为主,用德语表达有困难的地方会给予帮助和提示。确实因为语言影响思路时,允许学生使用中文或英语。如何更有效地在外语课堂兼顾语言能力的提升和文化内容的深入,是亟须思考和改善的问题。

教材陈旧,特别是阅读材料的数据不够新,信息过时,缺乏说服力。教材对教学活动至关重要,是教学环节得以顺利进行的重要工具,直接影响学生的学习兴趣和教学效果。如果教师认为课本中某些文本素材较为陈旧,可提供更新的信息和数据,或替换使用较新的阅读文本,与时俱进。

因课时有限,所以将阅读理解第三个书面任务改为口头讨论。如果时间允许，仍应设置成写作任务，将“外国人在中国”这一话题落实到写作上，让学生把课堂上讨论的内容加以整理，成为写作素材，巩固阐述个人观点的表达方式，并组织成一篇逻辑清晰、结构合理、简洁通畅的作文，以加强对本单元主题的理解，提升逻辑思维能力和写作能力。

探讨人性，倡导友善

杨 凡[①]

一、引言

本次教学案例的教学对象为大学非英语专业学生，授课时段为大二上学期，主要授课班级为浙江工商大学法学专业2017级1班和3班、应用统计专业2017级1班、广告专业2017级1班等。教材选取的是《全新版大学英语综合教程(4)》第五单元，该单元的主题是"不要以貌取人"(Never Judge by Appearances)。课内阅读《患难之交》(A Friend in Need)是英国著名作家毛姆所创作的一篇短篇小说。该小说讲述了和蔼可亲、彬彬有礼、慷慨大方的英国绅士爱德华·伯顿(Edward Burton)，如何冷酷地将陷于绝境中的朋友推向死亡深渊的故事。作家运用对比和反讽的手法，以第一人称的叙述角度对主人公的伪善进行了批判，并引发人们对人性进行深刻的思考。实际上，无论是课内阅读《患难之交》，还是课外阅读《无名之人》(Nameless Faces)，主要探讨的都是人与人的相处之道，提倡的是与人为善的精神。因此，我决定将课堂聚焦在对友善(civility)的讨论上。

二、教学目标的设定

我设定的教学目标是，采用任务教学法和项目教学法，培养学生的自主学习及合作学习能力，使学生掌握课文的语言点，学习对比和反讽手法

---

① 杨凡，女，硕士，讲师，研究方向：二语习得、外语教学。

在人物刻画中的作用，探讨人性，批判伪善，重新审视友善的意义，关注身边发生的各种霸凌现象，分析其产生的原因，提出解决方案，反思个人的言行及其产生的蝴蝶效应在构建和谐社会当中所起的作用，凸显社会主义核心价值观中的"和谐、文明、友善"等内容，提升学生的思辨能力，帮助学生建立正确的人生观、价值观。

三、教学案例描述（总课时130分钟）

1. 课前（30分钟）

1）话题导入（5分钟）

单词civility对绝大部分学生来说是一个新词，因此我首先请学生列举与civility形近的单词，从构词法出发，引导学生理解此单词的含义。学生们联想到的有civilization、civil等，我另外引申到civilian、citizen、city等。通过对这些单词含义的对比，学生意识到"civ"这个词根的含义是公民、市民，来自拉丁语"civis"，而与之相关的一系列词都与公民、市民及文明有关。

"为什么civilization（文明）要从'civ（市民）'这一词根衍生而来？两者有什么逻辑关系呢？"我问。

"人类修建城市，开始城市生活，成为市民后才是civilization（人类文明）的开始。"

"非常好！那什么是civility？同样是名词，civility和civilization的区别是什么呢？"我继续问。

"和ability类似，civility应该也指一种能力之类的，大概是指公民的素养或行为吧。"有学生回答。

"说得好！civilization指的是社会的有序化状态，而civility则侧重于公民个人的有序化行为，是公民为构建和谐社会应尽的义务。"我总结道。

2）TED演讲视频分享及讨论（20分钟）

接下来，我在课堂上与学生们分享了领导力研究专家Christine Porath在TED的一个演讲视频《为什么对你的同事友善会对业绩有益》。我请学生们边听边做笔记，摘录下和civility、incivility相关的词汇，加深对civility的内涵及其意义的理解。

观看完演讲视频，我向学生提问：“除了工作场合，civility在哪些场合也非常重要，或者说还存在一些问题？”有学生提到在公共场合，对陌生人也要礼貌、友善；有学生提到在校园里存在霸凌现象，倡导同学间的相互友善。说到校园霸凌，学生一般会直译为school violence。我提示学生用相关近义词进行替换，当最终答案（campus bullying）揭晓时，学生们恍然大悟。接下来，我顺势引导：“随着科技的发展，我们在虚拟世界中的交往越来越多。civility在虚拟世界的表现如何呢？”在这个他们熟悉的世界，学生们显然有话说，有了campus bullying作为例子，“网络暴力”的措辞也就没什么问题了。学生们列举了最近发生的典型网络暴力事件，分析了原因，并进行了反思，最终还提出了一些解决方案。另外，在讨论过程中，我们还补充了digital civility（网络文明）、internet trolls（网络喷子）等实用的新词汇。

3）写作练习布置（课后完成）（5分钟）

我要求同学们以“Does Civility Pay?”为题，写一篇150个单词左右的作文，旨在让同学们对课堂学习、讨论的内容再次进行组织和加工，进一步深化对civility的理解。作文的基本要求及主要评价依据为：（1）运用四个以上此次视频中出现过的句型和短语；（2）注意句子之间、段落之间的逻辑性；（3）注意语言的衔接，用好衔接词；（4）注意语言的多样性，学会用不同的词表达相近的含义等。

2．课中（55分钟）

1）课文导入（5分钟）

我以课文题目“A Friend in Need”为切入点，引导学生对课文主题做出预测。

我首先向学生介绍课文的作者是英国著名作家毛姆，发现大部分学生并没有真正阅读过他的作品。在简单介绍毛姆的主要作品及写作风格后，我请学生们翻译课文的标题。这时，学生们一般都会联想到一句谚语——“A friend in need is a friend in deed.”，并做出“患难见真情”“患难之交才是真朋友”之类的解释。

我顺势问：“那你们认为这篇小说写的大概是哪一类故事呢？”

学生们纷纷猜测这应该是一个危难之中朋友挺身相助的故事。

我请学生继续思考：“那作者为什么只用了前半句作为题目？‘a friend in need’和‘a friend in need is a friend in deed’有没有区别？”

有的学生表示应该没有区别，作者省略了后半句是为了题目的精炼。

我提示学生从语法上来分析“a friend in need”。在谚语“a friend in need is a friend in deed”中，“a friend in need”是指“to be a friend when others are in need”（在别人需要的时候提供帮助的人）；但从语法上说，“a friend in need ”也可以是“when a friend is in need”（当有人需要帮助时）。这就为小说的走向提供了更多的可能性。

2）任务学习（40分钟）

在这个环节中，我把学生分成两大组，要求学生从外表、衣着、爱好、收入、性格等方面，研究主人公爱德华·伯顿的两面性，从而引导学生学习作家在人物刻画时所运用的对比和反讽手法，并和学生们一起研究各种细节描写及伏笔。学生们不禁感叹作家貌似平实的语言之中竟有如此“乾坤”。通过一系列阅读分析，当我请学生回到课文的题目上来时，学生们自然地意识到这里的“a friend in need”并不是“a friend when others are in need”，而是用来与内容形成对比，增加故事的悬念，具有强烈的反讽意味。

3）布置辩论任务（10分钟）

小说的主人公爱德华·伯顿以友善的面貌伪装自己，在社会上混得游刃有余，实际上冷酷无情，暗地里做出为人不齿的事情。我们不禁会发出这样的疑问：“友善是伪装吗？”我请学生们以“Is civility a sham?”为辩题进行辩论，同时明确了具体要求：(1)以英国议会制辩论模式进行辩论；(2)首先以口语小组为单位进行组内辩论，并以视频的形式录制提交；(3)课堂上选取四个小组组队进行课堂辩论（自愿原则）；(4)准备时间为一周；(5)每个小组将会获得两个环节的分数，一是视频辩论环节，二是课堂辩论环节。为了能让学生更好地完成任务，我向学生介绍了基本的辩论知识及技巧，比较了中外辩论模式的异同，并着重强调了英国议会制的辩论模式。另外，我还为同学们提供了往届“外研社杯”全国英语辩论赛的视频做课后的学习及参考。

3. 课后(45分钟)

各小组在课前均提交了辩论视频。由于是初次尝试这种形式，大部分小组辩论的过程显得比较稚嫩，辩论的逻辑不够清晰，在发言顺序及时间分配上也时常发生混乱。我就具体情况分别给予了反馈，希望在课堂辩论环节能加以改进。

在课堂上，按自愿原则，选取四个口语小组，每组各自选派两名同学，分别代表正方上院、正方下院、反方上院及反方下院进行辩论，其余学生则担任裁判，做好笔记，给每个组及每个辩手打分。在辩论结束时，我邀请了几个裁判为辩论组及辩手做出口头评价。最后由裁判们的平均分决定优胜辩论组及优胜辩手。所有参与课堂辩论(包括裁判)的学生都计一项平时分，而参与课堂辩论的辩手及口头评价的裁判(尤其是优胜组和优胜辩手)的分数则会相对高一些。由于有明确的分工和适当的奖励机制，此次辩论调动了大部分学生的积极性。尽管需要较多的临场发挥，但由于课前进行了充分的准备，课堂辩论的过程比视频中的有了较大的进步。

学生表示，第一次看到“Is civility a sham?”这个辩题的时候觉得很难，不知从何处下手。但资料的整理收集、语言的组织促使他们对问题进行思考，使他们对这个问题形成了越来越明晰的自己的观点。有的同学说:“友善、文明确实是人包装自己的表象，但这并非贬义。如果一个人终其一生都在‘表演’君子，那么他就是一个君子。社会文明不断进步发展，人的自我约束意识也在增强，‘假装’友善最终会变成真正的友善。”有的同学认为:“表面的友善不过是伪善，最终将原形毕露。我觉得友善是一个人内心善良的表现。生活在一个友善的环境里，会很轻松，人际关系也会变得简单许多。一个小小的鼓励，也许会给心情低落的人产生很大的影响，不仅温暖别人，也让生活有意义。”

四、教学案例反思

本单元课内阅读的教学设计可分为学科性教学和素质性教学两个方面。

从学科性教学来看，我从语篇出发，引导学生学习对比和反讽手法在人物刻画中的作用，并掌握相关语言点。此外，我还采用任务教学法和项目教学法，结合各种视听多媒体资源，联系社会热点“网络霸凌”(cyber bullying)等现象，帮助学生把课本的主题和内容与日常生活相结合，让学生能够联系实际，学以致用，形成有效的输出，激发学生学习语言的兴趣，提高综合语言能力。

从素质性教学来看，我将课本的主题进行了升华，鼓励学生对“友善”这个主题进行多方位讨论，通过任务教学法和项目教学法，引导学生以英语为工具，搜集整合资料，发现问题、分析问题、解决问题，并完成各项任务。各项任务的设计、导入始终贯穿对学生思辨能力的培养，注重融入“和谐、文明、友善”等社会主义核心价值观，同时也有助于培养学生的合作精神、领导力、公众演讲的能力等，较好地实现了教学思政目标。首次开展的英国议会制辩论环节受到了学生的欢迎，取得了较好的课堂效果。尤其是两个法学班，由于专业性质的影响，特别喜欢这种形式，对这次辩论活动给予了很大的肯定。以法学2017级1班为例，共有48人(占90%)对这项活动给予了肯定。

> 学生1：我非常喜欢这个辩论环节。这种辩论方式能够培养我们运用英语思考的能力，让我们意识到自身语言能力的不足。作为法学生，这种锻炼尤为重要。
>
> 学生2：使用英语进行辩论，这是我原先难以想象的。面对辩论的强大压力，知难而上之后我们收获了更多的英语知识。在这种不得不上的情况下，我们的潜能被激发了出来，观点也逐渐明晰。

当然,本单元的设计仍然有待提高。

首先,在教学活动的设计上需要针对学生的英语水平、专业性质和性格特点,进行更多的个性化设计。比如,两个法学班的辩论活动参与度相对较高,教学效果比较好,许多学生表达了想要继续开展的意愿。而有些班级的学生就认为这项活动难度过高,耗时太多,辩论视频及课堂辩论效果都不是特别理想。针对这种情况,如何增加辩论的趣味性,改进辩论的流程,或者根据不同的班级特点,设计其他相应的教学活动,以达到类似的教学目的,是教师进一步要面对和解决的问题。

其次,学生参与教学的环节有待增加。本单元教学设计虽然通过任务教学法和项目教学法引导学生较多地进行了英语学习及展示,但除了课堂打分等环节,学生较少参与"教"的过程。让学生主动地参与"教",应该更能增强学生的学习责任感,使他们能更明显地了解自己的不足,进一步激发学生学习的主动性。

秉持真善美，不做“键盘侠”：从网络暴力谈起①

翁青青②

一、引言

“键盘侠”(keyboard man)是一个网络用语，百度百科对其的释义为：“部分在现实生活中胆小怕事，而在网上占据道德高点发表‘个人正义感’和‘个人评论’的人群；亦可衍生为平时躲避社会群体，一旦脱离人群独自面对电脑敲键盘或用手机进行网络评论及聊天的时候，可以毫无顾忌、谈笑风生，对社会各个方面评头论足的群体。”③网络暴力既是当今社会的热点话题，又与大学生日常生活息息相关。很多大学生或曾经遭受过网络暴力的侵害，或有意无意地成了“键盘侠”中的一员。

习近平总书记在2018年全国教育大会上强调，教育工作的目标为“凝聚人心、完善人格、开发人力、培育人才、造福人民”。作为大学英语教师，如何将听、说、读、写等英语技能提升与育人教育有机结合？本文借《全新版大学英语综合教程(4)》第五单元，从网络暴力切入，使学生在基于内容的大学英语教学过程中，加深对当今时政、社会热点的认识，引导学生摘除有色眼镜，不以貌取人，秉持真善美，不做“键盘侠”。期待本次教学设计能够为在大学英语教学中践行“教书育人，立德树人”提供有益借鉴。

本案例所展示的为该单元的导入和课文结构分析部分。第五单元主题为“不要以貌取人”(Never Judge by Appearances)，课内阅读文章为《患难之

---

① 本文为浙江工商大学2018年外语能力提升HELLO计划校级教改项目“讲好中国故事：基于Seminar推进英语口语课中的传统文化教育”的阶段性成果。

② 翁青青，女，硕士，讲师，研究方向：语用学、话语分析、英语教学。

③ 参考网址：https://baike.baidu.com/item/键盘侠/14189191? fr=aladdin。

交(A Friend in Need)。任教班级共7个,分别为市场营销专业2017级1班、经济统计专业2017级2班、食品工程专业2017级2班、计算机科学专业2017级1班、日语专业2017级1班、电子商务专业2017级1班、人力资源专业2017级1班,任教时间为2018—2019学年上学期(即2018年9月到2019年1月)。

二、教学目标的设定

(1)技能:用英语形容词概括对某人的第一印象,以书面表达的形式分享自己对网络暴力、课堂设计的看法和评价。

(2)知识:了解以貌取人、网络暴力的危害。

(3)情感:反思自己是否是网络暴力的一员,学习成为一名文明、理性的网民,在网络上发表评论时懂得换位思考,不盲目跟风,不轻易下定论。

三、教学案例描述(总时长55分钟)

1. 步骤1:Q&A导入(6分钟)

首先,我向学生呈现以下3个问题。为达到循序渐进、营造悬念的效果,这3个问题是依次呈现,而非一次性都投影出来。

Question 1: A couple in the ship had made tremendous efforts to find a lifeboat. Unfortunately, there was only one untaken seat. At this moment, the man pushed the woman away and boarded the lifeboat alone. As the woman sank gradually down into the boundless ocean, she yelled to the man ... Can you guess what did the woman yell?

学生的回答包括"Help!""Why?""You are a bad man.""I curse you."等。绝大部分学生猜测这名女士喊出来的话是负面的、咒骂的。

Question 2: If you knew a woman who was pregnant, who had 8 kids already, three who were deaf, two who were blind, one mentally handicapped, would you recommend that she have an abortion?

我让学生们举手表态是否建议堕胎。根据举手情况,大约有2/3的学生建议堕胎，1/3的学生认为应该生下这个孩子。于是，我进一步追问：

T: For those who recommend the abortion, why?

S1: I think this woman might have some genetic problems. It is highly possible that this baby would be again handicapped.

S2: This baby may be a burden to her family and the society.

T: For those who recommend giving birth to the baby, why?

S3: Because we should respect life.

S4: Maybe this time the poor woman will finally have a normal and healthy kid.

Question 3: It is time to elect the world leader, and yours is the deciding vote. Here are the facts about the three leading candidates. Which one will you choose?

Candidate A: He associates with crooked politicians, and consults with astrologers. He has had two mistresses. He also smokes heavily and drinks up to ten Martinis a day.

Candidate B: He was ejected from office twice, sleeps until noon, used opium in college and drinks a large amount of whisky every evening.

Candidate C: He is a famous war hero. He's a vegetarian, doesn't smoke, drinks an occasional beer and hasn't had any extra-marital affairs.

我随机选几个学生起来回答，他们都无一例外地选择了C。显然，相比A和B，C曾在战争中立下汗马功劳，又品行端正，是当之无愧的人选。

至此，提问完毕。此时，我观察学生的表情，显然他们很不解——为什么开场环节老师会问这样3个看似毫不相干的问题。为了进一步营造悬念、激发学生的兴趣，我暂不公布答案，而是进入了视频任务环节。

2. 步骤2：视频任务（20分钟）

该环节使用的视频出自《人类实验室》，这是一档人性测试综艺节目，时而会推出一些短视频，用真实、走心的趣味测试，挖掘、探究社会热点。网络暴力的杀伤力有多大？为了诠释这个问题，《人类实验室》做了一个现实版的网络暴力测试[①]：请来20个路人带上白色面具，充当匿名观众，对3名形象鲜明的嘉宾凭借第一印象做出评价。3名嘉宾分别是：满身文身的男子，涂着大红唇、穿着性感低胸连衣裙的女人，打扮成“王者荣耀”中貂蝉角色的女生。

视频总长度为5分12秒，我截取00:24—04:05部分进行播放。为了制造悬念，我将视频分成3段依次播放，每段播放完毕，要求学生完成相应的任务。所有任务都要求以书面形式写下来，课后上交，便于我了解整个过程中学生的情感体验和心理变化。具体流程如下。

（1）00:24—01:17时段是此次测试的背景介绍。3名嘉宾依次上台，做初步的自我介绍。紧接着，台下带着白色面具的20个观众，拿出手机写下对他们的初步印象及评价（这些评价没有投影在舞台大屏幕上，所以3名嘉宾暂时看不到）。该部分播放完毕，我引导学生完成第一个任务。

任务1：What's your first impression on the 3 persons? Please use at least 2 expressions/words to describe each of them.

这相当于把学生也带入视频的情境中，让他们和那些匿名观众一起对嘉宾进行评价。根据收上来的反馈可知，他们对3名嘉宾的初步印象大多是负面的。

（2）01:17—02:52时段是嘉宾进一步的自我介绍，并公开自己的职业：满身文身的男子其实是一名文身师，性格内向，非常有爱心，乐于助人；性感女郎是一名夜间护士，单身的她期待自己能以最美的姿态等待爱情；打扮成“王者荣耀”中貂蝉角色的女子则是一名幼儿园老师，单纯、善良，喜好动漫真人秀。于是进入第二个任务。

任务2：What's your second impression? Please use at least 2 expressions/words to describe each of them.

---

① 视频材料出自《人类实验室》官方微博，参考网址https://www.weibo.com/5737166998/HgTHWqSsb?from=page_1005055737166998_profile&wvr=6&mod=weibotime&type=comment。

学生同样要把对嘉宾的评价写下来。我发现,在进一步得知嘉宾的信息(职业、性格、爱好)后,学生对他们的印象“逆转”了,任务2中所使用的形容词以正面的居多。

(3) 02:52—04:05时段是节目组让嘉宾选择是否要看观众对他们的评价,3名嘉宾都选择“是”。虽然嘉宾们也做了一定的心理准备,觉得观众可能会因为他们的外在形象而有一些偏见。但是,当他们回头看到大屏幕上的评语时,不禁红了眼眶,流泪离场。因为观众对他们一句夸奖都没有,都是用粗俗、不堪的语言来形容他们。此时,我引导学生进入第三个任务。

任务3: After watching this video, what do you think of language violence/cyber violence?

至此,课堂氛围迎来了第一个高潮。嘉宾们黯然神伤、默默离去的背影让学生们感慨良多,原来语言暴力会给人们带来那么大的伤害。学生也不禁回顾起之初自己写下的对3名嘉宾的评价,发现原来自己也是戴着有色眼镜去评价他人。

3. 步骤3:Q&A答案揭晓,单元话题引入(4分钟)

视频任务成功营造了不要以貌取人、不要先入为主的育人氛围,此时揭晓导入环节3个问题的答案,可谓再合适不过了。原来,看似毫不相干的3个问题不但与本单元主题密切相关,而且答案出人意料。

Question 1: Can you guess what did the woman yell?

Answer: After the ship sank into the ocean, the man returned to his hometown and brought her daughter up to adult alone. Many years later, the man succumbed to illness. Her daughter found his diary when she sorted out her father's remains. Actually, her mother had already suffered from a fatal illness when the ship sank to the ocean. At that crucial moment, the man seized the only way to survive. He wrote in his diary: "I really want to sink with you. But I know I can't. For the sake of our daughter, there is only one thing I can do, that is, to leave you sleeping in the bottom of the ocean alone." So actually, she yelled: "Take good care of our kid!"

Question 2: Would you recommend that she have an abortion?

Answer: If you said YES, you just killed Beethoven.

Question 3: Which one will you choose?

Answer: Candidate A is Franklin Roosevelt; Candidate B is Winston Churchill; Candidate C is Adolph Hitler.

答案一揭晓，突然反转的剧情深深地震撼了在场学生，并将课堂推向了第二个高潮。学生们深刻体会到不能只看表象，需要多方面、多角度了解事物后再做判断。

4. 步骤4：情感升华、反思反馈（12分钟）

从步骤1到步骤3可谓悬念交织、高潮迭起，学生觉得意犹未尽，因此我特别设计了步骤4，引导学生将前3个环节中酝酿的情感书写出来，即任务4——情感升华、反思、反馈，“在欣赏完视频、得知那3个问题的答案后，请同学们写下你们关于本次课的思考”。为了便于学生畅所欲言，也便于我收集反馈、了解本次课是否真正实现了育人效果，任务4关于感悟的书写中英文皆可（步骤2中的任务1、任务2、任务3只能用英文写）。

值得一提的是，我提示学生，任务4既可以写自己对本次课的评价，也可以写对本单元主题“Never Judge by Appearances”的感悟。这一灵活的处理可谓别出心裁，因为学生写感悟很容易往积极方面靠，所写的不一定是有感而发的。而当他们有更多的选择，既可以谈谈对本单元话题的理解，也可以针对本次课的课堂设计、教学效果等发表自己的看法时，更能激发出他们真实的感受。这些反馈上交之后，我重点看那些针对课程设计、教学效果方面的反馈，便可知本次课是否引起了学生的情感共鸣。

5. 步骤5:课文结构分析(13分钟)

第五单元 Text A题目为“A Friend in Need”。首先,我让学生翻译标题。该题目出自谚语“A friend in need is a friend indeed.”,因此可翻译为“患难见真情”“患难之交”等。其次,我引导学生根据题目猜文章大意:

T: Based on the title, can you guess what passage is mainly about?

S1: It's about a story between true friends.

S2: It's about how people help each other when others are in trouble.

根据题目,学生很自然地以为这是一篇有关患难之交的故事。我趁势指出,其实作者描述的是一个外表友善、内心却十分残忍的人,告诉读者“人不可貌相”的道理。

T: Then what figure of speech was used in the title?

S1: Irony.

T: Exactly. This short story is written by William Somerset Maugham, a British novelist. His novels and short stories are characterized by great narrative facility, simplicity of style, and a disillusioned and ironic point of view.

然后,我将课文后面的分段题目进行改编。原题提供分段,要求学生概括段落大意,如下所示。

Para. 1:______________________________

Para. 2-3:____________________________

Para. 4-51:___________________________

  Para. 4-16:_________________________

Para. 17-31:______________________________

Para. 32-51:______________________________

鉴于文章篇幅较长,我降低了题目难度,向学生提供打乱顺序的段落大意,并编上字母,让学生将其匹配到对应的分段中,如下所示。

Choose the main idea for each part from the following items:

A. As it turned out, Burton was cold-blooded enough to send a friend to certain death.

B. How Edward, a "kind" gentleman, handled a friend in desperate need of help.

C. What Edward knew about Lenny.

D. It is no easy job to judge people, for they aren't always what they appear to be.

E. How Edward responded to Lenny's request.

F. Kind and gentle, Edward Burton, a wealthy merchant, appeared as if he could not bear to hurt a fly.

经过这个环节,学生熟悉了课文结构,也把握了文章的大意,从而为下节课深入了解文章奠定了基础。下课铃响,我布置作业——熟读课文,背诵单词,把握小说中人物的特点,进行角色扮演。

四、教学案例反思

本文旨在挖掘大学英语教学中所蕴含的思政内容,因此将重点放在育人效果方面的反思。总体来说,本案例找准了英语知识与情感教育、价值观教育的结合点,从网络暴力切入,以大学生喜闻乐见、生活化的方式进行引导,有"春风化雨、润物无声"之效,具体表现在如下方面。

动之以"情":关注对学生情感、态度、价值观的塑造。从开头3个问题的导入,再到网络暴力的视频,"文明、和谐、友善、法治"等社会主义核心价值观贯穿其中。这些活动生动有趣,问题设计既有口头回答形式,又有书面写作形式,具有很强的教育亲和力和渗透性,从而引导学生树立正确的网络语言观。其中,步骤2的设计别出心裁,将视频分成3段,每段对应一个任务,让学生和视频中的“键盘侠”一起对嘉宾进行评价。原本学生以为自己不容易先入为主,但是在这个课堂任务中,他们吃惊地发现,原来自己也可能是语言暴力的一员,在面对一个素未谋面的人时,很容易凭第一感觉和外貌对他人做出失之偏颇的评价。

晓之以“理”:通过情景带入的方式让学生学会换位思考。正如一个学生的评价:“在这堂课里,我们不只是一个学生,更像是视频里写评论的那些人,是决定谁能成为总统的公民,是决定是否让贝多芬诞生的命运之神……这节课让我听到、看到、感受到了不要以貌取人的重要性。”通过各项课堂任务,学生真切地体会到,不知不觉,自己也成了“键盘侠”,在电脑、手机的一端,敲打出伤人的话。网络暴力对于每个受害者而言,都是极其残忍的。作为一名文明、理性的网民,首先,要学会控制自己的情绪,理性思考,在了解事情的前因后果之前不要肆意评价;其次,要学会换位思考,将自己置于受害者或拟受害者的角度去思考问题。

导之以“信”:选取贴近生活的教学素材和话题,将教材内容、现实生活和情感塑造有机结合起来。网络暴力这一热门话题贴近学生的日常生活,便于他们结合自身经验畅所欲言,从而有效地实现课内、课外的衔接。开场的3个问题也谈及了学生耳熟能详的人物,诸如贝多芬、希特勒、罗斯福、丘吉尔等。

育之以“趣”:通过富有趣味性的活动和多样的互动形式,学生体会到学习的乐趣。本次课堂设计可谓悬念层出、高潮迭起,既有感官刺激,又有剧情反转,学生普遍认为很震撼。其中一个学生在反馈中写道:“让我感触最深的是第三个问题。即便在我有心理准备的前提下,当我知道选项A和C分别是罗斯福和希特勒后,我还是吃了一惊。每个人都是一个复杂的多面体,我们不能仅仅只看到其中一面就对这个人妄加评判。在答案公布之前,我是选C的,答案惊人,情理之中,意料之外,让我对‘以貌取人’这个主题的印象更加深刻。”

自信篇

新时代，新发展：从全球化谈起

汪露秋[①]

一、背景分析

在大学英语课程的最后一个学期，伴随着专业课程的深入学习，学生们的英语能力从词汇、认知到思维都进入了一个新的发展阶段。在前两个学期新时代、新变化等主题的积累下，这学期我和学生进一步探讨了无人驾驶汽车、未来的工作等话题，学生结合各自在生活、学习中的切身体会与感受，在课堂上较为全面、客观地展示了中国人工智能的发展、成果及其未来的可能性。特别是世界互联网大会在乌镇召开，班上的学生志愿者为同学们讲述他们的所见所闻，大家更深刻地体会到祖国科技的日新月异。随着工业4.0模式的互联化和智能化，中国乃至全球的制造业正在或将要发生怎样的变化，互联互通的全球化又将怎样影响中国的发展，这些为我们提供了新的思考方向，而这与《全新版大学英语综合教程4》第四单元的话题——“全球化”(Globalization)正好契合。为顺应世界多极化、经济全球化、文化多样化、社会信息化的潮流，我们应该与其他国家共同打造政治互信、经济融合及文化包容的利益共同体、命运共同体、责任共同体，第四单元的课文正好从不同角度引用了“达沃斯人”的观点，论证了全球化不仅给各国带来了机遇，亦使大家面临新的挑战。

① 汪露秋，女，硕士，讲师，研究方向：英语语言教学。

二、教学案例描述(总课时90分钟)

本教学案例具体以《全新版大学英语综合教程4》第四单元Text A《寻找达沃斯人》(In Search of Davos Man)为例,教学班级为国际商务专业2017级1班(以下简称“国商1701”)和知识产权专业2017级1班(以下简称“知权1701”)合班,教学时段为周一上午第1～2节。

1. 教学理念

我作为引导者,鼓励学生进行“合作—自主”式学习,即通过小组成员间交互式的信息及技能互换,自主地去发现问题、分析问题和解决问题,从而提升其创造力和思辨力。在“全球化”这一单元,基于翻转课堂与传统课堂相结合的教学方式,我在帮助学生进行词、句和篇章结构语言输入的同时,还需引导学生通过讨论、展示、写作等语言输出的方式思考全球化的本质、全球化对中国的影响,以及中国在全球化过程中面临的机遇与挑战。通过线上线下交流、沟通、分享等教学活动,我和学生作为学习共同体一起感受和体验互联、互通、加速的制造业全球化,理解工业4.0不仅是工艺变革,更是模式创新,从而使得世界各国的界限正变得模糊。因此,在“一带一路”倡议背景下,我需在鼓励学生夯实语言技能的同时,鼓励学生发扬中国的传统美德,光大我们的传统文化,铸造中华民族之魂。

2. 教学设计

1)教学目标

(1) 学生能掌握及运用与全球化相关的英文词汇及短语;

(2) 学生能借助思维导图理解和汲取课文等重要信息;

(3) 学生能运用笔记在听力材料中提取有用信息;

(4) 学生能熟悉并尝试使用态势分析讨论具体案例。

2)教学重点

(1) 关于全球化现象、本质、原因、影响的表述;

（2）运用思维导图，归纳课文中“达沃斯人”关于全球化的观点，并进行分类、分析和总结；

（3）结合马云关于全球化的观点（视频材料），分析、归纳中国在全球化过程中具备的优势与劣势，面临的机会与威胁。

3）学情分析

（1）知识维度：学生们已基本具备有关全球化的现象、本质、影响的英文表达，但需要进一步掌握工业4.0模式下的新生词汇等；

（2）技能维度：学生们已基本掌握思维导图、听力笔记等语言输入、信息加工技能，但在语言输出过程中还需进一步掌握顺叙、插叙、倒叙等叙事方法，以及举例、引用等说明和论述手法；

（3）素质维度：学生们已具备一定的信息搜索、归类和整合的能力，批判性思维与创新能力，但还需通过“合作—自主”式学习进一步提高英语综合运用能力，学会使用英语传播中国传统文化、讲述中国好故事。

4）教学方式与方法

基于翻转课堂与传统课堂相结合的教学方式，鼓励学生进行“合作—自主”式学习。课前学生进行翻转课堂自主学习，课上我讲授、提问、答疑，组织学生进行小组讨论和展示、大组比赛等合作学习，课后鼓励学生围绕单元主题进行作文练习。

5）教学过程安排

◎课前（45分钟）

（1）要求学生观看翻转课堂中马云在达沃斯论坛上的讲话视频及关于全球化的微课视频；

（2）要求学生预习课文《寻找达沃斯人》，并完成相关客观习题。

◎课上（90分钟）

（1）新课内容预热（15分钟）：①学生分大组进行猜词比赛，所猜词语及术语均与“全球化”相关；②时事新闻观点评述。

（2）课文内容处理（35分钟）：①以WHAT、WHEN & WHERE、HOW、WHY为关键词，要求学生根据课文内容表述全球化的现象、本质、原因、影响；②学生以小组为单位，根据课文中“达沃斯人”关于全球化的观点完成思维导图；③帮助学生理解课文长难句。

(3) 翻转课堂内容检测(10分钟)：学生以小组为单位了解马云关于全球化的观点，并进行评述。

(4) 课堂展示和讨论(25分钟)：①学生就"中国制造"(Made-in-China)和"中国美食/产品"分别做小组展示；②以小组为单位进行中国在全球化过程中的态势分析。

(5) 总结课堂内容，并布置课后作业(5分钟)。

以上所有课堂活动均以小组为单位，并按照活动表现进行积分，积分最低的小组则需上交课后的翻译作业。

◎课后(45分钟)

(1) 要求学生完成有关中国传统文化(歌谣与神话)的六级翻译一篇。

(2) 要求学生完成题为"On Traditional Culture"的作文一篇。

(3) 每班各选一则主题为"Made-in-China"和"中国美食/产品"的视频与大家分享。

3. 案例事实与分析

1)现场片段一

首先，我发布猜词比赛规则，"两大组(国商1701和知权1701班)各派一名代表上台猜词，下面的同学来描述屏幕上的单词或词组，但不能使用该词语中的任何一个词"。我一说完，两组学生就已经推选出各自的精兵强将，一局定胜负的"Stone，Scissors，Cloth"之后，便由输的一方——小梅同学(国商1701班)先开始。他开局颇为顺利，洋快餐"肯德基"(KFC)和咖啡连锁品牌"星巴克"(Starbucks)的顺利作答为他赢得了同伴们的热烈掌声；随后的三个术语——BRICS、Davos Man和nationalism虽然有点生僻，但大家都已预习了课文，所以小梅回答得不费吹灰之力。国商班的同学们热情高涨，个个摩拳擦掌要将胜利进行到底；最后的日常用品"筷子"(chopsticks)、日常应用程序"支付宝"(Alipay)以及著名浙商"马云"(Jack Ma)也丝毫没有难倒小梅和他的伙伴们，所以国商1701班以9个全中获得了暂时的胜利,知权班的同学也送上了掌声。

第二组的小池同学(知权1701班)顶着压力上场,但也轻松地答出了世界"最大的餐馆"——"麦当劳"(McDonald's);接着出现在屏幕上的"老干妈"让在座的同学都笑出了声,一下子要精准地描述这个接地气的酱料貌似也不是件容易的事,但知权1701班的同学以解释法条的精确给出了"Chinese favorite chili sauce; its developer is an old lady."的定义,小池同学立马给出了正确答案;之后出现的G20、globalization和WTO,对于出生在千禧年之前且认真预习了课文的"95后"来说,也都不是问题。但接下来"'一带一路'倡议"(the Belt and Road Intiative)似乎有点出人意料,知权班的同学沉思片刻,王同学给出了第一个提示,"It's China's important outing policy";接着杨同学补充道,"It connects China, Europe and Africa"。小池同学立即明白了,但这个短语到了嘴边似乎又记不起来,"the ... and Road Intiative",中间那个词卡壳了,下面的同学急了,这时有人用手势做了系安全带的动作,并不时在说"safety what?",说时迟那时快,小池同学在5秒倒计时结束前说出了答案,全场同学立即给出了掌声。最后一个短语——"双十一"(China's Singles' Day),虽然要求说完整有一定的难度,但同学们又是描述又是比画的,小池同学立刻心领神会,顶着压力也是9个全中。最终,两大组同学都免于惩罚,每个口语小组都获得了相应的积分。

我的分析:猜词游戏是针对"95后"的保留节目,每学期都会进行一次,它能充分调动大家思维的活跃度,在短时间内吸引大家的注意力,让"95后"放下手机,从虚拟的电子竞技回到现实的人际竞赛中来。这一次的猜词主题围绕"全球化"展开,经过大一一年的学习,学生们开始习惯用句子进行描述、定义或叙述。例如,在屏幕上出现chopsticks时,有学生立马就描述为"Chinese people use it to have meals.",还有学生补充说"Usually it's made of bamboo or wood, sometimes even silver."。作为课堂引导者的我,只是在他们表述之后提醒一下,给出一个相对精准的定义"It's an important tableware in China."。不过除了语言本身的进步之外,他们认知和思维的提高也是强有力的助推器。在描述chopsticks的时候,有同学说出了“D&G（时尚品牌）has discriminated it recently.”。这则新闻的提及引起了大家的共鸣。猜词结束后，我顺势和大家简单讨论了此次事件，并引导学生思考该如何恰当地用英语介绍中国日常餐具，以四六级翻译预测试题为例进行讲解。

作为新课的预热，猜词游戏虽然为大家带来了欢声笑语，但这并不是一项娱乐活动，而是以竞赛的形式来检验大家的课前预习，并鼓励学生们用发散式思维去思考国内外及日常生活中的全球化现象。

2)现场片段二

学生当堂完成了课文中“达沃斯人”关于全球化观点的思维导图，紧接着又倾听了翻转课堂中马云关于全球化的观点，并进行了简单的个人评述。他们普遍认同全球化对于一个国家的经济发展是利大于弊。但我们又该如何积极参与到全球化中去呢？于是，学生以小组为单位进行主题为“中国制造”(made-in-China)的课堂展示，即中国制造产品的固有形象及新时代大家对它的看法。

首先，我邀请了“优秀的父亲”组，他们一上来就给大家表演了有趣的小品，对比了大家对于“中国制造”的态度，15年前的郁闷无奈和15年后的自豪满满，让人忍俊不禁，连连叫好；接着又以cliche为关键词，总结“价格低”“质量差”等不再成为“中国制造”的标签；此处的cliche一词让我眼前一亮，用它来指代对“中国制造”的评论真是恰如其分，同学们对这个词的使用也让人拍案叫绝；然后“优秀的父亲”组又从农业、航天产业、汽车产业和艺术品等几方面进一步描述了“中国制造”在新时代人们心中的形象。这一组同学生动的表演、犀利的语言及翔实的案例赢得了大家的掌声，也获得了令其满意的小组分。

在第一组热烈的开场之后，“大杂烩乱炖”组上台为大家展示他们的分析和总结。和第一组一样，一开始他们也提到“中国制造”在过去一直被打上了低价格、低质量，甚至是“山寨”的烙印，所以中国是制造大国(a big manufacturing country)，而非制造强国(a manufacturing power)；有同学看到他们在屏幕上打出了这一组反义词，纷纷点头表示赞同，似乎同时又在为自己学习了一个新的表达感到满意；接着他们以网页截图的形式向大家展示如今“中国制造”是如何让外国人直呼“简直不敢相信”，并播放了一小段视频，有图有真相；他们将“中国制造”(made-in-China)到“中国创造”(created-in-China)的转变称为“逆袭”(counterattack)。说到这里，同学们都瞪大眼睛、竖起耳朵，为他们的分析和总结暗暗叫好，并期待他们进一步的解析。“大杂烩乱炖”组当然没有就此打住，紧接着的举例论证更是让人心服口服。他们先以中国的“新四大发明”为例，和台下的同学来了个短暂的互动，高铁、共享单车、移动支付以及在线购物正是新时代“中国制造”的最好代言。此外，当“大杂烩乱炖”组在盘点“老干妈”“回力鞋”“六神花露水”这些外国友人挚爱的品牌的时候，大家无不表示赞同，还有在座的同学忍不住补充道，“Chinese mathematics textbooks have already been imported to British elementary schools.”。“大杂烩乱炖”组思路极为清晰，在展示的最后又提出“中国制造”在当今全球化发展过程中亦会遇到威胁，因此，他们提出工匠精神(craftsmanship spirit)不可缺。如此完整、充分、层层推进、逻辑清晰又不乏精彩表达的小组展示让我和同学们都为他们竖起大拇指。

我的分析：在课堂展示之前，我已引导学生根据WHAT、WHEN & WHERE、HOW和WHY这几个关键词对“全球化”做了一个简单的思维导图，总结了它的表象、本质、原因、影响；因此有小组在课堂展示中模仿这个思路，对“中国制造”进行了分析和总结，甚至还有小组先我一步，对“中国制造”在当今全球化过程中的发展做了态势分析。除了语言和逻辑上的进步之外，大二的学生还能更广泛地联系实际，以丰富的实例来论证自己的观点。他们的课堂展示不仅体现了其良好的学习自主性和合作性，更反映了他们的人生观、价值观和世界观。新时代的新发展促使我也需要根据学生新的学习习惯和风格及时调整自己的教学方法及策略。

三、教学案例反思

如今和同事朋友聊天，大家总是以“老阿姨”“老母亲”自称，虽然只是自嘲的称呼，但似乎也隐约透露着信息化时代我们这些“70后”“80后”的焦虑和失落。所以,我每每暗示学生,不要叫我“老师”,要叫我 Autumn(英文名字)。不过作为一名老师,我最擅长的还是学习。在和这一届“95后”学生的交流中,我发现他们的信息获取方式、途径正以火箭般的速度发生着变化。于是乎,“老阿姨”撸起袖子,好好观察、学习了一番,终于知道何为“闪图”、如何正确使用“skr”,重新调整了自己的教学方式和手段,整装待发,也让学生见到了不一样的课堂。与学生共同学习、共同成长,应该会是自己在教学中一直延续的主题。

提升语言技能，培养文化自信：“内外双驱”的模块化、任务型教学设计分享

王甲能[①]

一、引言

党的十九大报告指出：“文化是一个国家、一个民族的灵魂。”“文化自信，是更基础、更广泛、更深厚的自信，是更基本、更深沉、更持久的力量。”中华民族有着五千多年的文明史。源远流长、博大精深的中华优秀文化增添了中国人民和中华民族内心深处的自信和自豪，也为当代中国在国际社会塑造、展现和传播中国形象奠定了最深厚的基础。

新时代高校的大学英语教学，注重学生跨文化交际能力的养成。这里的跨文化交际能力的培养，不应仅仅只是训练学生批判性地吸收世界文化的精髓，更应表现在培养其弘扬中华优秀文化的能力上。束定芳先生曾指出，通过对学生本族文化心理的调节，可以培养其对外族文化和外语学习的积极态度。与此同时，我们也应看到，在英语教学中加强本族优秀文化的渗透，能更好地增强学生对中国文化的认同和自豪感，使其在跨文化交际中显示出更好的文化素养和更独立的人格。

基于以上两点考量，结合所授课程内容的话题与主题特征，我拟定了“提升语言技能，培养文化自信”的教学主旨和目标。2018—2019学年第一学期，我在本校金融类专业2018级1班和2班、经济类专业2018级5班和6班四个任教班级中开展了思政教育走进大学英语课堂的教学实践。

① 王甲能，女，硕士，讲师，研究方向：英语教学法。

二、教学活动设计的理论基础和学生学习需求的分析

思政育人行动主旨下的大学英语课堂，依旧建立在“以学生为中心”的教学理念和模式之上。学生内在的学习需求和动力，以及学生的平均语言能力与水平，与“育人”行动一起，都在我的课程设计范围之内。

通过问卷和访谈形式，我发现80%以上的学生都强烈渴望改善自己在听、说、译方面的实际应用能力和情景交际能力，超过70%的学生期待挑战除传统笔试以外的更高要求的英语应用型项目和任务，半数以上的同学对用英语传播和表达中国文化表现出了浓厚的兴趣和较为积极的态度。

综观学生的测验成绩和课堂语言应用能力的表现，我认为本学期所任教的金融和经济类专业学生，在语言应用和学术素养方面具备较强的能力，如能够独立收集、整理与加工数据和信息资源，有良好的批判性学术态度，对事物有独立的见解和思考，可以进行一定深度的评论；同时还具备良好的英语语言基础，可以使用英语，通过说、写、译的方式完成包含民族文化要素在内的、较高难度与要求的主题性或话题性任务。

最后，在“以输出为驱动”教学策略的启发下，结合“项目驱动”教学法和“基于课本内容”教学活动设计的理念，参考学生的实际能力与学习需求，我拟定了“内外双驱”引导下的模块化、任务型活动设计理念。

三、教学任务的设计与课堂活动的呈现

1. 教学任务的制定

我在设计教学任务和活动时，首先参考了教材《新编大学英语综合阅读3》[①]的单元话题和教学内容，发现第一单元的主题“Personality”和第五单元的主题“Language”都非常适合做与思政育人行动相关的拓展。考虑到这两个单元横跨了本学期的教学任务，且思政育人应是一项长久且持续的活

---

① 应惠兰：《新编大学英语综合教程3》，外语教学与研究出版社2012年版。

动,结合教学效果与反馈的形成性评价,可以通过前后阶段性对比的方式,得到更加直观、有效的考量和反思,我选择制定进阶式、阶段化的教学计划和目标,即在开学初,引导同学们完成与介绍"优秀国民个性特征"有关的学习任务,在学期末;完成与"中国语言文化"有关的语言项目。

1)话题"优秀国民个性特征"的选择

本学期主教材《新编大学英语综合阅读3》第一单元的主题为"Personality"。在跨文化交际层面,通过对新闻报道和脱口秀节目的学习,帮助学生了解和认识英美两国人民性格特征的相同和不同之处,并从地理、历史和文化三个方面,帮助学生理解差异产生的原因和这些差异在人们日常行为活动中的表现,同时也为学生介绍中华民族优秀的民族特征和有代表性的人物性格特点做铺垫与准备。我要求学生以介绍"优秀国民个性特征"为话题,综观过去和现在,总结和介绍优秀的传统民族个性,并结合时代的发展,对比介绍与讨论当代社会中国青年所具有的有代表性的优秀个性特征。

2)话题"中国语言文化赏析"的拟定

第五单元的主题为"Language"。以海伦·凯勒的英语学习经历为背景,课堂开展了英语语言特征和英语学习方法的讨论。无论是课本的背景知识介绍,还是课堂辩论活动的主题,都指向"英语是世界上最为流行和最受认可的外语"这一现象。因此,我将思政教育的话题讨论升级为"中国语言文化",并在这一大的话题背景下,设计了3个更加具体的话题模块,让学生们根据自己的喜好和知识积累,进行课堂演示形式的主题汇报。这3个小话题分别为汉语热、汉语美、中国式英语,旨在突破英语作为"最受欢迎外语"的固有思维,帮助学生更好地了解汉语的过去、现在和未来。

2. 指导与课堂呈现

1)前期指导:如何做好课堂演示

对于班内绝大部分学生来说,此次是他们首次做英文演示。因此,对演示的理解和驾驭都非常有限。部分同学认为,演示是将演讲稿或准备好的大段文字资料复制粘贴到PPT上，随后上台汇报，看着PPT上的文字按部就班地读。还有部分同学认为，演示就是PPT展示，准备时把大量的时间和精力花费在PPT是否精美生动上，而忽视了内容的重要性。考虑到以往学生做演示时常常出现的问题，我在学生行动前，对演示是什么、该如何呈现与准备，以及对于不同的话题，其结构和内容构思可以采取怎样的策略、方法做出了详细的说明与指导。

关于演示形式和基础知识方面的指导，我从评价手段入手，向学生解释了课堂汇报时我打分的具体细则，包括内容构思、文字语言质量、汇报者现场口头阐述时的表现、组员的分工合作、PPT的制作，以及内容是否具有创新性和贡献性等。这一活动前的指导，能有效帮助学生了解英文演示的内涵、作用及其对语言能力提升的意义，并更好地在课堂上呈现他们对话题的认识和理解。

2）中期准备：我的预期与学生的课外实践

我在课内指导学生演示时，向同学们介绍了“对比构建”和“案例分析”两种在演示中常被应用到的手段，并强调了“归纳法”和“演绎法”这两种策略在构思框架、举例论证过程中的重要性。

首先，同学们对优秀的民族特征以清单方式进行了罗列。随后，小组成员之间通过讨论的形式，对罗列的特征进行了归纳与分类，并筛选出最终在课堂内想要分享和展示的1～4个显著特征。结合从古至今的名人逸事与经典案例，以叙事的方式来准备主题内容的呈现，并将传统特征与当代青年的个性进行对比，总结出新时代青年承载的历史责任和应该具有的个性风貌。最后，组员分工合作，制作演示时需要用到的PPT及文字讲稿。我则在课外，根据学生上交讲稿的进度，对其在内容框架和语言表达上进行了1～3稿的修改与指导。欣慰的是，所有小组上交的话题内容，都积极赞赏了中华民族优秀的品格特征。对新时代社会风貌和青年品格的不足之处，也评价得非常中肯。我还在课堂演示的用时方面做了8～10分钟的限时要求，鼓励同学们在课外熟练朗读或背诵准备好的文字讲稿。

考虑到“循序渐进式”的教学引导，相对于第一单元，我期望第五单元的活动能帮助学生收获更多。因此，第五单元的话题在选择上更加丰富、有弹性,在完成方法上,也要求学生加入如问卷调查、数据分析、面谈访问等各种形式的活动。这些活动,不仅对学生的语言表达和应用提出了一定的要求与挑战,更为同学们提供了从"教室、课堂和书本"走出去的机会,让其能在实际应用中,与留学生做面对面的语言和文化的进一步交流。

课外,同学们首先对"汉语美""汉语热""中国式英语"3个话题进行选择,并在组员中商讨话题呈现的大纲和实施方式。之后,通过互联网进行大量的资料检索和数据及案例收集,以确保本组话题所展示的内容丰富,论证翔实。部分选择"汉语热"话题的同学则策划了街头采访、访问海外留学生和要求留学生参与问卷调研的活动。这对学生们的课外实践来说,是个不小的挑战。之后,按照活动进度,小组成员与我在约定的时间进行了任务策划的口头汇报与交流,而我还在大方向上进行了把控和指导,部分案例和资料重叠的小组,我通过视角分类、深度挖掘等方式进行了指导。之后,同学们将思路以文字和视频的方式进行汇报准备,我则在课外根据进度进行了1～3稿的文字内容的修改与润色。

3)课堂汇报与呈现

最后的课堂汇报,由于前期的指导和准备工作,每一个班级和小组都完成得非常出色。在"优秀国民个性特征"话题中,许多学生都采用了我介绍的"归纳法+案例分析"组合的演示策略,将中国优秀的传统民族精神如"孝心""有奉献精神""有创造力"等在一个个经典案例和故事的英文分享中,通过对比与比较的方式,跨越时空,分析并总结了从古至今这些优秀个性特征的传承和激励意义。

关于"中国语言文化"的话题,课堂呈现更加丰富多彩。以"汉语美"为例,经济类专业2018级5班的2个男生小组,通过中国汉字不同字体、书法形式的收集展现,家乡方言分享与戏曲吟唱,以及最喜爱诗歌作品的诵读与英文赏析等方式,向同学们传递了小组成员对"汉语美"的理解与欣赏。金融类专业2018级1班的同学,则从汉字形象与文化传承的角度,表达了他们对"汉语美"的独特理解。以月亮在不同象形字体和文学作品中的意义为例,总结了汉语不仅美在形态和丰富的表达形式上,更美在中国人民的集体记忆和文化传承上。金融专业2018级2班的小组同学,以《飞鸟集》的不同汉译版本为例，对比、比较了汉语在表现形式上的丰富与多彩，更总结点评了他们自己最喜欢的译文版本。对"汉语热"话题的呈现，经济类专业2018级5班的4个小组，分别从国家领导人、海外学生、国内影视作品在海外的传播及国内海外留学生的汉语学习4个不同方面出发，前后呼应，相继完成了"汉语热"话题的演示。而关于国内海外留学生的汉语学习，金融专业2018级2班和经济类专业2018级6班的同学走出课堂，在超市、咖啡馆、学校的鸽子广场和教学楼等不同地方，对留学生进行了面对面的采访和问卷调研，并以视频的方式在课内播放。整个课堂的活动汇报过程非常流畅。同学们不仅能够相互学习，也被汉语博大精深和优美的语言文化所打动，更为汉语在国际上受到认可而感到自豪。部分学生甚至当场感叹，我们国家的文化确实很优秀，我们国家真的非常强大！

四、教学活动的反馈与反思

总体而言，本学期初拟定的"内外双驱"引导下的模块化、任务型活动设计理念在前后两次课堂活动的执行中得以实施。我设计的两次活动主题，既符合学生的真实语言水平，满足学生期望更多口语应用机会，挑战更高、更难项目的学习需求，又带有一定的思想教育意义，较好地实现了我在引导学生提升语言技能的同时，培养学生对中国文化的自信心和自豪感的教学目的，一定程度上有利于学生跨文化交际素养的养成和提升。

尽管本学期的两次课堂设计活动进行得较为成功，但还是存在一些不足。例如，部分学生提交的文稿，依旧有思路混乱、信息量繁杂、抓不住重点等问题，还有许多学生的文稿因为时间不够充足而不能得到仔细的修改。同时，我也发现学生们在小组协作方面也存在一些沟通上的问题。但思政教育进课堂的目的非常圆满地实现了，同学们也对这种新型理念指导下的课堂教学设计和活动拓展感到欣喜、期待。而我自己，也期待未来有更多的班级可以加入这样的课堂教学和实践中。

全球化背景下国家认同和文化自信的建立[①]

周 颖[②]

一、引言

本次教学案例选取的是《全新版大学英语综合教程4》第四单元，该单元的主题是“全球化”，课内阅读为《寻找达沃斯人》(In Search of Davos Man)。课文大意是，全球化正在扫除国界，改变国与国之间的关系。这对国家的认同和对国家的忠诚会带来什么影响呢？它们会得到加强还是会被削弱？作者对这些问题进行了探讨。教学时间开始于2018年第一学期第十周，持续三周。所选的授课班级为工商管理学院工商专业2017级2班。

二、教学目标的设定

结合教学内容主旨，我的教学目标为在传播英语知识和培养语言技能的同时，采用任务教学法，通过小组讨论、课文内容学习、观看演讲视频、绘制思维导图等方法，了解全球化的含义，探讨全球化对国家认同和对国家忠诚带来的影响。在全球化浪潮下，各国经济得到发展，这给各国的政治、文化带来了发展机遇，但同时也使中国民族文化面临一些挑战。启发学生去思考，在不可违逆的全球化趋势下如何恪守社会主义价值观，如何建立民族文化自信、传承民族文化，以及如何提高国家的文化软实力。

---

① 本文为浙江工商大学2018年高等教育研究重点课题“大学英语教学中小组学习的质量研究”(项目编号:XGY18042)的阶段性成果。

② 周颖，女，硕士，讲师，研究方向：大学英语教学、华裔美国文学。

三、教学案例描述(总课时105分钟)

1. 课前(10分钟)

首先,我展示了一张图片,上面是一个人双手托着一个地球。然后让学生猜一下,今天课堂学习的主题是什么。学生有的说地球,有的说全球气候,有的说全球化。之后,我把即将学习的单元主题"全球化"显示出来。

接着,我提出一个问题,寻找一下我们生活中的全球化的例子,可以从语言、食物、科技、政治、商业等方面寻找。在这个活动中,我让同学们以口语小组为单位,给他们4分钟时间进行头脑风暴,然后每小组推选一个代表向全班汇报他们所找到的全球化的案例。每一个小组的代表向大家列举了他们所找到的身边的全球化例子。学生们提到了国际快餐巨头麦当劳、肯德基、必胜客等,可以观看的好莱坞大片、BBC纪录片、印度电影、韩国和日本的电影与电视剧等,还提到我们学习英语、法语等外语,很多跨国公司和组织,中国加入世贸组织,中国在很多国家设立孔子学院传播中国文化,以及全球变暖等。

学生的思维很活跃,大家在头脑风暴中得出结论,我们的生活就在全球化中,全球化让我们的生活更加丰富多彩。我进一步总结说,全球化让人类跨越民族和国家的界限,超越制度和文化的障碍,全球化对我们生活的影响可以说是方方面面的,如经济、政治、文化、气候等。那么全球化是不是只有优点,没有缺点呢?我让学生们带着这个问题,进入下面课内阅读的学习,看一看作者Peter Gumbel在他的文章"In Search of Davos Man"中如何阐释全球化的影响。

2. 课中

1)课文导入(5分钟)

我让同学们先理解并翻译Text A的题目"In Search of Davos Man"。有学生翻译为"寻找Davos人",但不清楚Davos指什么。由此我问同学们,是否在央视的新闻报道里听说过"达沃斯论坛"?有学生说听过。

我顺势介绍这里的“Davos Man”就是指参加达沃斯论坛的人。达沃斯(Davos)是位于瑞士东南部格里松斯地区的一个城镇,达沃斯举世闻名,倒不是因为它是旅游胜地,而是因为一年一度的世界经济论坛在这里举行。接着我给学生看了2分钟左右的关于达沃斯论坛的视频,让同学了解我们平时在新闻报道中听到的达沃斯论坛就是世界经济论坛。世界经济论坛是以研究和探讨世界经济领域存在的问题、促进国际经济合作与交流为宗旨的非官方国际性机构,总部设在瑞士日内瓦。

2)三个阅读任务——任务式教学(45分钟)

在对课文内容的学习中,我主要采取任务式教学法。

首先,在第一个阅读任务中,我给学生5分钟时间,通览(skimming and scanning)全文,把课文中出现的人名和相对应的观点匹配起来。同时,也让同学们注意作者的客观的写作手法。此文的作者从事记者工作20多年,为路透社、《华尔街日报》和《时代》等撰稿,受过正规新闻工作者的职业训练,因此他在文章里,通过采用多个人的看法,客观地呈现了四个部分的内容,以此作为课文的主体框架:第一部分是“达沃斯人”和世界经济论坛的背景介绍;第二部分是全球化对社会和文化的影响;第三部分是全球化的历史渊源、当今潮流和未来的发展;第四部分是全球化和民族主义的争论及全球化面临的挑战。

接着,在梳理课文主要框架之后,我指出作者在文中分别呈现五对对比关系,以展示不同的人对全球化的看法。我把五个问题展示在屏幕上:

(1) How does William Browder differ from Alex Mandl?

(2) How does Samuel Huntington's opinion differ from Klaus Schwab's?

(3) How does global trade before the 1980s differ from global trade after the 1980s?

(4) How is Davos Man different from Manila woman?

(5) How does Patrick Sayer differ from other Davos Men?

我让学生们2～3人为一组,讨论以上问题,时间为10分钟。讨论结束后,各小组向全班汇报结果(15分钟),之后由我进行反馈和补充(10分钟)。

最后再通过一个填空练习，完成对课文中提到的“达沃斯人”的特点的总结（5分钟）。在3个阅读任务的完成后，我激励学生互相合作，通过与同伴讨论，互相表达观点和论据。

3）课文主题拓展——情景剧表演（45分钟）

在学习了课文后，同学们已经对主题“全球化”有了基本的了解。第三课时，为了避免上课时间久造成的疲态，我在这一节课放手给学生做情景剧表演，主题是“我眼中的全球化”。以口语小组为单位，让学生们花15分钟构思剧本并排练。剩下30分钟时间，每个小组表演5—6分钟。我提出，此次表演后请大家选出3个最佳剧本奖和最佳男女演员各5名。

学生们听到可以自编自演情景剧，兴致勃发，听到演出后有评选活动，更加投入地编排起来。在进入表演时间后，每个小组都很积极，都想向班级其他同学展示他们的创意。每个小组的编排内容各不相同，有小组设计的内容是出国旅游的母女遇到穿越的楼兰公主，楼兰公主在现代社会遭遇全球化的冲击等种种事件；有的小组情景剧内容为跨国婚恋，文化差异造成了双方的误会，最终误会消除；有的小组展现的是关于出国留学的问题，父母与孩子之间的代沟问题；等等。在这个情景剧表演活动中，我没有让同学们在课前准备，而是让他们在有限的时间内进行思想的碰撞。在设计内容时，每个小组的成员都非常投入，情节内容确定好后，又一起设计台词和动作。各小组上台演出时，台上演员能完全放开，英语口语对话对答自如，台下观众观看认真，遇到台上演员的动作、表情搞笑的时候，观众席的同学们有的鼓掌，有的大笑，班级的活跃气氛达到了高潮。每个小组表演完后，我再给大家3分钟时间讨论，选出了最佳剧本奖和最佳男女演员。同学们在组内讨论完毕后，上交他们的评选结果。

3. 课后

课文主题拓展——听TED演讲，绘制思维导图（课后完成）。

在课前“寻找身边的全球化”讨论活动和学习了课文后，同学们对全球化的定义和影响有了基本的了解，基本认同我们现在的生活和全球化息息相关。在设计和表演情景剧后，我布置了课后作业，观看TED演讲

《事实上，我们的地球并不是平的》，演讲者是Pankaj Ghemawat。作业内容是以口语小组为单位，观看结束后，把演讲内容的逻辑关系用思维导图的形式绘制出来，完成时间为一周，在下一周上交作业。

四、教学案例反思

1. 教学内容的反思

本单元的教学主题是全球化。在导入活动中，通过头脑风暴形式，小组成员集思广益，分享各自找到的身边的全球化的例子。同学们能找到很多经济全球化、政治全球化、文化全球化的例子，甚至能举例说出全球变暖。通过头脑风暴，小组成员互相分享，并积极参与讨论，我对他们提出的例子进行分类总结。

在同学们写的课后反思报告中，可以看到同学们对“全球化”这个话题有了很多深层次的思考，达到了本单元的其中一个教学目标。比如有同学在反思报告中写道：“在课堂讨论中，我了解了同学们不同的新颖看法，比如有同学提到漫威等电影公司在传播西方电影文化时将个人英雄主义等也随之隐性灌输。很多时候，我们只看到了表层全球化的经济价值，但很可能忽略了隐藏的威胁。”这个同学通过漫威电影在中国的流行，思考了隐藏的全球化对中国文化的威胁。另外有多个同学在反思报告中提到了“全球化是双刃剑”，“虽然全球化促进了资本及各种资源和产品在全球范围内的流动，但是，对于一些小国来说，外来企业进入本国的市场，必定会给本国产业带来一定的压力。同时，全球化带来的政治方面的沟通与交流，使各国之间在政治领域的联系更为密切，但是如果双方没有处理好自己的职权，可能就会陷入侵犯他国主权的境地”。

在进行关于课文主题的拓展活动时，为了让同学们了解到不同的人对全球化的不同看法，我推荐他们课后去听演讲《事实上，我们的地球并不是平的》。同学们听完后，需要通过思维导图的形式把演讲内容的主要观点和逻辑关系表现出来。思维导图是一种图形化思考工具，把头脑中的思绪与思考脉络以图像形式有逻辑地呈现出来。每个小组交上来的思维导图各有特点，但总的来说，都能把握住演讲者的观点，即我们全球化的程度并没有那么高，大量的数据（和让人大开眼界的调查）表明，我们的感知和现实间存在巨大差距。

2. 教学设计的反思

在本单元中，教学设计以学生为课堂中心，教师在课堂中的作用主要是引导和总结。在导入活动中，我设计了课前的头脑风暴活动、小组成员讨论和观点分享。有同学在反思报告中写道："通过课堂讨论，调动大家思考，激发思维创新，这种教学模式非常好，同时，这也是锻炼口语表达的机会……进一步增加了口语表达和写作素材的积累。"

在学习课文《寻找达沃斯人》时，通过3个阅读任务的指引，同学们能够主动思考，找出文章的逻辑关系，也了解到如何客观系统地介绍全球化。3个阅读任务需要同学互相讨论。讨论过后，我请几个同学上台分享，之后我对几个问题进行了补充和总结，课堂效果良好。

学习了课文内容后，我让同学们现场进行情景剧的编排和展示，并进行同伴互评。同学们对此活动的参与度很高。在他们的反思报告中，多人写到喜欢情景剧这个活动设计。"老师让我们在课堂上进行小剧场的展示，通过自己创作，自己表演，我们对全球化的感受更加直观。""老师让我们通过编写剧本及表演的方式，进一步提高课堂的活跃程度，使我们很快乐，且受益良多。"

课后作业是听TED演讲，绘制思维导图。这个设计也受到了同学们的肯定。在反思报告中，他们写道："通过思维导图，对全球化有了系统的认识。""观看英语演讲视频，使我有了对全球化的崭新的思路。"由于时间有限，同学们的思维导图没能在全班同学间进行传阅和展示，未能在全班进行点评，不能不说是个遗憾。

提升民族产业自信心：用英语讲好中国人自己的民生故事
——谈课外材料的补充

江　丹[①]

一、引言

学生通过学习英语以了解世界的同时，也肩负着用英语传播中华民族优秀文明成果的重任。本文分享的内容是：如何帮助学生用英语讲好身边的事，增强民族产业自信心。

本次教学案例选取的是《全新版大学英语综合教程4》第二单元，该单元的主题是"智能汽车"(Smart Cars)。课内阅读为《智能汽车》(Smart Cars)，选自日裔美籍物理学家加来道雄(Michio Kaku)的著作《多维空间与幻想：科学将如何彻底改变21世纪》。课文预测了计算机革命对汽车工业的影响，提出了传感技术和远程信息技术将改变汽车及其行驶的道路的预测。课文是一篇科普文章，属于说明文，特点是专业词汇较多，语言结构相对简单。课文写于20多年前，时值第三次工业革命(以计算机及信息技术为主的技术革命)，但科技飞速发展，课文中对智能车的预测部分已成事实，在内容上对当今的学生来说并无太大的吸引力。现在我们处于第四次工业革命(以人工智能等技术为主的全新技术革命)的浪潮之中，这次革命对中国意义非凡。我国在人工智能(AI)专利方面居全球领先位置，发展人工智能是国家战略，也是社会热点话题，而且我们每一个人都在享受人工智能带来的便利。在教授本课时，我感觉有必要在传达

① 江丹，女，硕士，副教授，研究方向：应用语言学、翻译理论与实践。

科技改变生活的课文主旨下，补充贴近生活的课外教学材料。本篇分享的是一次以口语为主的课程教学，教学目标是用英语讲述人工智能对生活的改变。我结合“英语寝室”活动和期末口语考试的话题，精心选择合适的教学补充材料。本文主要呈现的是课外材料的选择原则、课外材料在课堂上的应用及学生对课外材料使用情况的分析和反思。

1. “英语寝室”活动和期末口语考试项目介绍

2001年9月，浙江工商大学率先在全国实行以英语综合应用能力为导向的“英语寝室”与大学英语课堂互动教学模式的研究和实践。开展“‘英语寝室’与课堂教学互动”教学模式(Interaction of English Dormitory and Class-Teaching,IEDC)，将外语课堂教学功能与学生的自主学习能力相结合，以提高大学生英语综合技能，特别是语言交际能力。

在该模式中，课堂教学与“英语寝室”相互结合、相互补充、相互促进。“英语寝室”教学模式的具体过程概括为8个字：检查、布置、敦促、讲课。其中，“检查”是指教师应保证在当天课堂上，70%的学生寝室会话执行情况被检测；“讲课”是指教师须多讲授一些教材之外的、讨论话题的背景知识。浙江工商大学的学生每个学期期末都要参加口语考试。考试中小组话题是老师布置的“英语寝室”作业，也可以说口语考试是对本学期的“英语寝室”教与学效果的检测。本文主要分享的是“讲课”这个环节，授课班级是经济专业2017级2班和金融专业2017级3班。

2. 指导理论

此次教学活动的理论基础是行为经济学领域的助推(Nudge)思想。“助推”是2017年诺贝尔经济学奖获得者理查德·泰勒和美国著名法学家卡斯·桑斯坦在《助推：如何做出有关健康、财富与幸福的最佳决策》)一书中提出的理念，目的是引导民众做出最优决策。他们认为政府和经营者应该为民众设计选择架构(choice architecture)，整个选择体系不采用强制的措施，而以预言的方式去改变人们的行为。也就是说，他们主张引导和帮助人们选择，而不是用强制手段迫使人们做出选择，是“温和的父爱主义”(libertarian paternalism)[1]。

在课堂中，老师的角色和功能与政府的角色和功能相似，民众的角色与学生的角色相似。教师是课堂的权威和控制人，教师教什么学生学什么，但是学生可能认为老师教的内容不是他需要的内容，或者不是他想要的内容。我设想，助推也许可以调解这对矛盾——教师强迫给予(实质上是温和的父爱主义)和学生被动接受。

通常来说，与强势的命令相比，人们更乐于接受非强制的方式，合适的助推可以潜移默化地影响人们在决策过程中的心理和行为，从而使得他们做出设计者所期望的决策。我的教学指导思想是将助推思想移植到教学活动中，教师是选择框架设计者，设计决策环境，鼓励学生的某些行为，同时给他们选择的自由。在教师设计的决策环境中，学生根据自己的偏好做出有利于自己的选择，提高语言表达质量。有利于自己的选择不能被误解为为完成任务而完成任务，甚至怎么容易怎么做，这样就会让学生失去学习的意义。有利于自己的选择是指学生可以根据自己的兴趣、习得目标或获得高分的愿望而选择学习内容。

二、教学目标的设定

这次口语活动是一个简单地将助推手段运用在课堂教学中的尝试。“Talk About the Applications of AI (Artificial Intelligence) in China”是年级统一的口语话题，考虑到学生的生活经验，我将这个话题缩小至民生领域。因此，教学目标是学生能用足够的信息和高质量的语言讲述人工智能正在怎样改善民生。结合课文的主旨，教师设定的教学内容是创新与中国制造。教学目标是在单词、语句、口语交际等语言层面，采用任务教学法引导学生讨论中国AI产品和创新，在输入(读)与输出(说、写)的过程中体验“中国智造”，看到我国在“科技强国”路上做出的努力和取得的

---

① Richard Thaler, Cass Sunstein. *Nudge: Improving Decisions About Health, Wealth and Happiness.* New Haven & London: Yale University Press, 2008, pp. 3-4.

成果,正确看待中国创新,树立民族自豪感、民族品牌自信心和民族产业自信心。

根据我的教学经验,本次课上拟解决的问题是学生小组口语话题讨论中出现的通病:话题内容深度不够,通常在原地绕圈;语言逻辑不清,常说"车轱辘话";词汇单一且倾向使用简单的词汇;小组配合不够,甚至自说自话。要求学生充分使用老师分享的课外材料,这有助于解决这些问题。

三、教学案例描述(总课时55分钟)

1. 话题的导入(5分钟)

为了唤起学生的AI体验,我采用提问的方式逐步激发学生进行思考。

我:你们认为人工智能的应用在我们的生活中普遍吗?

同学纷纷点头,有的很肯定地说"Yes"。

我:请举例。

有学生回答:淘宝、手机上各种APP、高铁、共享单车……

学生的回答与我的预测基本一致,他们受生活经验的制约,视野多局限在日常吃、喝、玩、乐上,且比较单一。学生一时想不到更多惠及民生的人工智能,以及对我们的生活产生深远影响的科技。于是我接下来做这些方面的启发,引出课外材料。

我:例如医疗,你们可以说一说吗?

学生看起来有些迟疑,有的同学小声说"CT""B超""不知道怎么说"。

我:你们是不是缺少词汇?

生:是的。

我:那么教育领域呢?

生:太多了,online learning、VIP kids、multimedia classroom ...

我:非常好！你们听说过人脸识别技术在课堂中的应用吗?

生:刷脸点名。(众笑)

我:是个好主意！但是有点小儿科了。人脸识别技术还可以反映你的上课专注度。

生:太可怕了!

我:我们今天将要讨论的口语话题是“Talk About the Applications of AI in China”。你们预测一下,讨论中将会遇到的最大困难是什么?

生:词汇!

我:既然你们缺的是词汇,那么我今天给大家分享一些。你们最好记一下笔记。(通常我要求学生使用一个专门的笔记本积累语言材料,不鼓励学生拍照。因为除非我定期检查笔记,不然多数学生不会去回顾手机里的照片,并在课下补充笔记,而是过段时间后就会把照片删除。)

2. 信息输入阶段(16分钟)

1)介绍课外材料(5分钟)

我:我们来看一下这张表格,如表1所示。它展示了AI在这些领域的应用,有一些是我们有亲身体验的,它们正在改善我们的生活。

接着我用3分钟对这张表格做了介绍,其中实用表达部分并未全部做分享,而是选取了少部分词汇进行英汉对照。这个表格的电子文档已经在课前发到班级微信群里,这样学生可以直接在手机上浏览,方便学习。

这里我做个插叙,谈一下关于补充课外教学材料的心得。

我课前预测大多数学生会谈论高铁、淘宝等话题,为避免单一,在选择课外教学材料时,我遵循以下几个原则:真实性、实用性、时效性和信息差。

真实性是指材料来源真实,我选取的材料主要来自我国官方媒体英文版。时效性是指选取半年内的资料,而且越新越好。实用性是指材料内容贴近生活,能够唤起学生的生活经验,在日常生活中经常有机会使用的,如在医院看病时使用的人工智能技术成果。信息差有两类,一类是指语言表达方面的不对称,即缺乏必要的词汇,比如手机支付的英文是什么等;另一类是指资讯不对称,如阿里云与四川特驱集团、德康集团达成合作,用其AI核心产品ET大脑做针对性训练与研发,最终全面实现人工智能养猪。对这些信息学生的关注度可能不高,但确实新鲜有趣。

表 1　实用表达词汇

民生领域/例证	人工智能	意义	材料链接	实用表达
综述	/	/	http://www.xinhuanet.com/english/2017-04/09/c_136194595.htm	breakthrough technologies; made prominent progress; machine-aided study, image recognition, voice recognition and driverless vehicles; implement innovation-driven development strategy; upgrade the structure of the real economy; accelerate R&D on and commercialization of new materials, integrated circuits, bio-pharmacy, 5G mobile communications; forge an industrial ecosystem, and speed up legislation in the sector; address problems on the horizon ...
医疗/数字医疗	/	延长寿命	1. http://www.ecns.cn/news/sci-tech/2018-05-30/detail-ifyuurnp0995034.shtml 2. http://www.ecns.cn/business/2018/05-15/302596.shtml	have a higher sensitivity than the dermatologists; at detecting skin cancer; result in less unnecessary surgery; routine clinical care; malignant melanomas; benign moles; AI-powered medical solutions; The Healthy China 2030 National Strategy; outcomes and care efficiency; contextual understanding of a patient's history; personalized therapy...
交通/共享单车/网约车/扫码乘车	/	出行便利	1. http://www.ecns.cn/2018/05-19/303189.shtml 2. http://www.xinhuanet.com/english/2017-12/27/c_136855803.htm 3. http://www.ecns.cn/cns-wire/2018/03-27/297253.shtml	a shared bike; swiping a QR code to enter the subway; ordering a taxi through apps.; autonomous driving; high-speed rail; to ensure the high efficiency of total rail line network; to avoid over-braking and starting; meaning better energy conservation; use the Alipay app to create a payment code and point it to a subway ticketing gate to enter; enjoy preferential policies such a 20 percent discount...

续 表

民生领域/例证	人工智能	意义	材料链接	实用表达
娱乐/美图秀秀	/	美丽生态链、娱乐消遣	https://www.shine.cn/biz/tech/1805225046/	Beauty Ecosystem; AI algorithms; test skin quality and recommends tips on make-up; AR; artificial intelligence to forecast how people will look like in 30 years, and augmented reality that allows users to interact with stars and brands ...
教育/在线教育/杭州第十一中学"智慧课堂行为管理系统"	人脸识别	个性化、精准化教育方案	1.http://www.ecns.cn/cns-wire/2018/05-21/303344.shtml 2.https://mashable.com/2018/05/18/chinese-facial-recognition-class	internet-based learners; the booming online education sector; support the integration of IT with education; make online education universal and accessible through training and publicity; tailored to individual needs; improve learning efficiency with the precise understanding of each student; "construction and application" to online offline integration and innovation; Education Informatization 2.0; keep track of student performace, inattentive behavior, capture the subtle facial expressions; improve the pretinence of education and the effect of classroom teaching ...
农业/阿里云:人工智能养猪	ET大脑	农业革命、食品安全、可溯农产品	http://www.ecns.cn/2018/02-14/292803.shtml	boost its pig-husbandry industry; poor efficiency and high labor costs; identify and predict diseases and boost fertility by analyzing swine behavior; Alibaba's cloud computing arm; teaming up with; livestock farming companies; translate AI technology into safe, tasty pork; more efficient and less labor-intensive ...
通信	5G	数据传输速率、万物互联	http://www.ecns.cn/2018/05-18/303063.shtml	make fast moves; better integrate with AI; the link between the two cutting-edge technologies; lag behind; issues lying ahead ...

2)布置任务(11分钟)

我:现在你们每人选感兴趣的民生领域,阅读相应文章,边读边做标记,标记你想分享的内容和语言。然后在小组内分享这些信息。

信息输入:学生用10分钟阅读材料并选取重要内容。鼓励学生尽可能多地截取他们需要的有效信息。

3. 信息输出阶段(34分钟)

1)布置输出任务(4分钟)

以常规口语小组(即"英语寝室")为单位进行讨论。

任务一:讨论讲述哪个(些)民生领域和人工智能,统一意见,要能回答以下问题。

(1) What matters in this AI?

(2) How does it make a difference to our life?

任务二:商讨使用哪些语料并分配角色。

任务三:形成报告初稿。

2)输出过程(30分钟)

这次课堂活动本质上是一种快速阅读和即刻反馈习得的训练。引导学生快速找出所需的信息,提高讨论效率。此次课堂特别鼓励的行为是:使用所给的课外材料信息,使用所给语料,结合自身的生活经验谈论人工智能在民生中的应用情况。学生在以下方面具有自由度:自主决定使用哪些材料,自主决定使用材料的比例,自主决定使用哪些语料,自主决定使用语料的比例。

学生在做输入和输出任务时,我在各个小组中观察学生的学习情况。有时参与他们的讨论,比如给他们提供思路,引导他们找出所需要的实用表达,纠正语言错误等。每个小组可以按照自己的语言水平、个人喜好及对话题的熟悉度确定讨论内容和讨论方式。学生的讨论方式大致可以分成两种:(1)聊天式漫谈;(2)一本正经的话题讨论,比如访谈。我不鼓励学生进行角色扮演(role play),一是因为角色扮演比较费时间,二是因为4人进行角色扮演,每人的发言都会非常简短,话语轮换可能会过于频繁,使用低质量语言的情况过多。低质量语言是相对于高质量语言来说的，是指学生已经非常熟练掌握的语言，如问候等；高质量语言是指本课学习材料中习得的词汇与表达。多数学生习惯于先写讨论稿再背诵，我尊重并默许这种形式。我发现大多数学生都使用AI在交通领域的应用这个资料，这可能与学生的经验有关，刷手机是学生坐地铁经常使用的支付方式，但是如果要求他们用英语描述清楚，就不是一件容易的事了。

下课前10分钟我根据观察到的情况选出效率最高、表现最佳的一组当堂示范，时间3分钟。允许示范小组带文稿或提纲，鼓励半脱稿。示范小组展示完毕后，我从内容信息差和语言的切适性两个方面给予评价和建议（5～6分钟），以便其他学生能够参照修改。

最后花1分钟布置作业。作业为完善小组讨论内容，下周做口语展示。由于课堂时间有限，每次课有2～3组同学进行展示，每个话题会进行2周，课堂没有机会展示的同学需要录好视频交给老师。

四、教学案例反思

从口语小组展示情况来看，学生的表现基本都能够达到教学目标，但是令我非常满意的则不太多。这次口语课程的实践给我留下的反思有如下几点。

第一，学生对自由度的意识和利用程度是值得调查研究的问题。

这个活动对于一个三人组来说是失败的，因为他们在下一节课的“检查”环节中，话题深度不够，而且语言过于简单，基本没有使用所给材料的信息和语言，这说明他们在语料输出方面是失败的。但我记得在观察他们组的时候，他们的确在讨论资料，甚至还在查字典。对此，他们解释说记不住所给的材料。但也可能是由于可供选择越多，学生反而越难以决策，最后的结果可能就是放弃选择或者另寻他法。

对于依从性较差的组，可以提出有针对性的要求，比如鼓励他们为使用而使用。如果老师在备课的过程中将有用的表达列成清单，要求学生必须使用一定数量的表达，并以此作为评价、打分的依据，可能会收到立竿见影的效果。但是这样,学生的自由度就会受到限制。所以自由度和课堂习得有时是一对矛盾,如何调解这对矛盾要看教学的侧重点。如果能将老师给的资料与学生自己检索的资料结合,比如让小组先选择一个民生领域,然后结合老师提供的材料和他们自己检索的材料,专门讨论该民生领域的人工智能应用及其存在的问题,比如专门讨论在线教育或智慧医疗,对话题的探究就会更加深入,内容就更有信息量和说服力。

第二,决策环境的设计应该更加细致。就像移动公司的优惠套餐一样,为不同学习能力的同学提供不同的可选方案。例如,方案一:每小组选择表格里的两个民生领域,每个领域需要用表格里的5～8个短语。方案二:每个小组选择表格里的一个民生领域,使用表格里对应部分的所有短语,做一个专门的主题汇报。方案三:自选1～2个感兴趣的领域,自主学习表达,做一个小组汇报。这样组际分享的内容既有信息差,又有相互学习和复习的部分。

第三,如果课堂时间充分,可以进行头脑风暴,这样学生可以依照自己的兴趣,自主补充完善老师给的材料。例如我准备材料时特别选取了阿里巴巴集团人工智能养猪的资讯,并且特别提醒和鼓励他们使用,理由是话题足够新鲜,可利用信息差吸引听众,学生们也表示第一次听到这个讯息,很好奇。但遗憾的是,非常少的同学,实际上在4个班中,只有2组同学谈到阿里巴巴养猪这个内容。经课后沟通得知,同学们表示他们不太了解畜牧业,没什么可说的,可能一两句话就说完了,无法增加话题的深度。如果用头脑风暴进行拓展可能就不愁无话可说了。

如果单从完成教学目标来说,设计教案时应该充分考虑学生的学习习惯和能力,给予非常有限的自由。对于习惯于考试指挥棒的学生来说,要求越具体,课外资料的利用度越高。可是这样一来,学生的自主学习能力必然会受到一定程度的压制。

自由篇

培养自由能力:从了解自我开始

贾爱武[1] 朱 珠[2]

一、教学目标设定

本次教学课程为“英语教育心理学”,它是面向英语专业大三学生的专业选修课。该课程的教材是*Principles of Foreign Language Learning and Teaching*[3]。本次课将着重讲解第六章的内容,基于情感教学的特点和本章教学目标,此次教学采用任务型教学法,以学生为主体,实施“学生PPT展示—老师讲解—学生讨论与翻译—老师补充”的教学模式。同时,本课堂以学生产出为导向,设立“自主反思、认识自我、走向自由”的评价模式,目的是使每一个学生都能够依据正当理由获得激励性正强化(positive reinforcement)。本次课的教学目标:帮助学生了解外语学习的情感因素及相关理论知识;帮助学生获得认识自己人格特性、反思自己情感因素的能力;培养学生追求自由的积极情感,从而促进其心理成长。[4]授课班级为英语专业2015级1班、2班、3班。

① 贾爱武,女,博士,教授,研究方向:英语教育、外语教师教育等。

② 朱珠,女,硕士,研究方向:翻译理论与实践。

③ H. D. Brown. *Principles of Foreign Language Learning and Teaching*. 外语教学与研究出版社2002版,第134—162页。

④ 注:本课程采用英文授课,本文为表述统一,均已翻译为中文。本文主要从第一人称的视角进行描述。

二、教学过程描述(总课时145分钟)

1. 前任务阶段(10分钟)

1)复习(6分钟)

本次课采用复习导入法。通过复习之前学过的内容来导入即将学习的内容,使得学生能在新旧知识之间建立联系,并对所学课程有一个宏观的认识。以下为导入阶段师生间的主要对话。

教师:之前我们学习的两章都是关于认知(cognitive domain)在语言学习中的作用,主要讲了我们每个人的认知能力在学习外语中的重要作用。而我们接下来要学的这一章则介绍情感(affective domain)在人们语言学习中的作用。

为了让学生们更好地理解认知和情感因素对语言学习的不同影响,教师首先提问:聪明的人就一定学得好吗?不聪明的人就不能学好吗?

学生摇头并回答"未必如此"。

教师鼓励学生们思考并讨论原因。讨论完毕后,教师进行补充并引入本章:认知能力绝不仅仅是影响语言学习的唯一因素,情感因素也是主要影响因素。情感可以影响人的学习效果,具体如何影响,我们通过这一章的学习来了解。

2)导入(4分钟)

教师请学生们阅读第六章引言,使他们能对情感因素有初步认识并且能够回答提出的问题。以下为阅读完毕以后的主要教学对话。

教师:从引言里我们可以知道情感指的是?

学生们有的回答"emotion",有的回答"feeling"。

教师表示肯定并继续补充:"人本主义心理学认为,'人是有认知能力的(cognitive)、物理的(physical),但主要来说,是有情感(emotional)的人'。"因此,在学习中,情感因素的作用非同小可,接下来我们就一起来学习情感因素对学习的影响。

2. 任务阶段(135分钟)

1)概观(15分钟)

首先,教师向学生们介绍本杰明·布鲁姆(Benjamin Bloom)将人的情感发展分为五个阶段,通过举例子的方法让大家有清晰的认识。以下为主要教学内容。

就像大家上学要先上一年级再上二年级再上三年级……然后才能上初中、高中、大学等,我们的情感发展也有顺序性和阶段性。情感发展的第一个阶段就是接收(receiving)阶段,也就是对信息进行接收。比如你想知道我们学校怎么样,你就得先进来看看,来接收信息。信息接收后,我们就到了反应(responding)阶段,比如你到学校看了以后,觉得这里环境不错,那么你对这个学校的感受就是你的反应,它强调的是主体对客体的反应。第三个阶段是评价(valuing)阶段,比如你对学校的管理、食物等的评价。第四个阶段是将前三个阶段所获得的综合到一起形成某种信念的组织(organization)阶段,比如经过前面对我们大学的信息接收、反应、评价以后,你最后觉得这所大学不错,这就是你对我们学校形成的一个信念。经过以上四个阶段,最后我们就能形成自己的价值体系(value system)。因此,我们的情感发展问题,实际上也就是价值观问题。我通过以上这个简单的例子告诉大家情感发展的五个阶段,大家课后也可以通过这五个阶段对自己的情感发展进行分析。

2)详述(120分钟)

接下来的教学内容是对自尊(self-esteem)、抑制(inhibition)、冒险(risk-taking)、焦虑(anxiety)、移情(empathy)这五个影响外语学习的情感因素做详细讲解。讲解的主要模式为“学生PPT展示—老师讲解—学生讨论及翻译—老师补充”。下面以“自尊”为例(30分钟)来展示课堂活动。

教师提前请一个学生做好相关内容的PPT,展示分为两部分:介绍马林诺夫斯基(Malinowski)和他的观点;介绍“自尊”的定义、表现及影响自尊的因素。

在学生介绍完以后,教师对其展示进行评价并对相关内容进行补充说明:“自尊”在人的心理成长过程中扮演着十分重要的角色,对学生而言,掌握这一部分内容能帮助他们更好地评价自己,从而更好地了解和反思自己,因此,这一部分内容的学习十分重要。为了让学生对自尊有一个更好的理解,在PPT展示和教师讲解完成以后,教师要求他们翻译这段话:

And Malinowski noted that all human beings have a need for phatic communion—defining oneself and finding acceptance in expressing that self in relation to value others. Personality development universally involves the growth of a person's concept of self, acceptance of self, and reflection of self as seen in the interaction between self and others.

以下为一些同学的翻译情况和教师的分析。

学生1:马林诺夫斯基认为所有人都对语言交际有一种需求,这个需求能在与他人交往的需求中找到一种认同感。个性发展普遍包含了对自我的接受和在与他人交往的过程中找到自我的反映。

学生2:这段话主要包含两点内容,一是交际需求是在表达与他人的互动中得到认同。二是自我成长总是包含对自我概念的成长、对自我的接受,还有在与他人的互动中所达到的自我反思。

我:人对交流都有一种需求,这是在自我和他人进行对比和交流的过程中来定位自己并找到接受自己的理由。在与他人交往的过程中才能找到自我概念、自我接受和自我反思。这两句话强调交往,人的定义和接受都是在与他人的交往当中实现的。因此,马林诺夫斯基认为人是社会的人,人的自尊是在与他人的交往中形成的。

其他四种情感因素的讲解模式和“自尊”的讲解相似。只是由于上课时间有限和每部分知识的难易程度不同,所以给各个部分的讲解所分配的时间不同。学生PPT展示时间均为10～15分钟,但教师留给学生讨论及翻译的时间不一样。“抑制”的讲解总用时为20分钟,“冒险”的讲解总用时为15分钟,“焦虑”的讲解总用时为25分钟,“移情”的讲解总用时为30

分钟。上课流程不再一一赘述。

3. 后任务阶段(课后完成)

1)思考

学习本章以后,学生对自己的情感因素有了一个更加客观、全面、深入的认识,因此,教师对学生提出了思考任务,即要求学生对自己的各个情感因素做一个反思和评价,重新定位自己的身份和性格特点。通过对各个情感因素的认识,思考"我是谁"等问题,反思并重新认识自己。

2)写作

为了将学生们的反思落实到位并检查学生对这一章内容的掌握情况,教师布置写作任务。要求他们写一篇课程小论文,根据自己的成长经验,结合对这一章内容的学习感想,从以上五个情感因素中选择一个来对照自己,进行深入反思和评价。

学生们均按要求高质量完成了写作,其中不乏对理论的深入思考和独到见解,以下列举几个同学的见解。

S1: I don't want to use "high" or "low" to describe my self-esteem. Maybe "fragile and unstable" is more suitable. ... Self-esteem is something inside, which cannot be given by others.

S2: Proper anxiety is not easy. First, one should have good psychological adjustment ability. Persuading oneself is always not so easy, but it is necessary. Then, one should have a good foundation. A good foundation is always the basis of super normal performance.

S3: This is a classic chicken-or-egg question in pedagogy: Does high self-esteem cause language success or does the later cause high self-esteem? Clearly, both are interacting factors. Self-esteem can cause language success, and language success can improve self-esteem. But self-esteem is more important for learners.

S4: Ability is the source of confidence, and confidence closely relates to inhibition.

这些内容显示出学生们确实通过本章学习掌握了相关知识,并能够对其进行辩证思考,从而在知识和认知上均有所提升。

以下列举了几个同学的反思。

S1: At that time, I studied like a robot to demonstrate my value and worth to others, only to find things getting worse. If I have relaxed myself and enjoyed school life, I wouldn't had such a gloomy year.

S2: Thinking back, I found that my ideas were really naive, but in my childhood, my esteem was higher than any other time and the defenses were lower than it is now. It was because that my value was affirmed by the people around me, and I was confident enough to withstand threads to my existence.

S3: It is such self-esteem that makes me always pay attentions to other people. It is a pity that I didn't do anything I am really interesting in the past 20 years. At present, I get cracking on pursuing my own goals and doing what I like.

S4: I still thank the efforts I made in that three years. At least I successfully enter the university, and get more knowledge about the world and the society.

学生对理论的深入思考和对自我的反思,反映出他们掌握相关知识的同时也学以致用,通过自我情感分析的方式促进了自己的心理成长。

三、教学后反思

本课程所选教材具有求全和求新的特点，它选用相关理论的最新著作并对英语教育心理学做了全面清晰的介绍，是英语专业学生学习教育心理学的理想教材。但是，教材也对教师和学生提出了两点挑战。从内容方面来讲，这门课程内容涉及语言学、心理学、教育学、社会学等多门科学，它的跨学科性质要求教师和学生不断拓宽自己的知识面。此外，课本均为英文撰写，这也要求学生们能够有较强的英语阅读和理解能力。从课程性质上来讲，英语专业学生大一和大二的课程主要为技能课，注重提升他们的听、说、读、写等语言技能，学生们早已习惯了技能性的教学；而大三的这门理论课却强调学生的思辨能力，这对学生的学习方式提出了新的要求，学生们需要重新适应课程教学。总体而言，这门课程对学生和教师来讲都具有一定的挑战性。

从教学效果来看，本堂课的成功之处主要有三点。

第一，知识、能力、情感的教学目标达成度高。学生都掌握了相关理论，并能学以致用，结合所学知识来反思和重新认识自己，并以更加积极自信的态度来学习英语。人的全面发展是人解放自我、获得自由的前提条件，而人的全面发展的途径是了解自我，建立旧我与新我、个人与周遭现实的和谐关系。

以下是几个同学学完本章后对自己学习和生活的反思。

S1: Until now, I still feel nervous in many cases, but I know that the appropriate level of anxiety can help me do better.

S2: So far, I've meditated over all my study experience related to self-esteem, and I am glad that my self-esteem is now guiding me to a right direction. In my rest time of my life, I will still learn to hold appropriate attitudes towards my self-esteem which can be transferred as positive power in my study and life with persistent efforts.

S3: Nowadays, although I still have many problems, I have changed a lot ... I can make myself become more confident.

S4: So, if next time, someone asks me "Hey, you are a self-esteem girl, aren't you?" "Yes, I am. And I am proud of it."

第二,教学采用复习导入法,体现了课程的连贯性,同时也能让学生对整个课程的脉络了解得更清晰。教学过程循序渐进、由浅入深,体现了教育的循循善诱。

第三,学生展示和教师的讲解相结合的形式极大地鼓舞了学生们,使学生能够积极参与到课堂中来。这样的教学模式避免了传统教学中老师为课堂中心、学生被动接受的缺点,同时也体现了以学生为主体的教学思想。

待改进之处主要有以下两点:(1)进行PPT展示的同学能在完成任务的过程中提升相关知识和能力,但没分到展示任务的同学既没有课下准备,课上参与度也相对较低,因此相关知识和能力的提升度也相对较低。今后,教师将以小组为单位布置任务,保证每个同学都有同等的参与机会。(2)本章内容聚焦于学生学习中的情感因素,学生们本应该有很多感想,但课上主要以课本讲述为主,学生能够发挥自主性的机会还不够多。在今后的讲述过程中,教师将针对学生设置更多活动,给学生们更多机会在课堂上讨论和分享自己的感想。

谈大学英语教学中爱国与自由精神的培养[①]

余　美[②]　赵永健[③]

一、引言

2017—2018年度第二学期，我任教旅游专业2017级A班和B班及CFA专业2017级2班的“大学英语（四）”课程。本次教学案例选取的是《全新版大学英语综合教程（4）》第四单元，课内阅读文章为《寻找达沃斯人》（In Search of Davos Man）。课文先描述了参加达沃斯论坛的成员在民族身份认同上的差异，接着介绍了美国学者亨廷顿认为全球化正在扫除国界，“达沃斯人”正危及美国人的国家认同感的观点。在文章的第三部分，作者追溯了全球贸易的历史，描述其现状并预测了未来的趋势；与部分无视国民身份的“达沃斯人”不同，一些普通的跨国工人极其爱国。最后，文章以一个只做本国生意的法国人的例子来说明跨国贸易壁垒的存在。在结尾处，作者提出一个开放性问题：“达沃斯人”何时才能学会在全球公民与民族身份之间找到平衡。此文选自《时代》杂志，作者是一名新闻记者，作者从诸多客观视角描绘全球化，却没有轻易给出结论。

---

① 本文为浙江工商大学2018年“课程思政”教学改革项目“课程思政背景下非英语专业学生跨文化思辨能力培养研究”（项目编号：PX-30181001）、浙江工商大学高等教育研究课题“大商科背景下英语辩论主题沙龙建设研究”（项目编号：XGY19041）和2018年度校级课堂教学改革项目“英语专业教学的课程思政研究——以‘基础英语’为例”（项目编号：DX-1818425）的成果。

② 余美，女，硕士，讲师，研究方向：翻译教学与研究。

③ 赵永健，男，博士，副教授，研究方向：英美文学。

二、教学目标的设定

结合课文主旨，设定的教学目标为：(1)让学生了解全球化的相关文化背景；(2)能自如地用英语表达与该主题相关的内容；(3)能批判地思考该主题，如爱国、民族身份认同等，并形成自己的价值判断。教师先是向学生简单介绍本单元的教学目标，希望通过引导学生关心我们国家经济发展中的问题，审视当前全球化在一些西方国家的颓势和受到阻碍等问题，分析这些问题产生的原因，思考我国在面对这些问题时所具有的使命，凸显核心价值观中“爱国、自由”的内容，希冀帮助学生塑造正确的世界观和价值观。

三、教学案例描述[①](总课时110分钟)

1. 单元导入(18分钟)

1)思考与建构——头脑风暴(4分钟)

我先给出一系列词汇，例如“经济”“国际的”“贸易”“借贷”“全球的”“工人”“投资”“政治的”“现象”等，让学生来搭配组合与全球化相关的短语。学生能较快说出“经济现象”“国际市场”“全球经济”“经济增长”“国际贸易”等短语，我接着补充“外国工人”“国外贷款”“贸易全球化”“政治全球化”等搭配。思考和建构与全球化相关的短语，既能吸引学生的注意力，又能为后续教学活动的展开做铺垫。

2)小组讨论并汇报——交际型教学(14分钟)

流行文化、食品、商务、技术和语言是影响人们工作与生活的五大重要领域。我按学生的位置把全班分成五个小组，让一个小组负责找出上述五大领域中具体一个方面的全球化现象。每组在准备两分钟之后，派一至两名代表上台汇报。汇报内容如下。

---

① 课堂上师生对话均为英文，本文为了表述统一，均已翻译为中文。

(1) 流行文化:好莱坞大片、美剧和英剧在中国广受欢迎。教师引导后学生补充,美国人也喜欢看中国功夫片,近几年制作精良的中国古装电视剧在海外很受欢迎。

(2) 食品:在中国随处可见星巴克咖啡店,年轻人喜欢洋快餐;外国人喜欢吃中国菜,美国各个城市都有中餐馆。

(3) 商务:中国的电商业务,比如支付宝业务已拓展至海外,中国加入世贸组织后国际贸易更加繁荣。教师补充,"中国制造"越来越受欢迎。

(4) 技术:一辆丰田车的零部件来自120多个国家。学生补充,华为手机以其高性价比在美国倍受欢迎。

(5) 语言:中国人学习外语的热忱已持续多年,跨文化交融带来词汇的创新现象越来越明显。学生补充,越来越多的外国人开始学汉语。

在谈论全球化的现象时,各小组基本先提及西方社会对中国的影响,只有少数小组提到中国对西方国家的影响。教师适时地引导各小组成员思考并补充中国在该领域对西方国家的影响。在补充的过程中,可以看出同学们对自己国家的影响力感到喜悦,比如在谈到高铁时爱国之情油然而生。通过适当引导,让同学们认识到中国在参与这一进程中发挥的重大作用,有助于激发同学们的爱国热情,也让同学们更为全面地认识中西方在全球化进程中互相渗透、互为影响的事实。

2. 前测——课文导入(6分钟)

教师先展示了一张世界经济论坛现场人员穿梭于大会告示牌前的图片,并简单介绍"达沃斯论坛"这一名称的由来。图片里,达沃斯与会人员正在忙着寻找什么,与课文的标题"寻找达沃斯人"相契合,此时教师不失时机地提出问题:"谁是'达沃斯人'?"

接着教师展示了四张人物图片,分别是德国总理默克尔、印度总理莫迪、中国企业家马云和美国总统特朗普,他们都参加过达沃斯论坛。(教师在课前用问卷星APP设置了该题,课堂现场可扫二维码查看,旨在了解学生对世界经济论坛的掌握情况。)我提示说其中一位不能被视为"达沃斯人",部分学生开始摸不着头脑。不少学生认为马云不是"达沃斯人",给出的理由是其他三位都是政府首脑。这说明,部分学生并不清楚达沃斯论坛的核心理念。片刻之后,也有学生提及特朗普。

在肯定了学生给出的答案之后,教师亮出一张照片,照片显示达沃斯附近的山头悬挂着“不欢迎特朗普”的横幅。教师提问:“为什么特朗普在达沃斯不受欢迎?”学生答:“贸易保护主义。”教师指出特朗普的反全球化态度及其设置贸易壁垒的做法,并顺势点明世界经济论坛组织倡导全球化和自由贸易。诚然特朗普参加了2018年的达沃斯论坛,但他阻碍自由贸易的做法有违达沃斯论坛的核心价值观,而中国在参与全球化过程中真正体现了“自由”这一核心价值观。

3. 课中(45分钟)

1)整体阅读:分组研读——任务式教学(25分钟)

教师根据课文脉络,基于文章的主要内容特点和文中的重要概念,采取了任务式教学法,将学生分成四个大组并布置了相应的阅读任务。

(1) 作者眼中的“达沃斯人”有什么样的特点?他们有何共同信念?

(2) 文章第二部分从文化的角度探讨全球化的影响力,对此有哪两种截然不同的争论?

(3) 第三世界国家,比如中国和印度在全球化进程中表现出怎样的态度?发达国家又面临何种压力?全球化是好是坏?全球化从宏观的角度和微观的角度看有何差异?

(4) 尽管1861年意大利南北方关系紧张,但这与保持地区认同和国家认同并不矛盾。作者举这一例子的用意何在?与对全球化的态度有何关联?

就这四个方面的内容,小组成员在阅读并与组员交流后,基本都能较好地把握要点。其间,教师穿插了小故事“一件衬衫的全球经济之旅”,同学们认同全球化无处不在的事实。课文作者对全球贸易的历史只做了非常简要的介绍,为了让学生更直观清晰地了解全球贸易历史之悠久,了解我国在历史上对全球贸易做出的卓越贡献,教师向同学们展示了古丝绸之路和海上丝路之路的地图。通过让学生介绍古丝绸之路,不仅锻炼了他们的语言表达能力,也增强了同学们的民族认同感。

2)课文细读——培养批判性思维(20分钟)

课文细读环节,除了重点词汇拓展之外,教师让同学们对文中出现的人物与一些核心概念进行连线。比如:谁认为民族身份对自己没有影响,谁非常重视自己的民族身份,对全球化的未来趋势做出预判的人物,以及看清跨国贸易中存在的诸多障碍的人物。接着教师让学生翻译或改写重点句子,如"如果问题在于蛋糕怎么分,而你又是西方人,那你就会质疑全球化"。此时教师适时地问同学们,质疑全球化是否意味着要抵制全球化。一名同学回答说:"狭隘的民族主义思想或者依靠设置贸易壁垒来对别国进行封锁或限制,是不符合自身长期发展利益的。"教师对文中重点句子的解析并没有停留在语言层面,而是引导学生批判地审视中西方在看待该问题上的不同视角,形成自己的价值判断。比如,另一名同学认为:"我们无时无刻不在享受着全球化带给我们的便利,全球化让世界更加融合了,国家与国家之间的界限不再像以往那么明显。我们应该推动并顺应时代的发展,积极应对挑战,并主动改造全球化过程中的弊端,从而创建更加民主、自由而平等的社会。"

4. 课后小结(8分钟)

鉴于文章的深度、其文化视角及较为抽象的书写方式,课前学生对全球化的认知不很全面,在对文章进行宏观和微观的阅读之后,教师对经济全球化的主要方面进行了综合梳理:中国和印度拥抱全球化,在一些西方国家出现了全球化颓势,美国甚至抵制全球化。教师适时提出问题:设置贸易壁垒与西方社会一直倡导的自由、平等理念是相否符?课文作者也认为,从整体效益上看,全球化是好事。那么中国积极参与全球化,这是一件既利国利民,又利于世界经济发展的事情。

教师引用了安理会前秘书长科菲·安南的一句话:"全球化已成为事实,但我认为我们低估了它的脆弱性。"安南的话恰到好处地描绘了全球化当前面临的困境,全球化的未来成为同学们关心的焦点。教师还引用了2017年习近平主席在达沃斯论坛上发表的演讲,让同学们了解一个道理:在世界经济密切交织的今天,狭隘的民族主义不是解决问题的出路。

我们国家积极倡导自由、平等的价值观，号召构建经济共同体，这对全世界而言都有积极意义。

5. 后测——阅读后讨论（13分钟）

文中提到，国际低薪流动劳工有强烈的爱国情感。教师引用了伟大的思想家、哲学家苏格拉底曾经说过的一句话："我不是雅典人，也不是希腊人，我是世界公民。"教师向学生提出的问题是：全球化是否危及民族文化和民族身份？作为中国人，我们如何在国际公民和中国公民身份之间取得平衡？一名同学回答说："拿中国文化来说，一方面，国外对中国传统文化不同角度的审视和关注为我们思考自己的传统文化提供了新视角，同时也加深了国外对于中国文化的了解，有助于中国文化的传播与发展，比如孔子学院的创办。另一方面，受一些外来文化的影响，我们渐渐地丧失了一些中国传统文化中优秀的成分。我们应当科学而辩证地看待全球化带来的影响，看到全球化的两面性，抓住机遇，迎接挑战。不管是哪种文化，更加包容才能更加自信。"另一名同学说："部分'达沃斯人'改变国籍的行为引起了大家对民族身份的担忧，觉得全球化会损害一国的利益。我认为，正因为全球化的发展，人们才更加珍视自己的民族身份。因为越是民族的，才越是世界的。"听到同学们能多角度地看待问题，同时也很珍惜自己的中国人身份，教师倍感欣慰。

6. 课后作业（20分钟）

（1）写作练习——合作式学习（2分钟）。

在阅读本单元Text B《全球化：方兴未艾》的基础上，思考一个问题：如果没有全球化，世界会是什么样子？课后以小组为单位进行合作式学习，写一篇习作上传批改网。

（2）英语寝室活动——下一次课随机邀请5～6个口语小组上台做小组讨论（18分钟）。

小组讨论题目举例：你会选择哪一首中国歌曲/哪一个传奇故事/哪一款产品介绍给外国朋友，你将如何介绍？请你谈谈对"中国制造"的产品的刻板印象及新时代人们对其印象不断改变的情况。

四、教学案例反思

教师在作业环节实验性地采用了合作式学习法，以口语小组为单位，请四个同学一起合作来完成一篇作文，利用批改网查看学生的掌握情况。就目前的情况来看，学生的写作能力还有一定的欠缺。通过与学生探讨后了解到，合作式学习可以帮助学生避免写作焦虑，在写作前互相讨论可以帮助学生打开思路，学会多角度思考问题。但就最后的结果来看，合作式写作并没有让同学们的写作能力有明显的提高。在后测环节的追踪和跟进上还需要进一步细化处理，比如，虽然从语言层面分析了学生习作中普遍存在的问题，但缺乏将学生的优秀习作作为范文来讲解这样的激励方式。

文章篇幅较长，涉及的文化背景信息较多。从整体上说，作者更多地从文化层面来谈论全球化，论述有深度。想让学生较为迅速地“吃透”课文，做到对语篇既有感性的理解又有理性的分析，存在一定难度。如果课前就对全球化的来龙去脉有整体的了解，授课效果会更佳。所以，应该在课前布置一项作业，如增加关于全球化的辩题。这样的课前作业设计能激发学生查阅、学习相关材料的热情，培养其学术研究能力，还能深入而全面地了解全球化。

通过课前测试，教师发现学生对世界经济论坛——达沃斯论坛的宗旨了解不多，对全球化的了解也很不全面。教师利用网络资源，恰当地选择了持反全球化观点的美国总统的故事，以其在达沃斯不受欢迎这一最新的例子引出达沃斯论坛的核心内涵——自由贸易和全球化。在单元导入和课文导入过程中，能采用启发式教学方法，借助“先行组织者”教学策略，设计科学的引题与课文导入环节，较为成功地激发了同学们的学习兴趣。在教学过程中，关注学生的注意力曲线，有效利用了课堂时间。

在对课文进行整体阅读和细读的过程中，教师抓住全文的线索来安排课堂环节，较为恰当地使用了以内容为依托的教学法，在夯实学生的语言基本功的同时，引导学生从中西方不同角度看问题。既重视学生的跨文化交际能力的培养，又注重在知识传播中进行价值引领，实事求是又恰如其分地突出了在过去三十年里，中国在参与全球化进程中为世界经济做出的巨大贡献。这不仅激发了同学们的爱国热情，更坚定了大家对贸易自由的信念。

在后测和课后作业环节，贯彻全人教育理念。在培养学生的思辨能力的同时，不忘引导学生思考作为一个中国人必须面对的问题：全球化是否危及民族文化和民族身份？作为中国人，如何在国际公民身份和民族身份之间取得平衡？这个教学设计不仅提升了学生的英语综合能力、跨文化交际能力和思辨能力，同时帮助学生树立爱国与自由的核心价值观，增强了文化自信。

“友善、和谐、公正、自由”在大学英语教学中的生成

蒲松龄[①]

一、全国高校思政教育入课堂与我们息息相关

在全国高校思想政治工作会议上，习近平总书记强调把思想政治工作贯穿教育教学全过程，并提出：“做好高校思想政治工作，要因事而化、因时而进、因势而新。”强调高校思想政治工作关系高校培养什么样的人、如何培养人，以及为谁培养人这个根本问题。要坚持把立德树人作为中心环节，把思想政治工作贯穿教育教学全过程，实现全程育人、全方位育人，努力开创我国高等教育事业发展新局面。大学生思想政治教育要取得实效，不仅要“讲”，还要“做”，应当注重课堂结合，在理论与实践衔接上狠下功夫，开展形式多样、健康向上、富于时代特色的校园文化活动和社会实践，把思想政治教育真正做到学生心坎里去[②]。仅仅由专职思政教师进行一周四课时的理论传授，而且很多都是“普理式”教育，教学时长短，理论覆盖面窄，很难达到理想的教学效果。因而在大学英语的课堂上，理应摆脱那种你讲我听、讲大道理的窠臼，实现互动交流，紧抓兴趣所在。注重联系典型事件的分析，热点话题的关注，让大家都有话题感、都有新鲜劲、都有话可说，同时把重要观点、科学理论融入身边故事、热点事件，让大学生在学习、讨论中深入思考、明辨是非，使思想政治教育收到事半

① 蒲松龄，女，硕士，讲师，研究方向：应用语言学。

② 崔晓明：《试论安康市英语教学现状和改革方向》，《安康师专学报》2012年第3期，第10—13页。

功倍的效果[①]。做到一能"入眼",即吸引眼球、兴趣盎然;二能"入神",即聚精会神、对眼聚焦;三能"入心",即内化于心、外化于行。

思政教育是具有生成能力的知识,教师可以有选择地将有限的教材上的知识转化为无限的能力,使社会主义核心价值观在新一代学生心中生根发芽。以使"友善、和谐"鲜活在教学活动设计中,让"公正、自由"贯穿于平时成绩形成始终[②]。

二、使"友善、和谐"鲜活在教学活动设计中

基于任务型教学活动设计,以《新编大学英语(第4册)》[③]第二单元《语言的力量》(The Power of Word)为例。技能侧重:词汇、词组、格言拓展和应用文写作。

1. 教学目标

(1) 语言知识:词汇、词组、格言、相关语法。

(2) 语言技能:写作。

(3) 情感/价值引领:社会主义核心价值观——友善、和谐。

2. 教学过程

(1) 课前热身(pre-reading activities)。

(2) 精读(reading-centered activities)。

(3) 加强与拓展(after-reading activities)。

(4) 作业与平时成绩形成(assignment and ordinary performance)。

---

① 贺岚:《大学英语教师专业素养的发展与对策》,《安顺学院学报》2012年第3期,第35—36页。

② 黄卫明、桑青松:《策略型学习者的情感策略及其在英语学习中的运用》,《安徽广播电视大学学报》,2017年第1期,第27—28页。

③ 张伟伟:《新编大学英语(第4册)》,第3版,外语教学与研究出版社2018年版。

3. 教学内容及活动设计

1)课前活动

(1) 活动组织:课前活动根据班级人数分组,最少两组,每组五人以上为宜。

(2) 活动任务:传递英文格言/美言。

(3) 任务要求:

① 每组第一个人上前抽取已写好的纸条,当场默背,并将纸条交还给教师后即可开始传递。

② 一对一逐一向后传递,不能隔人帮助补充或者纠正,传递过程中不能让第三人听见,不能动笔书写。

③ 传递至最后一个同学,由他将听到的信息写到黑板上。最快完成的最正确的一组全体加分。

传递的信息可以是励志的美言,也可以是与课文相关的格言。学生往往兴趣盎然,多次要求再进行一轮或者更多。信息的内容难易程度因班级和专业学生的水平而异。我使用过的励志美言,譬如:①使我们痛苦的东西在真正锻造我们(What pains us trains us);②成功没有电梯,只有一步一个脚印的楼梯(There is no elevator to success—only stairs);③成功的秘密在于始终如一地忠于目标(The secret of success is constancy to purpose)。也有与本单元内容相关的格言,譬如:Words cut more than swords。

活动总结:传话活动算是一次课前热身小游戏,学生在座位上顺次坐成一列即可,简单易操作,不受空间限制,活动时间和难度易掌控,学生时常会意犹未尽地要求再进行一至两轮,教师可根据教学目的和内容自行灵活调节。活动结果,获胜小组皆大欢喜,突出和谐与协作,同时所有小组都能记住并分享本组及其他组的信息。另外,在传递过程中出现的交际失误也提供了鲜活的发音、词汇素材。譬如以上例子中的"Words cut more than swords",近半数同学将swords的发音搞错,通过逐一传递的反复强化了读音。同时more than的各种用法和其在上下文中多变的意思也可以予以拓展和阐释。因而在信息传递素材的选择上，教师可以更加灵活地选取易错易混词/词组，在其乐融融的活动氛围中潜移默化地纠正并加强发音、词汇、语法等。

2）课中活动

（1）教学内容：精读Text A《语言的力量》。

（2）技能侧重：听、说、读、写、译综合英语能力的提升。

精读课一直以来是难以将信息性、趣味性和实用性有机结合的一门课。精读也往往容易变成将词汇、语法、句子甚至内容分立的手术室，操作过程枯燥而艰难。将最新新闻、即时信息与单元主题相结合不失为一种办法，在此过程中突出社会主义核心价值观也不会显得突兀。

还以《语言的力量》为例，课文讲述了美国总统福特给身边的不论认识还是不认识的人书写便签的习惯的故事，结合当时最新的新闻——爱因斯坦在日本访学期间，写有感激邮差的字条。每一个激动人心的大时代，都会产生影响后世的大人物，而看似不起眼的小人物，同样扮演着不可或缺的角色。这位以"相对论"闻名于世的20世纪天才物理学家爱因斯坦，和日本东京一个甚至没留下姓名的邮差产生了奇妙的联系，皆因这位伟人时时刻刻心怀友善与感恩，哪怕身在异国他乡，他给所谓小人物带来的也不仅仅是95年之后便签拍卖所得的巨资，多年珍藏的回馈更是永久延续的不可衡量的精神上的温暖与鼓励。个人心怀友善，才能带来和谐，人与人之间和谐才能累积成团体、社会、国家的和谐，才能促进个人及国家的发展。结合课文主题，"和谐、友善"的引导就可以顺势而为、水到渠成。

3）课后活动

（1）活动组织：讲解应用文写作中便签的格式和用法。

（2）活动任务：给未来困境中的自己写一张鼓励的便签。

（3）活动要求：便签的格式；写给自己；激励的各种表达方式。

该课后活动首先与单元主题紧密相连，课文中关于激励式便签中所使用过的词汇、词组、句型为学生提供了可参照和模仿的样本，使学生不会一开始就无所适从。其次，自然融合了应用文写作的知识，通过真实的写给未来困境中的自己这个虚拟又真实的场景，学生会更有代入感，更加真实地表达真情实感。最后，课文需要精读的内容和知识点自然而然得到了强化，教学效果好于通过讲授传统知识的方式。

三、让“公正、自由”贯穿于平时成绩形成始终

对于学生非常在意的平时成绩，教师一定要在秉承公正的最根本基础上发挥学生最大的自由性、自主性、能动性。课堂有相应的章法，也需要“法治”。对于平时成绩的构成要素和章法一定要在第一节课就与学生讲明。我的一贯做法是：学期初，每一个同学的平时成绩都是零，随着课业的深入，以及听写、口语、开卷小测试、配音、听歌填词等课堂活动的展开，每个学生的累积分值将各不相同。直至期末，将每个同学的得分基数进行再处理，通常是乘以一个系数。依据学校政策，以每个班级优秀率不超过20%为线，如果该班超过20%的同学得到95～100分，甚至超过100分（每个班级往往有特别积极或突出的同学），那么系数以0.9或0.8为宜；如果该班基础较差，则相应地乘以系数1.1或1.2。

该方法始终将学生的平时成绩做相对数，而不是绝对数值，即优秀、良好、及格与不及格的各个部分是基于每个学生得分基数划分出相应比例，这样做的好处是：首先，使得平时加分不需要再囿于绝对分值，超过100分和低于60分的两极分化情况可以得到很好的控制；其次，有助于学生发挥积极主动性，让他们不会因一两次的绝对分数而产生受挫或自满心理；第三，也是最显著的一点，不同专业不同基础的班级不会因为绝对分值，也就是他们的课堂表现的差异而有显著的不同，每个专业每个班级都有相对的20%的优秀率，同时，因为是基于本人所获得的基数和相对梯度，个别学生也没有了商量分数的可能性，秉承了公正原则。

在最大限度地体现和贯彻自由方面，以每个单元的开卷小测试为例。我根据教学大纲和所讲授内容会设计词组互译，课文长难句互译，填空，近义词、近形词辨析，选择题等20～30个题目，限时20分钟。开卷形式在最大限度上减少了学生的复习压力，同时又在最大限度上检查了学生

的笔记、听讲和自学能力。在限时20分钟的开卷测试中，熟识知识点的同学和不熟悉但可以通过查找方式找到答案的同学可以通过答题数目自然区分出来，因为20分钟的时限不足以逐一查找所有题目的答案。当然，开卷是自由的、开放的形式，一人一座，不能讨论，完全凭自己的笔记或熟悉程度来查找。平时成绩形成过程只有自始至终地贯彻执行公正、自由的原则，学生才能在章法的维度内实现自治和自主，平时成绩的形成才有理有据，让人信服。

四、启示与反思

首先，把“公正、自由”贯穿于平时成绩形成始终，我已经实践多年，最深刻的感触是，学生在期末不会出现要分的情况，秉承了公正原则。另外，想要提高成绩或者及格拿学分，学生更加在意并清楚知道自己在平时的课堂上需要具体做些什么。“挣分”使学生增强了自我责任感。当然，学习动机不强的学生依然会我行我素，但是最后的成绩也是他们应当为自己的行为所承担的结果，作为成年人，要对自己的行为负责。责任感和为自己的行为负责也是在不远的将来进入社会、作为社会人和独立人的必要要求[①]。“教育，首先是学做人。”最新提出的“金课堂、成大才”要求我们要争取上有深度、有难度、有挑战的金课，不要上水课[②]。我们认为不要求学生听、说、读、写、看五项全能，而要发挥其各自的特长和技能，能够充分体现学生各自特长与技能，综合评价学生总体表现的平时成绩形成方式是突出以学生为中心的新国标的体现之一。

其次，使“友善、和谐”鲜活在教学活动设计中，我受启发于亲身经历：大学一年级期末时，班长曾经主持过一次班会，每一个同学都写一个字条或一封信，内容是对班级其他每一个同学的印象。这次班会使班级凝聚

① 彭宏安:《从学生与教学方面浅谈高职英语教学》,《安徽文学》(下半月)2018年11期，第33—34页。

② 刘琛:《大学英语教学中教师的移情》,《长春教育学院学报》2010年第3期，第11—12页。

力空前加强,良好的班风有口皆碑,而这张字条也被保留至今,上边不论好的或者坏的评价都使我能更加认清自己。以己度人,在精读课文内容之后,相信传话、给自己写信这些课堂活动也能完成“友善、和谐”的价值引领和身心教育。学校应该强调引导学生找到自己的个性行为特点并培养学生的良好学习习惯,渗透正确的世界观、人生观等理念。老师的教学,不是执行任务,而是发乎于心,尽之于理,如此便更利于授业解惑和对学生个性的发现与培养,而社会主义核心价值观正提供了其个性发现的土壤和成长培养之源。

法治篇

培养法治精神:从安全问题谈起

李　玲[1]

一、引言

本次教学案例选取的是《全新版大学英语综合教程(3)》第三单元,该单元的主题是"安全"(Security)。课内阅读为《锁之国》(The Land of the Lock)。课文大意是,许多年前,在美国,家家户户黑夜不锁门是司空见惯的事情。而现在,那样的日子一去不复返了,无论是乡下还是城里,前门落锁成为必须。不仅如此,各种各样的防盗和报警装置也走入人们的生活中。作者感叹人们不再相互信任,不得不凭借设计周密的安全设备来保护自身和财产的安全。作者最后指出,在对付我们中间无形的恐惧的同时,我们成了自己的囚徒。本文分析鞭辟入里,通过对比、比较、排比等多种修辞手法和表现手法,逐层深入,提出作者的反思,并最终给出作者自己的总结,发人深省。本次教学对象为公共管理类专业2017级1班、工商类专业2017级1班,授课时段为大学一年级第二学期。

二、教学目标的设定

结合课文的主旨,我设定的教学目标是,在单词、语法、写作等语言技能培养的同时,采用任务教学法和项目教学法引导学生审视当前社会中存在的安全问题,关心身边发生的各种安全问题,分析这些安全问题产生的原因,思考防范措施,以及当代大学生在面对这些安全问题时所具有的

---

① 李玲,女,硕士,副教授,研究方向:教师教育、外语教育。

使命和价值,凸显社会主义核心价值观中的“爱国、文明、法治”,希冀将社会主义核心价值观以一种润物细无声的方式融入学生的心灵,塑造其正确的人生观和价值观。

三、教学案例描述[①](总课时110分钟)

1. 课前(20分钟)

1)话题的导入(5分钟)

为了导入“安全”这个话题,我采用产婆术[②]提问的方式逐步激发学生思考。

我:你们认为现在的世界安全吗?

很多同学纷纷点头,有的很肯定地说“Yes”。

我继续问:为什么我们会有这种看法?

有学生回答:因为现在是和平时代。

我点点头表示同意。然后,我在PPT中给学生们呈现一幅图片:在叙利亚难民营里,一个四岁儿童看到摄影师的长焦镜头正对着她时,立即惊恐地举起双手。看着学生们若有所思,我问:“大家觉得这个孩子在干什么?为何会举起双手?”有同学回答,她好奇?我解释道:因为这个孩子把镜头当作枪口,举手表示投降。同学们听了这个解释,很多感到吃惊。然后,我顺势引出刚刚发生的利比亚空袭,并进一步提问:“美国之所以敢于绕过联合国空袭利比亚,说明了什么?”有的同学说,霸权。我说:“是的,还有一个重要的观点我们不能忘记,那就是弱国无外交!”

通过这些问题的逐步深入,我进一步总结说:“我们生活的世界并不太平,但幸运的是我们生长在中国,一个和平的国家。同时,中国的快速发展也给了我们底气和信心。祖国的未来靠的是你们这一代青年!我们

---

① 注:课堂上师生对话均为英文,本文为了表述统一,均已翻译为中文。

② 产婆术是苏格拉底提出的一种教学方式,即启发式教学,指的是在教学中,教师通过一系列对学生的提问,引导学生从中得出结论。这种方式有助于激发和推动学生思考问题的积极性和主动性。

要感恩,更要努力把祖国建设得更好!”

2)头脑风暴(10分钟)

接着,通过头脑风暴的方式,我请同学们提出目前他们想到的安全问题。有学生用中文说出“诈骗”,我在黑板上写上fraud,听到有同学说,这个词他们曾经见过的!还有同学提到privacy,我进一步启发,是不是指privacy invasion?一个女生说出了“拐卖”,我说很好,但怎么翻译呢?这个单词其实大家都认识。说这句话的目的是想让他们自己查出这个单词来。经过启发,我黑板上写上human trafficking。同学们的思维比较活跃,角度各有不同,我都一一写在黑板上。

3)组建安全问题小组(5分钟)

头脑风暴结束,我知道同学们对安全问题有了一定的认知,就布置他们课下写出至少五个安全问题,并选择三个自己认为当前最关心的或者亟待解决的安全问题。字条收上来后,我按照学生最为关注的安全问题将学生分为四组:网络安全组、校园安全组、国家安全组、隐私安全组(每个班级的主题稍有不同)。每组6～10人。同时明确了具体要求:(1)以海报的方式进行展示;(2)准备时间为一周;(3)要求脱稿汇报,并接受同学提问;(4)每个小组将会有两个分数,一是海报设计分,二是汇报和解答分。

2. 课中(50分钟)

1)课文导入(5分钟)

我让同学们先理解并翻译Text A的题目——“The Land of The Lock”,有同学译成:闭关锁国,封闭土地。经过引导译成“锁之国”。然后我问同学们:“你们知道‘路不拾遗,夜不闭户’是什么意思?背后的原因是什么?”我先请学生翻译这个成语。然后,进一步提问:“这样的做法在今天还可行吗?”学生纷纷表示不可能。于是,我借机引出课文主题,在当今的美国也有类似的变化,即人们对安全的关注度越来越高了,夜不闭户的时代一去不复返了。我引导学生迅速通览(skimming)全文,注意课文各部分的观点,找出各部分的主题句。

2)四个阅读任务——任务式教学(45分钟)

关于教学,我采取了任务式教学法,基于课文的基本思路、重要议题和核心词汇,布置了四个阅读任务:通过查读与lock相关的表达来概述全文大意;用思维导图找出作者支持其核心观点的事实依据;发现相关段落的对比和比较并思考衔接手段;找出文中包含重点词汇的句子并总结其用法和搭配。每个任务分配给两个口语小组。我请学生两两组队,坐在中间前排的小组有权优先选择问题。讨论时间10分钟。讨论结束后,由各小组向全班汇报讨论结果(25分钟),最后由我再进行反馈和补充(10分钟)。

3. 课后(40分钟)

1)海报展示与汇报——基于项目的教学实践(40分钟)

海报展示的早上,一进教室,就看见有几个同学拿着海报,自信满满地坐在教室里了。以"网络安全组"为例,他们采用的是立体手绘海报,有创意。他们精心制作了各种立体装饰,海报内容也较为丰富,整体设计令人眼前一亮。当他们拿着海报上台的时候,我听见有学生告诉我:老师,他们可认真啦!上次还看到他们利用其他课的课间休息时间,一组人一起商量怎么画海报呢!我听了后感到非常高兴和欣慰。

他们的海报分为"提出问题、分析原因、采取行动"三个部分。提出问题部分以表格方式呈现,从公民生活、国家安全、网络交易、公民隐私、手机终端五个角度提出了存在的安全问题和应对措施,每个安全问题都以现实生活中发生的事件为事实依据。分析原因部分用了思维导图的方式呈现,从主观原因和客观原因两个角度进行分析。采取行动部分别出心裁地设计了我和他们小组之间的对话:

师:哇,多么精美的海报啊,很有教育意义哦!能告诉我们你们学到了什么吗?

生:嗯,网络安全关乎个人和社会的安危,不是吗?

师:没错,还有吗?我们该如何做呢?

生：对个人而言，要提高安全意识。对社会来说，需要加强安全技术的研发！而且，最重要的是，我们要知道，没有利益，就没有网络安全问题！

师：嗯，这么说有点言过其实了。不过，我们不得不承认，它的确在网络安全中扮演了重要角色。总之，只要我们齐心协力，网络安全问题最终一定会被解决的。

汇报结束，我请各小组把海报贴在教室后面的墙上，大家纷纷离开座位观摩，相互提问。我依据学生互评和教师评价的双重评价结果，最终评选出最佳设计组及最佳汇报组，给予及时的肯定和鼓励。这次海报汇报展示活动在热烈的掌声中结束。

2）写作练习（课后完成）

海报的展示和汇报结束后，我及时根据各组的相关主题布置写作任务，要求同学们以“My Viewpoint on ______”为题，写一篇议论文，内容包括现象、分析、讨论、解决方法，旨在让同学们将自己查找的资料再次组织加工，进一步深化对相关内容的讨论，同时也要求学生做到：（1）运用至少两个以上的句型（如“it is our custom to do sth.”“it does not occur to me to do sth.”“chances are that ...”）；（2）运用五个以上新学的短语和习惯表达，比如 or otherwise 等；（3）运用课文中出现的双重否定、排比和反问句式；（4）注意段与段之间及段内的衔接，比如第十段和第十一段的过渡、总结性语句、承上启下等。

四、教学案例反思

本单元课内阅读的教学设计可分为显性教学和隐性教学两个方面。

从显性教学来看，教师重点把握课文的结构、写作方法、修辞方法（对比、比较、排比）和思维脉络（从过去与现在的对比开篇到当前“锁之国”的各种表现形式，再到分析“锁之国”现象出现的原因，最后到呈现作者的核心观点）、突出课文的重点语法（双重否定），通过任务式教学法，把学生请上讲台,通过PPT展示、教师补充的方式,完成了基本教学任务,课堂效果良好。

从隐性教学来看,教师将“爱国、文明、法治”等社会主义核心价值观,融入课堂教学中,注意选择最新材料,从例句的选择到事例的列举,尤其是设计了项目式教学,引导学生发现问题、分析问题、解决问题,并以海报的方式展示汇报自己的所得。我欣喜地发现,学生在与人合作的过程中,发展了自己各方面的能力,如同伴协作、领导力、批判思维能力、创新能力、PPT制作、公众演讲能力。同学们对这次的海报活动给予了很大的肯定,以公共管理班为例,共有18人(占86%)对这项活动给予了充分肯定。例如:

学生1:(海报活动)收获颇丰,这是一个非常好的学习英语的机会。我非常喜欢这种学习英语的方法,自身有所启发和感触。

学生2:海报制作展示活动从资料收集、排版、画图到最后的展示、演讲,对我来说都是很大的收获,锻炼了我的写作能力、设计能力和表达能力!

同时,通过项目式学习,学生认识到要珍惜当前的和平时代,奋发学习,才能更好地建设国家,维护国家主权。作为当代大学生,他们肩负着建设祖国的使命和责任。在生命安全方面,无论是在校园内还是在社会上,都要文明做人,严于律己,宽以待人,做一个遵纪守法的好公民。同时,同学们也认识到,他们所处的环境仍存在不少安全隐患,如校园安全中的诈骗、校园欺凌、火灾、盗窃及社会中的拐卖、传销等。一方面,个人要加强安全意识,国家需完善相关法律;另一方面,在遇到危险之前,对可能出现的危险要有所预测和防范,遇到危险时,首先要保障自己的人身安全。可以说,此次教学较好地实现了本单元课程思政的教学设计目标。

当然,本单元的设计仍然存在一些问题。

首先,在教学活动的设计上要充分考虑学生的英语水平和接受度,针对基础较好,英语学习动机强烈,师生配合度高的班级,可以适当加大任务难度和复杂度;而针对基础较弱,英语学习动机不高,课堂气氛比较沉闷的班级,教师要思考如何通过情感支持和教学设计提高学生的参与度和积极性。比如,在汇报小组展示完毕后一般都要进行的提问环节,有的班级学生思维活跃,参与度很高,下课休息期间,仍有学生要求提问;而有的班级,主动提问的学生很少。实现学生积极的参与式学习,需要教师树立"从学生的角度思考教学"的教学理念,在实际教学中创建良好的学习环境,包括课堂学习兴趣、满足感、互助合作等,真正实现深层学习(deep learning)[①]。这也是教师下一步要精心设计的难点和重点。

其次,如何使教学环节环环相扣,逐步深入,也是教师应该深挖的问题。本单元中,教师采用了头脑风暴、任务式教学和项目式教学,学生的参与度较好,同时,将课堂学习与海报项目的要点和观点延伸到课下的写作任务中,制造机会让学生能够学以致用,收到了较好的效果。但由于时间有限,未能对学生的写作进行深入点评,不能不说是一个遗憾。

最后,教学活动的多样化方面有待加强。本单元中,教师主要采用了任务式和项目式教学,均属于较为学术性的教学方法,未能融进其他更具有表演性和竞争性的活动,如课堂游戏、角色扮演、辩论等,未能充分调动不同认知风格和学习风格学习者的积极性。例如,虽然大多数学生反馈,很喜欢海报制作展示活动,仍有少部分学生兴致不高。在今后的教学中,教师需要充分考虑给予学生更加开放和多元的弹性学习空间,重视学生的参与和体验[②],促进学生的主动学习与协作学习。

---

① 吕林海、龚放:《中美研究型大学本科生深层学习及其影响机制的比较研究》,《教育研究》2018年第4期,第111—120页。

② 余继、闵维方:《学习空间对大学生认知和非认知能力的影响——基于学生学习视角的实证研究》,《现代远程教育研究》2018年第6期,第79—88页。

细胞裂变式商务英语课程价值观培养的叙事研究①

项　玲②

一、课程思政叙事研究指导思想

近来我国高校教育发生了一个重大的转变：思政教育从显性的思政课程延展至隐性的课程思政。2016年底，习近平总书记在全国高校思想政治工作会议上指出："要用好课堂教学这个主渠道，思想政治理论课要坚持在改进中加强，提升思想政治教育亲和力和针对性，满足学生成长发展需求和期待，其他各门课都要守好一段渠、种好责任田，使各类课程与思想政治理论课同向同行，形成协同效应。"这是本研究的中心指导思想。同时，本着"教育强国"重要战略指引，本研究旨在培养符合社会主义核心价值观要求的、具备国际视野的综合商务英语人才。

"国际营销英语"作为商务英语专业三年级的核心必修课程和英语专业三年级的专业选修课程，在商务英语课程体系中占据重要地位，也是我院的特色课程，多次在全国商务英语大会中作为优势特色课程做过展示。该课程一直强调"创新、法治、公平、诚信、敬业"等价值观，符合社会主义核心价值观的要求。本文以"国际营销英语"课程为例，以叙事手法探讨细胞裂变式商务英语课程价值观的培养与塑造。社会主义核心价值观的塑造不是来自外物的强行加塞，而是内在基因式、细胞式的发展，价值观的形成和课程思政的培养更像是内在的细胞由小变大、不断裂变的过程，

① 本文系2017年浙江工商大学课堂教学创新项目"基于商务英语翻转课堂的'五大课堂'教学模式的建构"(项目编号：1070XJ2916036)的成果。

② 项玲，女，硕士，讲师，研究方向：商务英语教学与研究。

这些细胞在系统内持续转移、持续扩大，成为主体不可剥离的一部分。

二、课程基本信息

课程名称：国际营销英语

课程性质：它是一门商务英语专业和英语专业高级阶段专门用途英语方向的课程，有别于单纯的理论知识或单项技能课程，与其他课程如听说、阅读、写作等单项技能课相辅相成。本课程的特点在于语言材料针对性强，技能训练综合，兼顾案例实践。“国际营销英语”课程共开设一个学期。

课程目标：旨在让学生理解与掌握市场营销学的主要方法、工具及市场营销在竞争日益激烈复杂的国内与国际市场中的重要作用。通过学习消费者行为与消费结构、战略制定与执行、创新与新品开发等前沿领域知识，学生能够全方位了解现代营销策划和管理技能，用精准的专业英语更好地管理与客户长期业务关系的开发和发展。本课程培养和提高学生综合运用高级商务英语的能力，通过英语语言训练与营销知识讲解分析，使学生逐步提高英语在营销领域的运用能力，了解营销英语的表达方式和特点，扩大词汇量，熟悉营销英语常用句型，具备基本的口头与笔头的专业表达能力，培养学生良好的学习习惯和学习方法，为日后职场的专业工作打下扎实的基础。本课程培养具备社会主义核心价值观、具备国际视野、富有创新力的复合型高级人才。

使用教材：《新世纪国际营销英语》[①]

课外读物：《大败局》《激荡三十年》

本案例课堂主题：New Product Development（新产品的开发）

教学对象：商务英语专业2016级1班

本案例教学课时：30分钟

本案例思政目标：法治、富强、诚信

---

① 刘法公、项玲：《新世纪国际营销英语》，浙江工商大学出版社2016年版。

三、课堂设计与课堂活动

本次教学案例选取“新产品开发”这个主题单元开展隐性思政的分析研究。事实上，隐性思政的理念一直贯穿整个课程的教学过程，贯穿整个人才培养方案。商务英语课堂教学十分重视培养大学生以诚信、爱国、敬业、富强的姿态学习商务知识，从事商务活动。

1. 课前准备

课程开始前，我给学生提出了课外体验的准备。要求学生走出校园，走进商业区(window-shopping)，对市场、营销、商品形成一个初步的感受。要求学生阅读吴晓波老师的经典巨著《激荡三十年》和《大败局》，感受改革开放以来，我们国家民营企业的发展。

2. 课堂教学知识点

什么是新产品？如何挖掘新产品？新产品的开发步骤、产品生命周期是怎样的？

3. 教学活动

首先，我提出本单元的学习目标：掌握新产品的定义、开发新产品的步骤和具体方法、产品生命周期的概念，学会运用产品生命周期理论调整企业产品组合与产品结构。本次课结束后，学生将掌握营销组合4Ps中的Product(产品组合)的概念和策划方法，结合已学习的3Ps组合的理论知识，制订新产品营销方案。

运用头脑风暴，请学生各抒己见，畅谈对新产品的认知，什么是新产品？学生首先想到的都是用具体一家公司推出新产品来解释对这一概念的理解，比如有学生提到某化妆品公司推出新款防晒美白产品。这时我引导学生一起思考，这个产品对这家企业是新的，是不是对整个中国市场是新的呢？其他化妆品公司是否已经有了类似产品？这款新产品在国外市场属于新产品吗？比如在非洲市场和欧美市场，这样的新产品是好产品吗，有销路吗？这些引导性问题，引起了学生极大的兴趣，非洲市场不需要这样的新产品，欧美的防晒产品更多的偏向于tanning的产品，而不是whitening的产品？从而我可以归纳新产品的范畴：对于特定的企业、特定的市场、全球市场，新产品的内涵不同。

紧接着，我引导学生思考“什么是好的新产品”这一问题。这时，学生回答的层面有了提高，从技术上、成本上、包装上等多维度地进行了讨论。我继续提问引导：世界市场上大多数产品都来自中国，中国是全世界的生产基地，中国的产品出口到世界各地，为什么最大的利润却不是流向中国？这里引导学生思考“faked in China”“made in China”“designed in China”“created in China”“innovated in China”（如表1所示）。光靠“made in China”不足以让我们强大，更加不是靠“faked in China”。国家要富强，企业要做强，必须依靠中国设计、中国创新、中国智造。此刻，学生的民族责任感已油然而生！法治维护市场，尊重知识产权，杜绝中国伪造，也深深地印在了学生心里。同时，我继续提问：中国在哪些领域做到了世界领先？同学们脱口而出华为、阿里巴巴等智能制造和互联网企业，民族骄傲溢于言表！

表1　产品转型类别与思政、课程目标

产品转型类别	思政目标	课程目标
faked in China	法治	知识点与语言技能提升
made in China	富强	知识点与语言技能提升
designed in China	富强	思维拓展
innovated in China	富强	思维拓展

在学生对新产品、好产品有了基本理解后，我开始进入新产品开发步骤的展示，以及在每个步骤中涉及的方法和手段。课堂活动基本上以教师提问引导、学生自由发言、教师归纳总结的形式展开。课堂活动知识点分布、理论内容、专业技能培养、语言能力目标和思政目标如表2所示。

表2 知识点、专业技能及语言能力、思政目标分布

知识点 (新产品开发步骤)	专业技能 (来源、手段、方法)	语言能力目标	思政目标
idea generation	competitor; employees; R&D; licensing; brainstorming; attribute listing; forced relationships; morphological analysis; agencies & consultancies; general intelligence	掌握专业术语及商务英语思维	诚信、法治、富强
idea screening	assess whether the idea fits with the broad strategic plans & development directions of the organization; analyze its market segments; define and analyze the competition; forecast its likely margin and its sales profile	掌握商务英语评价方法，能够熟练使用专业术语分析市场竞争	诚信、法治
concept testing	concept feasibility	掌握专业术语	法治、富强
business analysis	competitive analysis; marketing analysis; finance analysis; production analysis	掌握专业术语	法治、富强
product development	whether the product can be made cost effectively, within business plan guidelines; whether it is capable of performing consistently under realistic conditions	掌握专业术语	法治、富强
test marketing	live show; a last chance for fine tuning; the opportunity to vary some of the mix variables; the assessment of things that are difficult to predict on paper	掌握专业术语	法治、诚信、富强
commercialization	了解基本概念,后续课程深入	理解专业术语	法治、诚信
monitoring & evaluation	了解基本概念,后续课程深入	理解专业术语	法治、诚信

在此以第一栏为例做互动型课堂教学说明。新产品开发步骤第一阶段的知识点是:idea generation(产品概念的初步形成)。我提问:新产品的idea从哪里来?学生答:客户需求、技术人才想法等。教师就产品概念初步形成的来源和方法做一个归纳,有来自竞争对手的产品(competitors)、企业员工提出的想法、企业研发部门提出的想法、许可证产品、头脑风暴集思广益来的想法、产品特点罗列得出的想法、形态分析得出的想法、设计公司等外部机构或人才提出的想法等。我提出具体案例加以说明,例如梅赛德斯奔驰汽车总是把宝马最新款汽车买来,拆开宝马新车来查看宝马公司用了什么样的新技术、新设备,再来设计奔驰新款汽车。再比如乔布斯设计苹果magic mouse鼠标的时候,采用了世界知名设计公司的设计样;美国Virgin公司在企业内建立了insiders组织,来讨论新产品需要什么特点。

新产品开发过程展示完毕后,我延伸了产品生命周期的理论。在产品投入市场后,是不是每个产品都能一直销售下去呢?这就涉及产品生命周期的概念,我通过图示做了展示。产品生命周期有四个阶段:市场引入期(introduction stage)、发展期(development stage)、稳定期(maturity stage)、衰退期(decline stage)。请学生思考,站在CEO的角度,希望产品处于什么阶段,如何保持这个阶段长久不衰,如何延长这个阶段。当产品进入衰退期时,企业是否会破产倒闭,如何避免等。这些具有现实意义的问题,都促使学生真正地从企业的角度去思考如何以合法、合理又创新的方式让企业强大、国家富强。

4. 课后拓展

在课后,每一个学生小组(4～5人)都需要设计一款新产品,在期末进行展示,结合后续课堂教学内容,制作产品策划书。

四、教学效果

1. 综合商务英语能力提升

通过课前的window-shopping和大量相关的课外阅读,课堂上学生能有所准备，积极参与课堂互动活动，讨论内容丰富，讨论气氛热烈，课堂上以民族复兴为己任，国家富强为目标，以法治、诚信为行为准则，学生们提出了许多产品开发创意，掌握了专业知识与技能。本次课堂教学提升了学生的思维拓展能力，展示了国内外大企业开发新产品的策略，扩大了学生的国际视野。课后的强化拓展活动，使得每一组学生都能做出正式的新品开发市场策划书，并有效地进行全英文展示，提升了商务策划能力和商务沟通能力。每一小组都具备参加各类创业大赛、实践大赛的能力。

2. 竞赛获奖

在2018年5月举行的浙江省商务英语实践技能大赛中，我校代表队（队员均来自商务英语系，均修了本课程）以绝对优势获得了第一名。评委给出了高度评价：唯一一组用自己创意的产品出赛，以高科技、绝对创新的VR医疗应用产品提高医疗效果，改善医患关系，使生命得以延续，创造了巨大的社会价值！

3. 学生感悟

学生1（计划出国留学）：预想走出国门后，祖国的富强将让我更加自信、自豪，同时也让我具有强大的责任感，要将祖国的新发展告诉全世界，让全世界看到我们的自主创新能力。

学生2（毕业意向就业）：诚信做人，敬业做事，公平竞争，人人出力，富强国家。

学生3（计划考研）：扩大了国际视野，增加了商务知识面，了解了市场前沿，提高了商务英语写作、听说能力，更加丰富了商务实践，希望继续努力学习深造，为祖国富强贡献自己的力量。

五、教学案例反思

课程思政是长线、隐性、潜移默化的过程，社会主义核心价值观的培育和塑造可以用细胞裂变式的方法实现，让社会主义核心价值观成为毕业生的DNA。从教学效果来看，本课程的课堂活动积极融入“富强、法治、诚信”等核心价值观，通过头脑风暴、自由讨论、团队合作、案例分析等方式激发学生对专业知识技能和价值观紧密关联的主动认知，并自觉实践。不论学生今后是出国留学、读研深造，还是直接就业，他们都能够以德为先，肩负起中华民族伟大复兴的使命。

课程思政不是一节课、一门课的任务，它是一个全方位的工程。虽然商务英语课程一直践行“富强、法治、诚信、公正”等价值观，但是并未将社会主义核心价值观书面化、制度化地结合到课程设置和人才培养方案中。今后这或许是一个努力的方向，只有制度化，才能实现常态化，从而更加全面、正确地培养商务英语综合人才。

下一步，可以积极探索将社会主义核心价值观更系统化、常态化地融入我院其他商务英语课程，内化到“五大课堂”商务英语教学模式中。如表3所示。

表3 价值观内化到“五大课堂”

课堂	专业目标	内容／方式	评估	思政目标	教学手段创新点
第一课堂	提高学生沟通能力、思辨能力	小组讨论；头脑风暴；广告创意案；商业策划案；品牌命名/更名	教师考评与学生互评结合	富强、诚信、敬业、和谐、友善、法治	collection, organization, reaction, evaluation
第二课堂（翻转平台）	拓展国际视野，提升理论自主学习能力	泛雅翻转课堂平台；公开课视频学习；在线作业；在线讨论	在线评估	富强、诚信、敬业、和谐、友善、法治	世界名校公开课
第三课堂	专业拓展	精英讲课；学生撰写报告	报告评估	富强、诚信、敬业、和谐、友善、法治	实务精英进课堂
第四课堂	理论联系实际，提高分析问题能力	参观；座谈	报告评估	富强、诚信、敬业、和谐、友善、法治	移动课堂进企业
第五课堂	刺激动手能力，提高解决问题的能力	专业岗位工作	计入整体培养方案，不计入课程考核成绩	富强、诚信、敬业、和谐、友善、法治	实习基地训练

从教师个人而言，应将习总书记提出的“以德立身、以德立学、以德施教”的要求作为精神指引，在不断提升自我修养的同时，做好教书育人的工作，以德为先，立德树人，身体力行，言传身教，关心每一个学生，聆听每一种声音，千言万语，“语”你同行。

桃李不言，下自成蹊。提高专业素养，是教师在事业上的追求，也是培养学生的基本要求。润物无声，唯愿托起青年人实现中国梦的翅膀，在更广阔的空间，讲好中国故事，传播好中国声音，阐释好中国特色。

诚以待人，信以立身：从“无伤大雅的谎言”谈起

郭　宁[①]

一、引言

2016年习近平总书记在全国高校思想政治工作会议上强调，坚持把思想政治工作贯穿教育教学全过程，实现全程育人，全方位育人。而如何把思想政治教育渗透于专业教育中，将知识传授与价值引领有机地结合在一起，成为广大高校教师探索的一大课题。作为重要公共基础课的大学英语，应该引领什么价值呢？个人认为，党的十八大提出的社会主义核心价值观，分别从国家、社会、个人层面凝练了社会主义核心价值的内容，将其融入大学英语教学，正是实现课程思政的一个突破口。

基于以上理念，在本学期《全新版大学英语综合教程(5)》[②]的授课过程中，我有意识地将各单元的主题和社会主义核心价值观相联系，尝试在以往常规的语言教学、文化对比中融入思政教育。本文选取的教学案例是该教材的第三单元，其主题为“谎言”(Lying)，包括两篇课文——Text A《关于说谎的真相》(The Truth about Lying)和Text B《无伤大雅的小谎》(White Lies)。这两篇课文所涉及的“谎言”，大多是日常生活中常见的所谓“无伤大雅/善意的谎言”，两位作者分别从不同的角度，以不同的语言风格探讨了这一主题。《关于说谎的真相》是一篇杂志专栏文章，作者以较口语化的语言娓娓道来，把人们常说的谎言归纳为四种，并描述了公众和自己对这些谎言的看法；《无伤大雅的小谎》节选自著名哲学家的著

① 郭宁，女，硕士，讲师，研究方向：应用语言学。

② 李荫华、王德明：《全新版大学英语综合教程(5)》，(第2版)，上海外语教育出版社2014年版。

作，作者明确了white lies的定义和特点，列举了这类谎言的不同类型，描述了功利主义者对这种社会现象的支持，然后提出了自己对此不同的观点。本次教学案例的主要教学对象来自CFA专业2017级1班和2班、国际贸易专业2017级1班和3班、金融专业2017级1班，授课时间为大学二年级第一学期。

二、教学目标

在本单元的教学中，语言技能的训练自然必不可少：Text A虽然语言平实通俗，但作者信手拈来的各种例证，恰恰是中国学生在英语写作中最薄弱的环节；Text B的学院派作者词句考究，学生普遍反映很难读懂全文，更别提其中的引经据典。其次，要理解“无伤大雅的谎言”出现的场合及其社交功能，我需要引导学生进行中西方文化的对比，提高学生的跨文化交际能力。在三周总计九课时的教学过程中，我希望能在提高学生语言和跨文化沟通技能的同时，引导他们仔细观察，并从不同角度深入思考生活中常见的“无伤大雅的谎言”：专栏作家说这些谎言是人际关系的润滑剂，哲学家认为它们貌似无伤大雅，实则危害无穷。这些谎言究竟是使人际关系更为友善，还是破坏了我们的诚信？大学生们应该有自己的见解。通过激发学生进行批判性思考，使学生进一步领悟社会主义核心价值观中的“诚信、友善”，在潜移默化中形成正确的价值观和道德规范。

三、教学案例描述(总课时405分钟)

1. 教学设计

本单元计划在三周内分三次授课。我采取启发式教学、任务型教学等多种教学方法，课前安排学生进行相关主题的自主学习；课堂上我提问、授课，组织学生以brainstorming、group discussion、presentation等形式加深对主旨的理解，提高语言运用能力；课后鼓励学生以小组为单位演出mini play。课程安排如下：

1)课前

(1) 要求学生预习课文并完成与Text A相关的词汇练习。

(2) 要求学生听TED演讲“The Future of Lying”。

2)课中

(1) 1～2课时(90分钟):导入主题,通过启发式教学引导学生发现生活中的谎言,思考这些谎言的交际功能或危害性,从学生的回答中可以检查其课前预习是否到位;学生观看哈佛大学公开课《谎言的教训》片段,了解西方哲学界对谎言的不同观点(康德的道德论与功利主义),引入新概念“误导性的真理”(misleading truth),请学生思考误导性的真理和谎言的差异,并鼓励他们找出更多misleading truth的案例,并做演示。

(2) 3～6课时(180分钟):学生在话题“Talk about lies that have destroyed trust.”和“Why do people tell white lies?”中任选其一做小组讨论。我讲授Text A课文,讲解生词、难句,通过给学生布置阅读任务,完成表格(如表1所示),使他们把握课文结构和写作特点。布置学生以小组为单位表演和谎言相关的mini play:选取历史事件、文学作品中和谎言相关的内容,隐去人物姓名,演出一个片段,演出结束后由旁白点出剧中谎言的意义或后果,并请观众们猜猜是哪个故事。

表1 Social/Peace-Keeping/Protective/Trust-Keeping Lies

definition	
the view of the majority	
my (The author's) viewpoint	
counter-arguments	
examples	

(3) 7～9课时(135分钟):按学期初的安排,由1—2组学生做Text B的讲解,我随后点评并补充学生没讲到或仍不理解的要点,学生进行前一周布置的mini play的表演。

2. 课堂教学片段

1)片段1

在课文主题导入环节,我引用了课前预习材料TED演讲的内容。研究表明,我们每天撒谎一到两次,并问学生:“大家觉得是这样吗?”很多同学点头,有些面带尴尬。我继续问:“好吧,现在是上午10点,可能今日的谎言还没有出炉。那么大家能否分享一下最近说过的谎言?”鉴于这个话题有点微妙,我决定先自黑一把,举例说自己不愿和某人聊天,便借口忙于工作,不再说话。同学们一听都乐了,原来谎言并不总是涉及大是非。我接着说:“大家一定都明白我为什么要用这样的谎言,如果我说大实话,结果会怎样?现在请你们来说说最近撒过的谎吧。”这时大部分同学打开了话匣子,有的说告诉父母自己晚上11点睡觉,实际上学习或玩游戏到凌晨;有的说学习压力大,却告诉父母一切都好;有的说买了很贵的鞋子或衣服,告诉父母时价格只有一半或更少;有的说骗妹妹看不喜欢的电影等。听了一些例子后,我请大家归纳这些谎言的共性,同学们都说“harmless”(无害的)。“那么什么谎言是有害的呢?”大家开始进行头脑风暴,给出了fraud(诈骗)、adultery(出轨)等例子。对于这类谎言,同学们一致认为是违反道德规范的,要引以为戒。这时我明确指出,在本单元的学习中,我们仅仅探讨前一类谎言,即貌似无伤大雅的谎言。

通过启发式教学和头脑风暴,学生开始对课文主题有了初步的思考,了解了谎言的分类和不同性质,而对生活中无伤大雅的谎言的列举对理解课文相关部分也有帮助。语言技能方面,多数同学能用正确的时态、合适的词汇描述过去发生的一件事(撒过的谎);在练习听说技能的同时,学生们在我的引导下对自己的撒谎行为有了进一步的思考:动机是什么?效果怎样?可能会有怎样的长远影响?

2)片段2

哈佛大学公开课《谎言的教训》中有两个片段非常贴合本单元教学主题,因此我把哈佛教授“请到”大学英语课堂当“客座教授”,给学生们介绍西方不同哲学流派对谎言的观点。在介绍康德的道德论时,教授提出了其著名的案例“门口的谋杀者”，即如果一个杀手来到你的门前，寻找你的朋友，而这个朋友正躲在你家里，杀手直截了当地问你：“你的朋友在你家吗？”此时我暂停了视频，向学生提问：“你会怎样回答杀手的问题？是为了保护朋友而撒谎，还是不顾朋友安危，坚持自己的道德准则？”同学们纷纷给出自己，大多数选择了撒谎——这是意料之中的，也有少数跳出了常规思维的同学，比如有人说撒谎是为了保护自己，有人说先报警不给杀手开门等。经过自己的思考后，学生们接着听“客座教授”阐述康德的理论（在任何情况下都不能撒谎）及功利主义者的观点。当教授提出另一个问题“有没有一种方式，可以不对杀手说谎，同时不出卖你的朋友”，我再次请学生思考。这个问题明显难度提高，学生们百思不得其解，只有少数同学能想到可以用顾左右而言其他的方式。视频中，有学生回答可以告诉杀手：“我不知道。”——这是一个很巧妙，或者说很诡辩的回答，大家想明白后都为之叹服。 这个回答也是典型的“误导性的真理”：说话者没有撒谎，而是给出真相的一部分，以期误导信息接收者。“客座教授”以美国前任总统克林顿在莱温斯基丑闻案中所做的否认措辞为例，说明“误导性的真理”这一新概念。这时我插入了水门事件中尼克松的否认措辞，与之对比，并引导学生注意美国政坛层出不穷的谎言。我最后请学生思考的问题是：谎言和误导性的真理，在道德上有什么区别吗？虽然“客座教授”认为不能以后果为评判标准，误导性的真理仍然体现了对道德法则尊严的尊重，学生们并没有全盘接受，而是运用批判性思维形成了自己的见解：使用误导性的真理的人虽然没有捏造谎言，但其动机和可能导致的后果都和撒谎者无异。

通过把名校公开课引入大学英语课堂，学生们不但练习了听力，更拓展了思路，开阔了眼界。作为在大学二年级上学期使用《全新版大学英语综合教程（5）》的学生，他们大多英语基础不错，有着一定的词汇、语法储备和表达能力，他们所需要的是提高英语综合运用能力，以及进一步了解英语国家的文化、社会等信息。因此，对这短短十几分钟的视频课程，学生普遍反映收益颇多，有的学生利用课余时间完整观看了时长近一小时的这节公开课，并将其收获运用到后来的课堂演示当中。需要注意的是，教师在进行相关内容的教学时，应该注重引导学生发挥自身思辨能力，对新概念、新信息进行批判性思考。

3）片段3

本单元教学的尾声是由学生以小组为单位表演和谎言相关的mini play。我的要求是：选取历史事件、文学作品中和谎言相关的内容，隐去人物姓名，演出一个片段，演出结束后由旁白点出剧中谎言的动机、意义或后果，并请观众们猜猜这是哪个故事。这是一项选做的作业，大概是因为同学们在之前的学习中已经较深入地探究了"谎言"这一主题，并对此产生了浓厚兴趣，他们的参与热情大大超出了我的预期。大多数小组精心准备了剧本、道具，为大家活灵活现地演绎了一段3分钟左右的短剧。值得一提的是学生们的选材：既有大家耳熟能详的《狼来了》《皇帝的新装》，也有选自经典名著《羊脂球》《鸿门宴》中的片段，还有的选自比较小众的王尔德剧作《不可儿戏》和非洲民间故事《一个从不说谎的人》。学生不仅能运用已有的语言储备较为清楚地呈现这些故事情节，还能对剧中的谎言做出剖析。演员们演得真切，观众们听得认真，其中的一些精彩瞬间如图1—图3所示。

图1 《鸿门宴》片段

图2 《皇帝的新装》片段

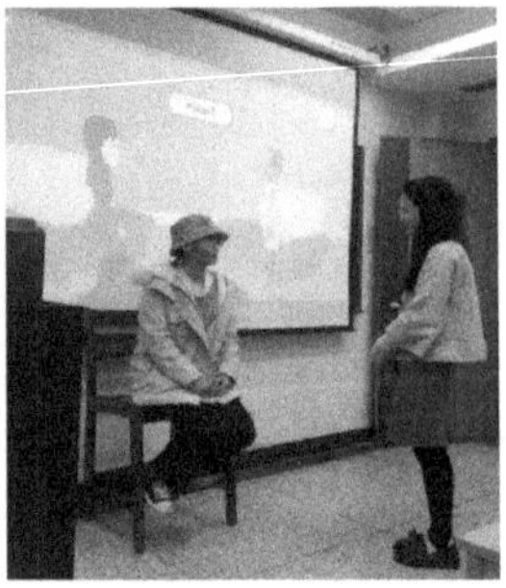

图3 《一个从不说谎的人》片段

这一教学环节中，学生所表演的大多不是无伤大雅的谎言，而是我们在导入主题阶段提到的harmful lies，这应该可以看成对"谎言"这一主旨的深挖了，毕竟我们绝大多数人不可能做到康德所要求的在任何情况下都不说谎，西方文化的"绝对理性"和中国文化的"一团和气"对人际沟通、为人处世有着不同的指导作用。然而即使是无伤大雅的谎言，我们也必须意识到：只要是谎言，必有其危害，只有诚信才是我们的立身处世之本。通过完成这类任务，学生可以通过自己的学习和思考，在学习语言的同时，增强情感体验，获得正确的价值观。观众也可以从旁观者的角度有所启发，从而潜移默化地引导学生向正确、健康的方向发展。

四、教学案例反思

回顾这个单元的教学过程，应该说较好地完成了设定的语言及思政教学目标。在培养学生英语语言能力这条主线上，我采用多种教学方法，较为充分地调动学生参与各种课堂活动，锻炼听、说、读、写技能；在提高学生道德素养这一隐线上，通过相关的补充内容（TED演讲、公开课等），引导学生自主思考、反思领悟。从学生的课后反馈看，同学们在完成这一单元的学习后，对"诚信"有了更深的理解，建立起了更为牢固的、正确的社会主义价值观。例如：

> 学生1：谎言没有大小之分。在课堂教学中，我们也承认或多或少地撒过类似的谎话。而在学完本单元后，我们都需要重新审视自己撒谎的真正原因。
>
> 学生2：很开心老师给我们上了这堂关于谎言的课程……今天我的感悟就是，生而为人，多一点真诚，少一点谎言。其实有的时候谎言底下你想遮盖的东西，并没有你想象中的那么难堪。
>
> 学生3：在学习第三单元后，我更坚定了自己原来对谎言的看法，希望自己生活的世界能够多一些真诚，少一些隐瞒和欺骗。

我欣喜地看到，无论是从哲学角度（公开课），还是从文学角度（mini play），大多数学生能积极对"谎言"这一主题进行深度挖掘，并体现出极大的兴趣,这说明当代大学生,并不像很多人认为的那样缺乏思辨能力、人文素养,关键是在融入德育的教学设计与实践中找到合适、合理的切入点,对他们积极引导。

当然,这次的教学实践还存在一些不足之处,有待日后摸索、改善。

首先,作为大学英语课程的老师,我不得不承认自己缺乏思想政治专业背景和教学经验,在如何因势利导地融合语言课程和思政内容方面尚有欠缺。比如这一单元的主题是"Lying",乍一看正是倡导诚信的好契机,可再仔细看看,具体内容是关于"无伤大雅的谎言",我们每个人或多或少都说过这样的谎言,真的是违背了道德规范吗?因此,在探索大学英语和思政有机融合的过程中,教师首先要提高自身的思政素养。

其次,我准备的补充材料,固然能帮助学生练习和课堂内容相关的听力,开拓思路,但形式有点单一,内容稍欠趣味性。相比之下,学生在分小组讲解Text B时用到的短视频,来自新兴的视频网站,虽语速略快,但胜在内容活泼,更能引起观众的兴趣。由此可见,教师在备课时,所选材料的形式、内容也要与时俱进。

最后,整个教学过程中学生的能力训练以听说为主,尤其是最后一环节的mini play表演,参与的学生在剧本准备上,对语言正确度的关注稍有不足,由于时间关系,我在表演过后也没有纠正。今后应适当补充书面作业,这样才能更清楚地了解学生的知识掌握情况。

五、结语

综上所述,大学英语课不仅仅是一门语言课,它也是文化观、价值观传播的载体,考虑到这门课程持续时间长、接触学生面广的特点,大学英语教师应该积极提高自身思政素养,树立坚定的社会主义理想信念,践行社会主义核心价值观。在教学上,教师要将英语教学和社会主义核心价值观教育有机结合起来,充分发掘大学英语教材中的内容,因势利导,将德育培养融入课堂教学内容,培养高素质、高境界的社会主义事业建设者。

富强篇

创新与中国梦
——以思辨能力为导向的混合式PBL大学英语教学[①]

李　丹[②]

一、引言

在大学英语的学习过程中,学生多沿用高中的学习习惯,主要通过背诵和模仿来加强自己的英语语言能力,这使得许多学生在进行写作和口语等语言输出活动时,通常会出现"言之无物"的现象。语言,作为思想的载体,应是个人与自我、个人与他人、个人与社会之间进行交流和沟通的重要工具;英语语言能力的培养也不应仅仅是基本语言技能的掌握,还需学会用语言进行分析、判断、综合、推理和思考,学会用英语表达思想,与世界进行交流。本次教学案例选取的是《全新版大学英语综合教程(3)》第四单元,单元主题为"想象力和创造力"。课内阅读为《爱因斯坦是外星人吗?》(Was Einstein a Space Alien?),从爱因斯坦的平常生活、非凡成就和成功因素对这位具有划时代意义的科学家进行了全方位刻画,点明了想象力和创造力的根源所在,也说明了任何成功都并非天生的,而是个人品质和时代需求结合下的产物。作者主要通过事例说明和话语引用这两种写作手法来论证这一观点,行文风趣幽默,论证逻辑分明,观点引人深思。

---

① 本文系浙江工商大学2017年度校高等教育研究课题"翻转课堂虚拟学习社区的构建和自主学习能力的培养"(项目编号:XGY17012)、杭州市哲学社会科学规划课题"高校英语课程翻转课堂模式下的个性化教学策略研究"(项目编号:M17JC029)的研究成果。

② 李丹,女,硕士,讲师,研究方向:英语文学、英语教学。

二、教学目标的设定

此次教学的对象是大学本科一年级第二学期的学生(阿拉伯语专业2017级1班、财会专业2017级4班),经过第一学期的学习,他们已逐渐熟悉大学英语的学习节奏,自主学习意识也逐渐得到了增强。根据课文的主题思想,本次所设定的教学目标是:(1)学生能根据课文用英语讲述爱因斯坦的成就及其成功因素;(2)学生能根据单元主题用英语进行论点明晰、论据充足的话题讨论;(3)学生能结合单元主题用英语对创新和中国梦的实现进行思辨性思考,运用事例说明和话语引用的写作手法进行英文写作,表述个人观点。本次教学设计主要运用PBL(Problem-Based Learning)教学法,结合翻转课堂、微课、视频资料和课外阅读资料等各种多媒体学习资料,通过培养学生思辨能力,来深刻认识社会主义核心价值观中的"爱国、富强、文明"等内容。了解我国由古至今创新精神的传承,探讨新时代科技发展背景下的想象力和创新力对实现富强与文明这两个我国社会主义现代化国家的建设目标的作用。

三、教学案例描述(总课时110分钟)

1. 课前(30分钟)

1)翻转课堂课前任务布置

翻转课堂是一种"翻转"或"颠倒"了传统教学习惯的新型教学模式,主要是学生在课前通过学习网站听、看教师的视频讲解进行自学,课堂上在教师指导下做作业或完成复杂的学习任务。因此,明确课前自学任务是翻转课堂实施的基础。针对本次教学目标,在进入正式的课堂学习之前,布置了三项学习任务:(1)自学课文并观看网络学习平台的课文讲解微课(微课时长13分钟,讲解包括课文选取出处、略读和速读技巧、文章大意和文章结构);(2)准备小组讨论单元口语话题"想象力和创造力在科技驱动中国梦中的作用";(3)观看视频资料"新四大发明"(视频时长为4分

15秒)。三项任务看似关联不大,却与单元主题紧密关联,学生可在自学过程中逐渐体会三项任务与课文主题和当前社会现实之间的关联。

2)小组话题讨论(15分钟)

首先是单元主题导入,主要是对小组话题初次准备的检测。请3～4组口语小组(3～5人)展示其小组话题讨论过程,目的在于引导学生发现自身话题讨论的不足之处。因为此次单元话题的主题内涵较大,除个别小组懂得联系之前布置的任务1和任务3进行话题讨论,许多小组在进行小组讨论时会陷入一种空洞无物的"伪讨论"模式,基本讨论模式如下:实现中国梦需要科技支持,而科技发展需要想象力和创造力,因此必须发展想象力和创造力,这样才能发展科技,实现中国梦。在指出同学们的这种思维模式之后,许多同学都赧然一笑,同时也疑惑该如何着手这种主题过于宏大和复杂的话题讨论。此时可以通过设置一系列问题引导学生进行思考。

师:拿到一个话题时,通常我们应该从何处着手呢?

生:找关键词。

师:是的,就是要找到话题的题眼进行思考。那本次话题的题眼是什么呢?

生:创造力和想象力、科技驱动、中国梦。

师:很好。那大家是不是都理解这些关键词的内涵呢?

大部分同学此时都沉默了。毫无疑问,这些关键词实在太过宏大,如果没有提前学习和思考,一时将会难以回答。此时,我提醒同学们注意之前布置的任务1和任务3。在任务1中,本次课文就通过对爱因斯坦这一具体人物的事迹对想象力和创造力进行了具体阐述,而任务3中的视频就是当前我国创新精神下科技发展驱动社会建设所取得的成就的体现。同时也提醒学生"话题讨论"需要大家去发现话题的争论点,并通过有力的论据来进行说明,论证不仅需要逻辑推断,更重要的是丰富的事例。因此在讨论话题时,丰富的生活事例必不可少。对"话题讨论"进行启发性思考后，布置任务让同学们在课后重新进行讨论，下一次课会再一次进行同样的话题讨论活动。

3）课文导入（15分钟）

接着，从单元主题“想象力和创造力”开始导入课文《爱因斯坦是外星人吗？》。分小组围绕“你所了解的爱因斯坦”进行自由口语活动，随后请2～3个同学根据小组讨论内容进行总结陈述。陈述时发现学生所述基本围绕课文进行，主要是对爱因斯坦外貌和其成就的描述，内容不够充实，于是我提出一系列问题，引导学生学会拓展思维，学会自己去寻找问题，探求答案。补充问题如下：

（1）爱因斯坦是哪国人？

（2）爱因斯坦身处的时代有哪些重大事件？

（3）爱因斯坦的发现对人类历史造成了何种深远影响？

（4）你听过哪些有关爱因斯坦的小故事，是否考察过其真实性？

（5）你还想了解爱因斯坦的哪些方面？

请几个同学回答完上述问题后，接着补充观看视频资料“关于爱因斯坦你不知道的十件事”(10 Things You Didn't Know About Albert Einstein)，视频时长3分37秒。同时，提醒同学们注意视频中的哪些描述可以在课文中找到印证，哪些描述最让人印象深刻，随后进入课文教学。

2. 课中（55分钟）

1）课文结构讲解（5分钟）

请同学们联系课前任务的微课视频，用文章标题中的题眼“外星人”这个词来总结文章的四部分内容。总结如下：第一部分，从爱因斯坦的日常生活来看，他不像外星人；第二部分，有些人觉得爱因斯坦是外星人的原因；第三部分，爱因斯坦的外星人特质；第四部分，剖析论证爱因斯坦不是外星人。

2）正文讲解——PBL任务教学（45分钟）

四部分内容明确后，根据学生座位全班分为六组，每一组负责一部分段落，进行问题设计，问题可包括词汇、语法、句法、修辞手法和主题内容等。问题设计时间为10分钟,最后根据段落顺序,每组轮流提问,其他小组进行相应解答,教师适时补充说明。问题解答时间大致为35分钟。每组所负责的段落部分和问题设计大致如表1所示。

表1 段落部分和问题设计

小组号	文章段落	段落大意	文章语言问题	文章内容问题
第1组	第1部分(1~3段)	爱因斯坦的日常生活	◎词语解释 skip a day;third class ◎语句解释 work; family; making ends meet	◎写作手法 文章从爱因斯坦的日常生活导入的原因
第2组	第2部分(4~8段)	爱因斯坦的非凡成就	◎标点问题 1. "spare time"为何要加引号,和后文第7段的3处引号用法有何区别 2. 斜体的使用 ◎词语解释 quantum mechanics; theory of special relativity; $E=mc^2$; outburst & outbreak	◎幽默手法 1. Oh, and by the way, $E=mc^2$. 2. With nothing better to do, he developed his Theory of Universal Gravitation. ◎修辞手法 第4段最后一句暗喻的使用 ◎写作手法 作者以牛顿为例,和爱因斯坦进行比较的原因
第3组	第2部分(9~12段)	爱因斯坦的时代背景	◎难句理解 第10段 ◎词语解释 the photoelectric effect & the photoelectric trick; close in on	◎写作手法 1. 引文的使用 2. 作者本部分结尾以马克思·普朗克为例,和爱因斯坦进行比较的原因 ◎关键句理解 1. He was a man of his time. 2. 第11段关于光电效应描述的理解
第4组	第3部分(13~17段)	爱因斯坦的科学品质	◎词语解释 authority figure; not give a fig for; spat; accordingly ◎难句理解 第15段第2句	◎写作手法 爱因斯坦的成功因素有哪些,作者进行论证的方式 ◎修辞手法 反语character flaw的理解

续　表

小组号	文章段落	段落大意	文章语言问题	文章内容问题
第5组	第3部分（18～21段）	爱因斯坦的童年习惯	◎词语解释 note；credit to ◎难句理解 第20段的第2句 第21段的第3句	◎写作手法 第18段将硅谷公司与爱因斯坦家庭的公司进行对比的原因 ◎关键句理解 I am only passionately curious.
第6组	第4部分（22～23段）	对爱因斯坦的大脑解剖	◎词语解释 unified field theory；if anything ◎难句理解 第22段第1句	◎写作手法 作者将爱因斯坦的有限脑力和大脑解剖结构进行并置描写的原因

3）课后任务布置（5分钟）

根据课文主题和单元主题布置课后任务，一周后进行检查。主要有两项任务：任务一，口语任务，重新准备小组口语话题“想象力和创造力在科技驱动中国梦中的作用”，提醒同学们从题眼入手，探寻关键词内涵，设计问题，并学习本单元的课文论证手法，学会运用举例和引用来进行阐释。任务二，写作任务，在批改网完成，阅读两篇网络文章，并根据相关内容写作，一篇为“‘Four New Inventions’ We Should Be Proud of”①，另一篇为“Who Really Came Up with China’s ‘Four New Inventions’?”②。写作目的在于通过阅读从两种不同角度探讨关于中国“新四大发明”（高铁、支付宝、共享单车、网购）的新闻报道，能正确认识当前我国所处的社会发展阶段和现阶段所取得的建设成就，探讨中国人创新精神的传承，以及网络科技时代下创新对实现中国梦的重大推动作用。通过写作加强认识社会主义核心价值观中的“爱国、富强、文明”等内容。

① 原载于2017年8月22日的《中国日报》，文章字数为602字，参考网址：http://www.chinadaily.com.cn/opinion/2017-08/22/content_30940285.htm。

② 原载于2018年4月3日的BBC，文章字数为942字，参考网址：https://www.bbc.com/news/world-asia-china-43406560。

3. 课后(25分钟)

1)小组话题二次讨论(15分钟)

经过一星期的准备,再次回到课堂上进行小组口语话题活动的同学们,显然多了几分自信和底气。话题讨论较第一次而言进步不小,主要体现在以下两个方面:(1)小组成员分工明确,讨论更富逻辑性,能针对题眼提出各种小问题并进行解答;(2)话题讨论言之有物,论证翔实,能结合之前所看的视频资料和阅读资料进行论证说明,能对中国梦的内涵进行细致阐释,能对当前的网络时代技术进行实例说明,能对创新精神进行具体说明。

2)作文评析(10分钟)

选取优秀作文进行讲解说明。讲解主要包括以下几点:(1)语言层面,关于词汇、句法等问题,批改网基本都会为同学们指出。(2)行文逻辑,本次写作要求提前阅读两篇文章,因而需要发掘文章中的不同观点,并进行分析评论,并不能只是简单地论述"新四大发明"是科技促进中国梦实现的现实体现。(3)写作手法,由于文章涉及观点论证,因此可结合本单元所学习的话语引用和事例说明来进行观点论证;同时为了丰富文章的表现手法,也可以采用一些修辞手法。最后提醒同学们,好的文章不只是没有语法错误,而是应当言之有物,能传达自己的观点看法,条理明晰,富有逻辑,论证翔实,观点明确。也希望同学们在学习英语的同时,能通过英语去关注当下的社会发展,关注世界各国之间的交流;能透过不同视角还原事物的原始面貌,能在多层面的讨论中进行思考,"博学之,审问之,慎思之,明辨之,笃行之"[①]。

四、教学案例反思

本单元的教学设计主要采用了以翻转课堂为主的混合式教学模式,

---

① 曾参、子思著,郑艳玲译注:《大学·中庸》,黄山书社2005年版,第100页。

从语言输入和语言输出两个层面，都采用PBL教学模式，注重学生语言学习中思辨能力的培养，引导学生关注时代风貌和社会发展。语言输入层面表现在课前任务设计和课堂的课文讲解上。课前任务中的课文自学、教师微课辅助讲解、小组话题讨论和视频资料观看，都是对学生进行大量的语言输入；课堂上的学生分组进行系列问答活动，能让学生在学习课文时学会发现问题、分析问题和解决问题。语言输出层面表现在课后任务的设计上，主要是小组口语讨论和个人写作。口语话题分两次进行，第一次讨论使学生呈现自己原有的语言组织习惯，暴露其语言问题和逻辑思维问题；二次讨论的目的是让学生在第一次讨论的基础上进行反思，意识到自己语言运用能力的不足，进而学会主动思考，学会言之有物。个人写作是在教师所提供的辅助阅读资料上进行，目的在于通过单元学习学会从遣词造句、行文逻辑和写作手法这三个方面加强英语写作，将“爱国、富强、文明”的社会主义核心价值观真正融入富有时代风貌、贴合社会现实的英语写作中。

当然，本次课程设计依然有不少缺点和问题。首先，课程设计对学生的自主学习能力要求较高，由于教学主要采取翻转课堂的教学模式，需要学生在课外投入较大的精力来自学课文、组织话题讨论，并有效运用辅助学习材料。其次，课程设计所采用的PBL教学需要进行前期的相关训练，教师需通过多次示范引导学生学会寻找问题和设计问题，否则初次尝试此种教学方式会难以顺利进行。最后，课程设计对于思辨能力培养活动的设计还不够多样化，较多的是侧重于“思”的活动设计，对于“辩”的活动设计还有待进一步研究、开发。

中国梦
——我的故事我的梦

高春梅[①]

一、引言

本次案例选自2018—2019学年第一学期的课程“大学英语”，所用教材是《全新版大学英语综合教程(2)》，以第五单元为例。本单元的两篇文章是《你做梦吗》(Are You a Dreamer?)和《变成现实的梦》(Dreams That Come True)，介绍了梦和睡眠的基本知识。我在准备课堂任务时将“dream”的概念扩展开来，带领学生理解科学层面上梦的机理和解析，引导同学们从“中国梦”这一层面展开准备和讨论，发表自己的观点，以达到提升语言表达能力及强化对中国梦的理解的目的。本单元最后以小组口语汇报的形式展开，汇报主题是“中国梦——我的故事我的梦”。通过课前搜集资料、理解消化、小组成员翻译讨论，以及课上讨论和汇报，学生们对“中国梦”这一概念有了更加清晰的理解；同时也为自己在大学阶段设定了更明确的目标，并立志通过努力实现每一个小小的梦想，最终为伟大的中国梦尽一份力量。

二、教学目标的设定

“大学英语”是为我校非英语专业的本科一年级学生所开设的一门基础必修课，是以英语语言知识与应用技能、学习策略和跨文化交际为主要

---

① 高春梅，女，硕士，讲师，研究方向：第二语言教学法。

内容,以外语教学理论为指导,并集多种教学方法和教学手段为一体的教学体系。通过学习使学生在英语听、说、读、写、译方面的能力有进一步提高,并使学生能以简单的日常英语为交流工具,为大学英语的后续学习打下扎实的英语语言基础。参加此次“中国梦”主题活动的学生为财务与会计专业2018级2班。全班共39人参与,其中女生34人,男生5人。全班2018年秋季入学时平均成绩在130分以上(满分150分),与同年级学生相比,班级整体英语水平高,学习主动性强。基于学生的具体情况及最新的《大学英语教学指南》对大学英语教学设定的“基础”“提高”“发展”目标,本次教学任务应该设定为“提高”这一层次。《大学英语教学指南》对大学英语教学的提高目标从听、说、读、写、译五项技能做出了具体的指导。其中在口语表达方面,《大学英语教学指南》提出:“能用英语就一般性话题进行比较流利的会话,能较好地表达个人意见、情感、观点等,能陈述事实、理由和描述事件或物品等,能就熟悉的观点、概念、理论等进行阐述、解释、比较、总结等。语言组织结构清晰,语音、语调基本正确。能较好地运用口头表达与交流技巧。”

结合课程的性质,我设定了以下教学目标:

(1) 培养学生“能较好地运用快速阅读技巧阅读篇幅较长、难度中等的材料,能较好地运用常用的阅读策略”,理解后能“能较好地表达个人意见、情感、观点”。

(2) 在基本的语言技能培养的同时,采用任务教学法和项目教学法,引导学生搜索与“中国梦”主题相关的资料,理解、整理并发表自己的观点,讲出自己的故事。过程中,要启发学生思考找到具体故事以支持自己对中国梦的理解,小组内部如何分工合作完成汇报,汇报中如何做到思路清晰、观点明确、故事感染人。

汇报过程中,学生们对中国梦的由来、含义有了更加深入的理解,通过讲述自己、亲人及家乡的故事来加深对中国梦的理解。我期望通过本单元的主题活动操练英语的各项技能,并强化学生们的民族自信心和自豪感;也期望通过本单元的主题活动的开展,塑造大学生正确的人生观和价值观,把他们培养成新一代积极向上、正能量满满、热爱祖国的大学生。

三、教学案例描述(总课时90分钟)

1. 任务准备

本单元课程第一次课上,我将计划好的“中国梦”主题活动及任务告知学生。具体如表1所示。

表1 “中国梦”主题活动及任务

1	课外以小组为单位,思考并讨论对“中国梦”的理解
2	课外以小组为单位,搜索“中国梦”的相关资料
3	课外以小组为单位,整理资料并确定汇报的具体形式、内容及分工
4	课外以小组为单位,完成汇报的PPT制作
5	课上以小组为单位,完成“中国梦”主题汇报
6	教师发放问卷,了解学生完成这一任务过程中的收获

其中第4点要求学生在准备过程中确定好内容和形式,之后和教师讨论确定汇报的最终形式及语言的质量。

为了促进学生对本次任务的重视,我将本次课堂汇报的表现作为本学期HELLO计划优秀英语小组评定的标准之一,以此激励学生课后能认真完成任务。对于课堂汇报的评分,我根据口语评分的特点从汇报内容、语音语调、PPT质量及汇报技巧四个方面进行。最后,由全班同学投票选出最优秀的一组。

2. 任务进行

“中国梦”主题汇报任务提前两周通知。主题汇报活动安排在学期最后一周,耗时两节课90分钟。全班九个小组依次上台汇报展示。

1)学生导入(5分钟)

课前班长推荐两个同学主持本次汇报活动,并完成活动开场导入。

2)汇报展示(每组5—10分钟)

九个小组所有成员登台完成汇报。小组汇报的主要信息如表2所示。

表2 小组汇报的主要信息

序号	小组名	汇报形式	汇报主要内容
1	The President Day Group	角色扮演	1)中国梦的定义 2)我们的梦想
2	Devilkin Group	访谈	1)中国梦的定义 2)从不同职业角度讲述关于中国梦的故事 a. 医生 b. 律师 c. 教师
3	Five Elements Group	演讲	1)中国梦的定义 2)我父亲的中国梦 3)中华民族的梦想
4	With-a-Pineapple Group	演讲	1)中国梦的定义 2)实现中国梦的途径
5	Peach Garden Swarm Sisters Group	演讲	1)中国梦的定义 2)Chinese Dream和China Dream的区别 3)我的家乡与中国梦
6	Six Group	演讲	1)中国梦的定义 2)我们的梦想
7	Dream Group	演讲	1)中国梦的定义 2)家乡梦(青田) 3)个人梦(姚明) 4)青年梦
8	Five Golden Flowers Group	访谈	1)中国梦的定义 2)从经济发展、政治建设、文化发展、生态保护、社会发展角度讲述中国梦 a. 经济发展(家乡嵊州的故事) b. 政治建设(山西省反腐运动) c. 文化建设(回浦高中篮球队故事) d. 生态建设(运城的生态建设故事) e. 社会建设(杭州市文明故事)
9	Micky House Group	“新闻联播”访谈	1)中国梦的定义 2)大学生对中国梦的看法 3)中国梦的实现形式

这里以第3组为例具体介绍汇报的整体情况。

第3组英文名为Five Elements Group，由4个女生组成。4个女生将汇报分成3个部分。

(1) 什么是中国梦？

她们介绍了“中国梦”这一概念于2012年提出。强调中国梦既是中华民族的伟大复兴，也是每个中国人梦想的实现。个人梦想的实现离不开整个中华民族的复兴。

(2) 父亲的梦与中国梦。

接着黄同学讲述了自己父亲从20世纪70年代一直到现在这几十年里不断奋斗、努力工作、认真学习，从一个乡村农民通过高考成为人民教师的故事。她认为父亲的经历正是普通中国老百姓在中华民族复兴的道路上通过努力实现个人价值，给家人带来幸福生活的典型范例。没有祖国对教育的重视和投入，自己父亲也没有机会成为人民教师，教书育人。

(3) 中国嫦娥四号成功登陆月球远端与中国梦。

小组汇报的第三部分是王同学看到2018年中国嫦娥四号登陆月球远端的新闻后做的调查研究。除了翻看中文对这一事件的报道外，王同学发挥英文优势，搜索了国外主要媒体对嫦娥四号登陆月球远端的报道。她总结出中外媒体用得最多的三个形容词是：first、successfully、historical。从这三个词语可以看出全世界对我国在航天技术方面的突破给予了极高的肯定和赞叹。王同学认为这正是国家层面上中国梦的一个鲜活的例证。

第3组的汇报围绕“中国梦”这一概念，讲述了自己亲人的故事，也探讨了嫦娥登月，逻辑性强、内容充实、语言流畅地道。除此之外，其他各组的表现也是可圈可点，充分展示了同学们对中国梦的理解。

3）问卷时间（15分钟）

小组汇报结束后，我通过问卷星发放问卷，收集学生听完汇报后对中国梦的理解、本次主题活动的收获，并选出表现最优秀的小组。全班39名同学全部参与问卷统计。

3. 任务总结(课后)

问卷收集完毕后,我整理学生的问卷,分析问卷结果。

四、教学案例反思

本学期"中国梦——我的故事我的梦"主题活动的完成可谓收获颇丰。一项任务完成了多项教学目标。

1. 语言技能方面

《大学英语教学指南》中要求的大学英语课堂上学生应该得到听、说、读、写、译这五个技能的训练和提升。本次任务从显性教学的角度看,可以帮助同学们在听、说、读、写、译五个方面都得到锻炼。

首先,学生们通过各种手段(网络、中外报刊及书籍等)搜集到的中国梦信息都是地道的英文阅读材料。在整理资料和准备PPT的过程中,读、写、译技能都得到锻炼。在汇报阶段,每个学生参与讲故事并表达自己的观点,这一过程中学生的口语表达能力也得到锻炼。台下的学生们在认真聆听其他同学汇报的过程中又获得了大量"听"的输入,是很好的听力练习。

其次,从学生的反馈中可以看出,绝大多数学生认可并喜爱这种思政教育与英语主题汇报相结合的语言学习形式,如表3所示。

表3 学生的反馈

内容丰富,形式多样,收获颇多。	首先锻炼了口语,其次就是对现代社会的热点以及中国梦有了更好的了解。
很有意义,让我理解了中国梦的不同含义,也看到了同学不同的一面,对我启发很大!	在活跃的气氛下学习英语知识,领悟中国梦!锻炼了口语能力。
因为本次话题会牵涉诸多与"中国梦"相关的专业名词,对我们英语能力有更高的要求,希望此类活动能够开展更多。	希望以后的活动我们能更熟练、更流畅。

续 表

非常棒。让大家在准备、表演的过程中自然而然地轻松地学习了英语知识，加深了对中国梦的理解。	锻炼了听力，收获了欢乐和自豪。

今后的大学英语课堂可以多采用这种任务型教学模式，将思政教育融入大学英语的教学活动中，以取得更好的效果。

最后，学生使用英文汇报演讲的能力得到了锻炼。同时，团队分工合作的能力也有所提升。整个主题汇报活动持续两周。过程中学生相互讨论合作，学生和教师反复商讨最终定下方案。这些都是很好的沟通合作技能的锻炼。英文汇报阶段，学生们采用多种形式展现小组的成果，其中包括访谈、新闻联播、小组表演、演讲等，锻炼了学生运用语言的能力。

2. 思政教育方面

在"中国梦——我的故事我的梦"主题汇报活动中，每个小组都对"中国梦"的定义做了详细的解释。最关键的是每个小组从自身出发讲出自己的中国梦故事、亲人的中国梦故事及家乡的中国梦故事。任务完成后学生们在问卷中总结了自己对中国梦的理解。以下截取了部分同学的代表性观点，如表4所示。

表4 部分同学的代表性观点

国家更加强大，人民生活更加幸福，实现中华民族伟大复兴。	
我的梦。	它不仅仅是中国的梦，更是世界的梦。
热爱学习，认真生活。	将国家建设得更好、更强。
中国梦是一个伟大的梦想，寄托了中国人对实现社会主义现代化和中华民族伟大复兴的殷切期盼，它也涵盖了每个中国人的个人梦想，即对美好生活的追求和向往。总而言之，中国梦的意义非凡。	当每个人的小梦想都能一一实现，那么中国梦也就能实现。人民感到幸福，国家才能富强。

续 表

全民性的梦想,一个个有温度的个人梦组成了中国梦。	我们对自己的未来的、理想的计划都应该加入中国梦的建设。
我的理解是中国将在各领域实现自我的进步与突破。	中国梦是中华民族的伟大梦想。我们应该坚持党的领导,为国家贡献自己的绵薄之力。

可见,学生对"中国梦"的理解既深入又接地气,既有较高的政治觉悟,又将"中国梦"与自己的生活相结合。

五、总结

本次"中国梦——我的故事我的梦"活动非常成功。从任务布置到准备,再到最后的汇报,每个小组的同学都认真准备,按时完成任务。这一过程中以下几点令人惊喜。

(1) 每组同学对中国梦的理解都很到位。不光有定义,更有分层次的解释和例证。比如,第1组从经济建设、科技建设和社会发展三个角度解释中国梦;第5组从national、personal、historical、global、antithetical五个层面阐述。不光有理论,更有温暖立志的小故事和大故事。例如,第3组同学讲述了自己父亲的励志经历,第8组同学用自己的家乡、自己高中的故事讲述中国梦。

(2) 同学们在搜索"中国梦"的相关资料时非常细致。例如,第5组同学就搜索到英文中国梦有Chinese Dream和China Dream两种说法,但大家普遍采用Chinese Dream。可见学生们准备材料时极为认真,同时这也帮助他们从文化角度了解了语言的区别。

(3) 在实际的任务型活动中,学生们的英文水平得到充分发挥,让人极为惊艳。汇报中每个同学都脱稿完成。汇报内容不乏政治、科技、文化方面的专业词汇,难度远远超出大学英语六级的标准,但同学们仍然可以娴熟自如地运用,发音标准,表述流畅。可见今后教学中可以不时地给学生们提供一些具有挑战性的任务。

关于“中国梦——我的故事我的梦”活动过程中存在的问题，学生们有以下想法。

（1）内容还可以再丰富一些，形式可以更多样、更活泼一些。小组展现方面，可以鼓励学生尝试更活泼、更吸睛的方式。

（2）希望以后的活动能更熟练、更流畅。

（3）可以重视一下PPT的制作，尽量避免长篇大论，控制好汇报时间。

（4）同学们的展示形式多样，但大家汇报的时间有很大差异，有的组内容太多，有的组不够丰富。

总而言之，问卷调查结果显示，本学期的“中国梦——我的故事我的梦”主题汇报活动非常成功。同学们保持了积极的态度，认真完成了一系列任务，既提高了英语的听、说、读、写、译技能，又在讨论过程中加强了对“中国梦”概念的理解，更激发了自身的责任感。如今大学生的一项重要使命是：使国家更加强大，人民生活更加幸福，最后实现中华民族的伟大复兴。

当然任务设计、执行及总结过程中还存在各种不成熟的地方，除了同学们在前面提到的几点，我认为在以后的教学过程中还应该注意以下几点。

（1）本学期所上班级整体英语水平较高，学生完成英文汇报任务方面游刃有余，那么整体英文水平没有本班高的班级应该如何操作？

（2）学生汇报的英文语言质量需要得到进一步指导和把关。

（3）除了中国梦，还有哪些思政主题可以与大学英语课堂有机结合？

今后的教学中，我将会听取学生的意见建议，结合自己的教学反思，更加细致、合理地将思政教育融入大学英语课堂中。

智能汽车
——我们的强国梦

李 雪①

“富强、民主、文明、和谐”是我国社会主义现代化国家的建设目标，也是从价值目标面对社会主义核心价值观基本理念的凝练，在社会主义核心价值观中居于最高层次，对其他层次的价值理念具有统领作用。习近平总书记在全国高校思想政治工作会议上强调，要用好课堂教学这个主渠道，各类课程都要与思想政治理论课同向同行，形成协同效应。

新时代国与国之间的竞争，主要体现在以科技为基础的国家经济发展的竞争。富强即国富民强，是社会主义现代化国家经济建设的应然状态，是中华民族梦寐以求的美好夙愿，也是国家繁荣昌盛、人民幸福安康的物质基础。《全新版大学英语综合教程(4)》第二单元，以“智能汽车”(Smart Car)为主题，指出随着信息产业的发展，人工智能技术日臻成熟并得以广泛运用，人类的出行方式发生了巨大改变，传统汽车制造业正经历着一系列改变。课文主题与我们的核心价值观不谋而合。

一、课堂主题的思政意义

选择“智能汽车”这个主题，我主要基于以下几点原因。首先，汽车已经基本成为家家户户必备的交通工具，学车在“95后”大学生中成为一种

① 李雪，女，硕士，讲师，研究方向：口笔译理论与实践。

潮流。在我授课的一个2017级班级中,约有一半学生在假期里学过车,大约有1/5的学生已经取得驾照。所以汽车的话题对学生来说并不陌生。

其次,传统汽车在驾驶过程中有许多技术上的不足,换言之,有很大的进步空间。比如根据课文内容我们知道,美国每年有大约4万人死于交通事故,这些死亡人数中至少有半数以上是酒后开车导致的,剩下的大多因为疲劳驾驶。智能汽车在酒驾和疲劳驾驶的预警中可以发挥巨大的作用,具体的措施课文里有详细、生动的描述。这部分知识新颖、实用,对学生很有吸引力。这次授课的班级中有新闻、国际会计专业这样偏文科的班级,也有电子、信息这样偏理工科的。从学生后来的PPT作业中可以看出,理科生做起这个主题来更容易和专业相结合,他们的作业完成得非常好。

再次,本单元的说明文并不是我擅长的,但是,我想挑战一下自己。另外,从传统观念来看,女生在语言上较男生有优势,她们更擅长把自己的思想诉诸语言。但是,面对汽车这样一个对男生更有吸引力的话题,男生能不能发挥出自己的优势?这也是我很想弄清楚的一个问题。这点从开学初每个小组“认领”课文这件事上已经初露端倪了。选择这个单元的男生组居多,当然也有女生组来挑战。他们的作业完成得很棒,可见完成这样的作业仅靠语言优势还不够,还需要学生课外阅读文献、搜集信息、筛选材料,经过理性思考之后形成自己的观点。这些需要语言,但超越语言,是一种深度学习。

当然更重要的是,每个青年学子的心里都怀揣着一个强国梦。这样的强国梦有些还在萌芽之中,需要借助一点“外力”,才能让这些小小梦想起飞。

二、课程思政的构思

根据百度百科的解释,智能车辆是一个集环境感知、规划决策、多等级辅助驾驶等功能于一体的综合系统,它集中运用了计算机、现代传感、信息融合、通信、人工智能及自动控制等技术,是典型的高新技术综合体。

目前对智能车辆的研究主要致力于提高汽车的安全性、舒适性，以及提供优良的人车交互界面。智能汽车是汽车制造行业发展的趋势，体现了最新技术发展的方向，在安全性、舒适性等方面有无可比拟的优势。

国内智能汽车发展现状与国家的富强息息相关，国家富强是促进社会进步、人的自由全面发展的物质基础和保障。正是国家的富强促进了国内智能汽车的高速发展，这是我们国家从"站起来"到"富起来"再到"强起来"的真实写照。一个学生在课堂反馈里这样写道：

> 近年来，智能汽车已经成为世界车辆工程领域研究的热点和汽车工业增长的新动力，很多发达国家都将其纳入各自重点发展的智能交通系统当中，像宝马、谷歌等大型公司早已宣布要大力投资这个产业……我们也一定要花时间、精力去开发，因为如果我们可以先在这个全新的行业上发展起来，那我们就会很自豪。

学生已经感觉到了这种紧迫性，并自觉地把它作为"富强"的一部分来认识。

莘莘学子，怀揣报国之心、强国之梦，这种朴素又真挚的感情十分可贵！借助课文，教师如果能顺势引导，课堂教学将是很好的教育机会。难点在于，如何把这个教学目标落到实处，给学生以教益。传统的课堂基本上是教师讲学生听，间或提问互动。这样的课堂很大程度上依赖于教师，学生处于被动接受的位置。学生对课堂内容没有期待，对预习也是应付了事，课后基本不会去回顾和反思。最近几年提出的"翻转课堂"的概念，更强调学生在教学中的主动地位。受到这种教学思路的启发，我设想：如果让学生更多地参与课堂教学，化被动为主动，这样的课堂教学会不会更丰富，气氛会不会更热烈？

三、课堂实践

有了这样的想法之后，我决定把“智能汽车”作为课程思政的主题。“智能汽车”这个单元的内容很新，紧扣时代脉搏，以无人驾驶汽车为代表的智能汽车代表了汽车工业未来的发展方向，国外公司如Waymo（慧摩）、Uber（优步）的无人车商用服务已经应运而生。我们国家的无人车也在高速发展，例如百度的Apollo（阿波罗）自动驾驶平台、自动驾驶时速350千米的复兴号、美团的无人送餐车等。

如何把这种课堂设想落实成课堂实践呢？我想或许可以改变一下作业的方式。通常的预习作业是请学生预习课文，熟记单词，理解段落大意。这个单元的预习作业我请学生根据课文内容和能搜集到的课外信息，以“智能汽车”为主题，以口语小组为单位，借助PPT的形式，做5—10分钟的陈述。这项作业比一般的预习更看得见、摸得着，因为有课堂的展示环节。这对学生的要求更高，而学生受到的激励会更大，因为毕竟是要在老师和全班同学面前展示的。我把作业布置给学生，特别提醒他们，要结合国内和国外智能汽车发展的状况，谈谈我国发展智能汽车的原因，引导学生把思路转向技术本身的先进性和对我国实现“强起来”的巨大作用。

1. 布置任务

10月15日星期一上午，我的授课班级是电子专业2017级2班，下午是信息专业2017级1班，这两个班是理工科班级，他们对这项作业颇感兴趣，都跃跃欲试。10月17日星期三上午是国际会计专业2017级1班，下午是新闻专业2017级1班，这两个班偏文科，他们好像对这项作业本身并不十分“感冒”，但是出于一贯良好的学习态度，还是欣然接受了任务。

2. 制作幻灯片

根据后来收回的课堂反馈我才知道，制作PPT的过程可不简单。一个学生在反馈中写道：

> 在与小组一同制作英语单元文章的陈述时，最实际的体验就是团队协作所带来的感觉。与课前自己预习不同，在制作这样的PPT的过程中，我需要去了解的比我个人预习的要多得多，而且有许多是来自课外的。而且小组三人在分工中，也存在交流，从而产生思想上的碰撞，更加完善自己对课文的理解，达到了“1+1>2”的效果。除此之外，在协调团队工作的过程中，成员间总会有或大或小的摩擦，如何去正确处理对待，也是我在整个过程中学到的。

“需要去了解的比以往预习的多得多”，这正是当初布置这项任务的“初衷”。在准备过程中，组员之间的交流产生“思想上的碰撞”，这种“火花”太珍贵了！有碰撞也有摩擦，意见难免产生分歧，这有助于让同学们学习如何协调团队，处理矛盾和分歧。

另一个同学在反馈中分享道：

> 这次课的PPT有我们小组制作的部分，看到谷歌的无人汽车是十足的羡慕，我们什么时候也能做出这样的东西呢？国家富强之后我们要怎么样才能发展科技呢？本身是学硬件的我们应该有更多的想法吧。无人汽车或者无人机，或者其他的东西，从一开始的羡慕到后来的想要实现它，这个过程对我来说就是非常美好的。当下，在环境能够给予我的前提下，非常期望能够实现这些……

作为一名学电子的学生，能够有“从一开始的羡慕到后来的想要实现它”,还跟国家富强联系起来,这样的意识转变让人很高兴,也从另一方面反映出课程思政的目标实现了。

3. 课堂展示

上课当天,作为教师我也有点紧张:学生的成果怎么样,他们能把自己制作的东西较好地呈现在同学面前吗?我在布置任务前给学生简单地介绍过制作PPT的一些要点,比如“555”原则,即:一个文件不超过5页(复杂主题可以放宽),每页不超过5行字,每行不超过5个字;最好能图文并茂,如果有合适的视频也可以加入;以观众接受为目标,多跟观众眼神交流,还可以提问……事实证明,大多数小组做得还不错。

几堂课听下来,有以下几点发现。首先,学生陈述的内容让我惊喜。比如国际会计专业的一个小组为课本里的文章做了一张思维导图,把整篇文章提纲挈领地剖析出来,再用精炼准确的词语概括出来,帮助观众加深理解。这一步本来是教师授课的目标,没想到学生出色地完成了。

其次,学生通过对信息的搜集和整合,对“智能汽车”形成了比较成熟的看法。一个电子专业的小组是这样分析中西方在该技术上的不同的:

> 欧洲派倾向于人工智能辅助,比如主动安全技术,像盲点监测、泊车辅助、车道偏离警告、自动刹车等。毕竟,他们的优势就在机械,任何自我颠覆式的创新都是不可想象的。这就给了美国派窥视的机会。对于谷歌、苹果、优步、特斯拉这样的巨头来说,只有完全的技术颠覆,才能重构整个行业的利润分配。于是对于他们来说,将互联网技术植入汽车的大脑,发展出无人驾驶的智能车才是使命所在。我国相关部门在研判后认为,智能车的竞争核心在于车联网通信标准。

这样的对比分析很有说服力,也具有一定的科研价值。

最后,我发现学生制作PPT的水平比较高。大部分小组向大家展示了未来汽车的样貌,PPT模板也呈现后现代主义风格,这对观众来说是一次视听盛宴。有些小组还加入了短视频，增长见识的同时还锻炼了听力。

问题和不足也十分明显。比如，“智能汽车”的主题有一定的专业性，学生把这部分内容制作成PPT的时候，没有充分考虑观众的认知和接受水平，全英文的陈述更增加了难度，有些学生听得不是很明白。后来我提醒学生，在这部分内容中，可以适当标注对应的中文。但也有小组完成得不错。一个信息专业的女生小组上来就向观众抛出一个问题：谁发明了汽车？答案是卡尔·本茨。紧接着第二个问题：第一辆汽车和现如今的汽车有什么区别？对了，第一辆汽车是三轮的……这样的开场成功抓住了观众的注意力，台上台下配合默契。这让我觉得，把讲台留给他们是正确的选择。

四、课堂总结和反馈

如果说学生通过努力为大家贡献了一顿丰盛的大餐的话，那教师的点评就是饭后那道甜点，蛋糕上的那层糖霜。所以学生在上面讲，我在台下也不敢懈怠，时而做笔记，时而用手机拍摄下他们在台上的表现。等他们讲完，我分别针对他们陈述的优点和不足进行点评，为他们这次作业打上一个分数。打分的时候我还会征求台下观众的意见，他们的看法有时让人眼前一亮。

课堂教学结束了，我又给学生布置了一个额外作业：写写这堂课的课堂反馈，从陈述内容、同学（或者自己/组员）表现等方面来写。由此，我获得了学生的课堂反馈。从这些反馈中可以看出，学生对这样的课堂形式是肯定的。更让我欣慰的是，好几个学生都在课堂反馈中表达了“天下兴亡，匹夫有责”的决心，更意识到了学习的必要性和紧迫性。

我们都是追梦人：中国梦，我的梦

李先玉[①]

一、引言

本次教学案例选取的是《新编大学英语综合教程3》第五单元，该单元的主题是“梦（想）”（dream）。课内阅读为《你做梦吗》（Are You A Dreamer?），课外阅读是《变成现实的梦》（Dreams That Came True），两篇课文都是从梦的第一层含义——人们睡觉的时候做的梦——来阐述的。课内阅读讲述了做梦与睡眠的关系，梦产生的原因及对梦的阐释等内容。课外阅读主要讲述了两个梦的实例，梦中出现的场景在几天以后变成了现实。在备课的时候，我发现如果仅仅就梦的第一层含义去学习这个单元似乎还欠缺点什么。如今很多大学生对于自己的前途和将来比较迷茫，没有规划，容易沉迷于游戏或盲目的爱情中。思来想去，我觉得怎样去引导学生，尤其是大一新生，去做一个有梦想的人，勇于去追梦，应该是本单元的教学目标之一。于是我决定对第五单元采取项目教学法，让学生对中国梦的提出背景、具体含义及与我们每个人尤其是当代大学生自身的密切关系进行调研、学习、思考，然后在课堂上进行展示。该教学案例的教学对象为2018级大一新生，学生分别来自统计专业、新闻传播专业、电子专业和工程管理专业，教学时段是2018—2019学年第一学期。

---

① 李先玉，女，硕士，讲师，研究方向：翻译理论与实践。

二、教学目标的设定

经过大半个学期的调整与适应,2018级新生对于我们学校的英语寝室教学模式已基本熟悉,但课下还是会经常听到,有些同学进入大学以后,学习目标不明确,浑浑噩噩、虚度光阴,这就进一步加强了我应该给予他们关于人生目标及其价值观更多引导的想法。于是进一步确定了该单元的教学目标:在完成课本基础内容词汇和语法及课文结构的讲解后,在培养语言技能的同时,引导学生树立正确的人生观,明确中国梦事关我们每一个中国人,我们国家的繁荣富强离不开每一个人的努力,尤其青年人要具有强烈的使命感,从而塑造正确的人生观和价值观,做一个努力奔跑的追梦人。

在完成第三单元教学后,学生对成功与失败有了新的认识。我告知学生第五单元的作业——“Chinese Dream, My Dream”项目。布置该作业的时候,我告诉学生:该项目小组人员可以自由组合,也可以以原来的英语寝室小组成员组合,人数不限,形式不限,如海报、短片、PPT、推送、演讲、诗朗诵等都可以,但必须用英语表达。学生可以就这一主题随意发挥。然后每周我会提醒一下大家,尽早准备好这一项目,以便在口语考试结束后进行展演。

在此期间,我让学生学习了习总书记在改革开放40周年的讲话及2019年新年讲话内容。

三、教学案例展示及分析

1. 课堂展示情景再现

首先以工程管理专业2018级1班为例,该班总共31人,上课时间为周一(1～2节)和周三(6～7节)。

作业虽然在一个多月以前就布置了,中途也提醒过,展演要在第18周的第一次课上进行,但在1月5日(周六)口语考试结束后的第二天,也就是项目成果展示前一天晚上还有同学在微信上问我关于该作业的各种问题。说实话，当时我对学生第二天的展示没有抱太高的期望。1月7日(周一)早上，来到教室时同学们都早早坐等了。

当我跟往常一样问大家“Which group would like to present first?”时，大家也跟往常一样争先恐后地冲上讲台。关于这一点，在此先说明一下，我一直鼓励他们主动抓住任何一个锻炼机会。因为我觉得无论以后做任何工作，积极主动都是最重要的，所以“自愿发言”是常规模式，我很少点名让大家上台或回答问题，除非特殊情况。

该班大部分同学采取了PPT展示的形式，其中有一个男生组和一个女生组采用了诗歌朗诵的形式，有一个小组做了一个小短片。让人特别惊喜的是，他们大部分对中国梦的理解和阐释都非常具体、生动，并将之与自己的专业结合起来。作为当代大学生，作为未来的工程人，对于实现祖国的繁荣昌盛、文明富强，具体应该怎么做，他们有了深刻的理解。部分展示如表1、表2所示。

表1　部分同学的中国梦

1	Become an excellent engineer and contribute to our motherland.
2	Be an excellent designer and plan the blueprint of our motherland.
3	Do what I should do and be the person I want to be.
4	Make every effort to promote poverty alleviation in some remote areas of China as soon as possible.
5	To realize the great rejuvenation of the Chinese nation is inseparable from architecture. My dream is to be an engineer, design and build more excellent projects. Contribute to the development of the motherland within the scope of my ability.
6	My immediate goal: Study hard to attain good marks.
	My medium-term goal: Go beyond myself; seek the realm of selflessness.
	My ultimate dream: To strive for building our country into a prosperous, strong, democratic, civilized and harmonious socialist modern country.

表2 部分同学对中国梦的理解

1	College students are the future of the motherland and the hope of the nation. They are a group full of vitality and creativity in the society, and shoulder the historical mission of realizing the great rejuvenation of the Chinese nation.
2	The continuous development of the country has created a happier and better living conditions for us. The development of the country is not only reflected in international exchanges, but also in the lives of our people. The Chinese Dream is my dream. Only when we make joint efforts and contribute our share, can it be more conducive to the realization of the Chinese Dream.
3	Unlike the celebrated American dream, it refers to a stronger and more prosperous China and the accomplishment of the well-being for the Chinese people. As far as I am concerned, the pursuit for Chinese Dream combines both our nation's vision for the future and individual's dream.

其次，以新闻传播2018级1班和电子专业2018级4班合班授课为例，该班共75人，上课时间为周一(3～4节)、周三(3～4节)。

检查完工程2018级1班同学们的展示特别受鼓舞，于是就向大学英语课堂中融入思政教育课题组负责人贾爱武教授做了汇报。贾教授马上放下手头繁忙工作，赶来一起验收了三四节同学们的项目成果。这两个班的同学们表现得也非常出色，有PPT展示、推送、快闪、电子海报、诗朗诵等各种形式。同学们对此项作业的精心准备和在展示过程中表现出的极大热情感染了在场的每一个人，每个上场同学都特别投入，台下每个同学都听得特别入神。唯一的遗憾就是汇报展示时间太短，有些同学尽管多次举手还是没能抢到上台的机会。

下课前贾教授对同学们的精彩表现做了详细点评，进一步指出了学习语言的目的，并对同学的表现给出了极大的肯定。同学们受到了很大的鼓舞。

最后，以统计专业2018级2班为例，该班总共42人，上课时间为周一(6～7节)、周四(3～4节)。

该班于周一下午在录播教室采取了录播的形式，同学们的表现同样非常精彩，很多同学对自己的梦想分别做出了近期规划和远期规划，具有可行性。整堂课中听到最多的两句话就是“A nation will prosper only when its young people thrive”（青年兴则国家兴，青年强则国家强），“Strive and thrive”（努力奋斗，茁壮成长）。同学们不论是自己上台展示，还是观看其他同学的展示，都显得比平时更加激动，大部分同学课后都写下了数百字的感想。相信只要每个人都心存梦想，都为之努力奋斗，梦想的实现指日可待。

2. 教学案例反馈与反思

该案例通过任务式教学法，以学生为主体，让学生走上讲台，通过PPT、诗朗诵、微信、快闪、推送等各种方式进行了展示，非常成功地完成了本次教学任务。

从教学效果来看，学生多角度、全方位地将“爱国、敬业、文明、法治”等社会主义核心价值观融入了自己的认知，选材视角多样化，展示形式也非常丰富。大部分同学都对中国梦的来龙去脉进行了回顾，有的同学将中国梦与自己的专业相结合，有的同学思考了自己的专业方向如物流、网络的发展，有的同学从社会问题出发，提出了在中国梦的实现过程中需要面临及解决的问题。多个小组同学从中国文化、科技、环境、文化自信等方面阐释了“中国梦”与“我的梦”的关系，以及自己的奋斗目标。学生在展示“Chinese Dream，My Dream”的过程中，发展和提高了自己各项能力，如同伴协作、领导力、批判思维能力、创新能力、PPT制作技术、语言表达能力、公众演讲能力等。来自四个不同专业不同班级的所有同学都无一例外地对这次思政英语课堂活动给予了充分的肯定，来自四个班的同学写了将近3万字的反馈。例如：

学生1（新闻传播专业2018级1班）：我认为这次关于“中国梦，我的梦”的主题活动是具有时代意义和个人意义的。虽然我们天天在说中国梦，但自己亲身了解又是另一回事。在自己准备材料的过程中，我感受到了国家实力带给我的民族自信。同时，我也明白了国家富强不能只靠国家领导人，实际上，国家富强是通过每一个中国人的努力来实现的。作为青年的我们，更是肩负着民族复兴的重任。在讲台上，我们小组分担任务，用英文演讲。我们是带着底气和希望演讲的。感谢李老师给大家的这一平台，总之，这堂课让每个人都受益匪浅。

学生2（电子专业2018级4班）：经过这次“中国梦”小视频的制作，才切实体会了中国梦是什么，它的含义、目的、特色、信心支柱等。以前我只知道这个词全中国都在流行，却不知个中含义。现在我明白，中国梦不仅是国家的梦，而且是我们全中国人民的梦，更是青春勃发、热血满腔的我们的梦，是我们要为之努力拼搏的信念。少年强则国强，唯有我们强大起来祖国才能更强大。这次主题展示让我们收获太多，不论是视频课件制作技术、英语表达能力，还是对中国梦的深入理解，都十分珍贵。

学生3（统计专业2018级2班）：自己组做关于“Chinese Dream，My Dream”的时候感觉思想很局限，没有什么比较好的形式或者创新的方法，但是看过其他组所分享的内容的时候，就感觉，原来内容和形式可以这么丰富，特别是陶同学对他自己的梦想的规划与设想，有种让人耳目一新的感觉，也让我对自己有了想法。还有其他组做的微信推送都内容也很精美，各组的推送有各自的风格，每组的PPT也都有不同的特色。有同学还采取了时下比较流行的快闪，让他们的中国梦不再那么高高在上，更与现实相连了。完成这个演示也从另一方面促进了我们对自己国家的认识，在无形之中增强了我们的自豪感。

学生4（工程管理2018级1班）：首先，这次主题活动是很有意义的，它让我能够清晰地知道自己的梦想和即将去完成的目标。之前的我，从未认真思考过我的目标，只是想着得过且过，以这种态度度过大学生活。目标，离我非常遥远，以后再管。而这次活动让我醒悟了，任何人都应该有自己的追求。人有了梦想，才会有继续前行的动力。因此，生活离不开梦想，任何人都应该为此而奋斗。

总之,通过“Chinese Dream,My Dream”这一项目的准备和展示,同学们认识到了中国梦的实现离不开每一个中国人的努力,意识到了中国梦不仅仅是我们国家的梦,更是全中国人民共同的梦,树立了要努力为之拼搏的信念。作为当代大学生,他们肩负着使我们的祖国更加繁荣、富强的使命和责任。可以说,本项目的实施帮助很多同学重新找回了梦想,树立了目标,很好地实现了本单元课程思政的教学设计目标。

当然,本教学案例的设计及其展示过程中仍然存在一些问题。

首先,由于时间有限,我没来得及对每组同学的表现进行进一步的点评。大部分同学对自己的表现比较满意,部分同学通过欣赏其他同学的展示也了解到了自己的不足,但如果时间允许,能进行进一步的点评和讨论,效果可能会更好。

其次,有些同学的课件及其内容在英语表达方面还有所欠缺,语法和用词有中式英语的痕迹,这也正是他们将来英语学习中需要努力改进与提高的一个方面。

再次,有些PPT制作得非常精美,但同学们坐在下面看,就会发现有些字体不是很清楚。

最后,在统计专业2018级2班录播的时候,由于对设备不够熟悉,音响效果欠佳。下次如有机会一定能做得更好。

“英文报刊选读”课程中的社会主义核心价值观

高春梅[①]

一、引言

此次案例选自2017—2018学年第二学期我所任教的课程“英文报刊选读”。课程选用的教材是《美英报刊阅读教程》[②]。教材中的文章均来自英美国家的主流报刊媒体，内容主要关于英美国家社会、教育、时尚、衣食住行等相关话题。近年来我在教学中了解到我们的大学生对外面世界(尤其是西方国家)的了解和认识越来越多，越发深入。备课过程中我考虑到，随着近年来中国经济文化的发展及其在世界范围内的影响力的增强，国际社会对中国的认识和理解是否也如同我们对世界的理解一样多？世界对我们的看法是否与祖国国情一致？新时代大学生走出国门的机会愈加频繁，担任着文化交流使者的重任，他们不仅要认识世界，同时也要通过自己的努力让世界正确地认识和了解中国。由此，设计课程任务时我要求学生在完成教材指定文章学习的同时，去搜索国际媒体上与中国相关的报道，阅读、学习报道内容，分析、讨论其中的立场和观点，并发表自己的看法。我尝试在这一过程中将思政教育有机地融入教学实践中，以锻炼、提高学生的思辨能力，并加强他们对社会主义核心价值观的理解。

① 高春梅，女，硕士，讲师，研究方向：第二语言教学法。
② 端木义万：《美英报刊阅读教程》，第2版，北京大学出版社2015年版。

二、教学目标的设定

“英文报刊选读”课程系专业选修课性质。课程的主要任务是培养学生更强的英文阅读能力。选修课程的学生为浙江工商大学外语学院法语专业2015级1班，全班共19人，其中女生17人，男生2人。全班全部通过大学英语六级考试。基于学生的具体情况及最新的《大学英语教学指南》对大学英语教学设定的“基础”“提高”“发展”目标，本次教学任务应该设定在“发展”这一层次。《大学英语教学指南》对大学英语教学的“发展”目标从听、说、读、写、译五个技能方面做出了具体的指导。关于阅读理解能力方面，《大学英语教学指南》提出：“能读懂有一定难度的文章，理解主旨大意及细节，以及与所学专业相关的英语文献和资料，较好地理解其中的逻辑结构和隐含意义等。能恰当地运用阅读技巧。”

结合课程性质，我设定的教学目标是培养学生“能比较顺利地阅读英语报刊上的文章”，以及“能对不同阅读材料的内容进行综合分析，形成自己的理解和认识”。在基本的阅读技能培养的同时，采用任务教学法和项目教学法引导学生搜索国际媒体上关于中国的文章，理解、分析文章观点并就话题发表自己的看法。在这一过程中启发学生思考国际媒体对中国的国情是否真正了解？对中国的报道立场是否公正？学生是否有自己的观点？我期望以国际媒体报道为媒介，在学生阅读、讨论过程中将社会主义核心价值观以一种润物细无声的方式植入学生的心中，塑造正确的人生观和价值观。培养出新时代积极向上、正能量满满的大学生。

三、教学案例描述（总课时38分钟）

1. 任务准备

第一次课上，我将计划好的课外报刊阅读任务告知学生。具体如表1所示。

表1　课外报刊阅读任务

序号	阅读任务
1	在国外媒体上搜索一篇关于中国的时事报道;邮件发给老师备案
2	课前仔细阅读理解,掌握报道内容,并准备课堂汇报;汇报需准备PPT
3	课上向全班同学汇报所选择报道的主要内容
4	全班同学就报道的相关话题进行讨论(或辩论),发表各自看法
5	课后就报道写一篇总结报告
6	教师发放问卷,了解学生在完成这一任务中的收获

其中课堂汇报部分,我给学生提供了明确的汇报内容范围,以避免学生汇报起来漫无边际或无话可说,提前解决可能出现的汇报过长或过短问题。我要求每个同学的汇报内容包括以下几个部分:(1)报道的出处(媒体名称、报道时间、作者等);(2)媒体的具体介绍(报刊或媒体的基本信息、历史及发展情况、主要栏目、阅读群体等);(3)文章作者介绍;(4)报道题目解释;(5)报道主要内容汇报;(6)对报道中的立场和观点的评论及自己对该报道内容的看法。

为了加强学生对本次任务的重视,我将本任务的课堂汇报成绩及总结报告成绩在本学期总评成绩中的占比提高到20%,以此激励学生课后能认真完成任务。根据口语评分的特点,我对学生的汇报从内容、语音语调、PPT质量及汇报技巧四个方面进行评分。最后的总结报告以写作任务的形式进行评分(从内容、词汇、结构、连贯等方面考量)。

根据本班的具体情况,学生当堂讨论做汇报的时间及每次课上做汇报的人数。19名学生的汇报从学期第4周开始,直到14周结束。学期最后一周之前上交总结报告。学期最后一次课填写我发放的问卷,以了解学生的收获及意见。

2. 任务进行

本文以陈同学的汇报为例,具体介绍课堂上的汇报情况。陈同学选择在第4周做汇报，题目是：Chinese Discard Hundreds of Cycles-for-Hire in Giant Piles。

1）报道题目亮相（3分钟）

汇报一开始，陈同学亮出自己选择的题目：Chinese Discard Hundreds of Cycles-for-Hire in Giant Piles。在进入正式汇报之前，我请陈同学稍等，留出时间来引导全班学生讨论这一标题的意义。同学们纷纷表示发表观点：

（1）我们在校园里也是到处都是共享单车。

（2）很多共享单车遭到破坏。

（3）共享单车很方便的。不需要买自行车了。

（4）共享单车很环保。

…………

2）汇报时间（10分钟）

首先，陈同学介绍了文章的出处：英国《卫报》。大多数同学对这份报纸并不熟悉。陈同学介绍道：《卫报》是英国的日报，最早发行于1821年的曼彻斯特市。主要读者有政客、白领及知识分子，主要特点是代表英国左派政治人士的立场，主要报道内容有国际新闻、时事评论及分析等。2009年开始发行中文译本。

接着，陈同学介绍了文章的主要内容：(1)共享经济在中国发展迅速，共享单车就是很好的例子；(2)共享单车给中国带来一系列的好处，比如，减少环境污染及交通拥堵；(3)共享单车给中国城市带来很多新的问题，比如，使用者随意丢弃共享单车，满街的共享单车本身就造成了交通拥堵，对城市面貌造成不良影响，12岁以下儿童使用共享单车存在潜在安全问题。

最后，陈同学就此篇文章的观点发表了自己的想法。她从三个层面分析了随意丢弃共享单车的现象，认为共享单车公司应该承担其责任，政府部门需要加强监管，使用单车的广大民众需要提高自身素质，文明使用共享单车,维护城市环境和形象。

3)提问时间(5分钟)

陈同学的汇报结束后,为确保其他同学能听懂陈同学的汇报,我引导同学们就汇报提出自己的问题。问题可以是自己没有明白的地方,也可以是汇报过程中发现的语言方面的问题。

一个同学问:"在介绍《卫报》过程中,陈同学提到broadsheet和berliner,这是什么意思?"

陈同学解释:"这是报刊的两种版式:broadsheet指'大报版式',berliner指'柏林版式'。"

我继续介绍:"欧洲报刊的主要三大版式分别是tabloid(小报版式)、broadsheet和berliner,根据报刊的大小而定。其中《卫报》是柏林版式的典型代表。"我当堂通过互联网向同学们展示了不同版式的报纸。

另一个同学问:"共享单车除了在中国流行,在其他国家的情况如何?"

陈同学回应:"从美国开始的Uber就是共享经济的开始。不过在美国,汽车适合其实际情况。而在中国,共享单车似乎更有市场,更符合中国的国情。"

4)阅读时间(10分钟)

提问时间结束后,陈同学将提前打印好的报道文本分发给每个同学。报道为500字左右,教师引导同学们在5分钟之内完成报道的阅读,并找出不理解的复杂句子。阅读结束之后有问题的同学组内互助,或向陈同学求助。同学们解决不了的问题,由教师和大家一起讨论解答。

5)小组讨论(10分钟)

阅读环节后,教师引导学生分成四人一组就共享单车问题交换观点。我提出讨论问题:你认为共享单车带来的问题主要源自何处,单车公司、政府管理部门、还是使用者?本班级共分为4个小组进行讨论。5分钟讨论结束后,每组派出代表总结本组的观点。以下是同学们不同的观点:

学生1:共享经济是值得肯定的。共享单车适合中国国情,给我们带来很多好处。比如文章中提到的环保、减轻交通拥堵等。支持共享单车的发展……

学生2：共享单车带来的各种问题是管理的问题。投放单车的公司应该承担主要责任，采取措施解决问题。这些公司也开始想办法维护单车投放的秩序，比如校园里就看到有共享单车公司的人员在整理车辆。

学生3：共享单车带来的问题主要还是来自使用者。使用者的不文明行为带来了各种问题。提高全民素质才是根本……

3. 任务总结

本次任务完成后，我要求陈同学根据共享单车的报道，同学们讨论时表达的观点，结合他自己对这一问题的看法写一篇总结。同时我引导此篇文章可以围绕社会主义核心价值观中的“富强、法治、文明”内容。

四、教学案例反思

本学期报刊阅读任务的设计可谓收益良多，一项任务达到了多项教学目标。

1. 语言技能方面

《大学英语教学指南》要求，在大学英语课堂上学生应该得到听、说、读、写、译这五个技能的训练和提升。本次任务从显性教学的角度看可以帮助同学们在听、读、说和写四个方面都得到锻炼。

首先，本班同学在国际媒体上搜索到的报道都来自权威的主流报刊、媒体，包括《卫报》、《经济学人》、《纽约时报》、BBC新闻等。报道的语言质量毋庸置疑，都是地道的英文学习材料。同学们选择的报道均是2016年之后的文章，时效性较好，且都是大家有所耳闻的事件，这有助于课堂讨论，便于同学们发表自己的观点。

其次，同学们选择的文章话题覆盖了经济、军事、政治、文化、教育、娱乐、两性等各个方面。这有利于拓宽同学们的视野,同时也帮助同学们关注我国社会生活的方方面面。

最后,这一系列小任务的完成可以帮助同学们训练各方面的语言技能。比如,搜集报道和准备汇报的过程锻炼同学们的阅读技能,课堂汇报及提问回答过程锻炼同学们的口语能力,聆听台上同学汇报本身就是一项听力练习,而任务最后的总结则帮助同学们提升写作能力。

2. 思政教育方面

本学期的报刊任务实践过程中,我发掘出了一系列启发引导学生思考社会主义核心价值观内容的机会,并将这些内容融入课堂教学和讨论过程中。比如,通过“The ‘Globalization’ of China’s Military Power”和“‘Digital Wallet’ of Ant Financial Captivates China and Beyond”这两篇报道,引导学生讨论“富强”这一内容,而通过“A Wife Less Ordinary”这篇文章,可以让同学们围绕“平等”来进行探讨,等等。

3. 思辨能力方面

在课堂汇报和班级讨论过程中,同学们在教师引导下认真理解原文的观点和立场。同时不断思考:从我们自己的角度出发,这样的观点是否正确?是否符合我国实情?

以应同学选取的报道“The ‘Globalization’ of China’s Military Power”为例,文章的主要观点是:

(1) 中国武装力量的现代化进程在加快,特别是空军和海军力量;

(2) 中国积极主动地加入并适应武器装备的国际市场;

(3) 中国军事力量的国际化冲击了欧美等国在这方面的统治地位,并导致许多国家敌视中国,视中国为威胁。

在讨论过程中,同学们各抒己见。最后大多数同学支持文中提到的第1种和第2种观点。中国的崛起必然伴随着武装力量的壮大,只有国防稳固,才能守卫疆土,所以要积极地参与国际军备市场,壮大本国的军事力量。同时,大家并不支持第3种观点。虽然中国在武装力量上已处于全球领先地位，但实际上，中国加快武装力量的建设，是为了维护领土主权和自身的权益，不存在威胁其他国家的说法。中国的崛起是独立、自由、和平的。应同学也在汇报中提到：武装力量是立国之本，应该继续加强中国的军事建设，维护中国与世界和平。拓宽中国的军备武装力量的国际市场，与其他国家建立良好的合作关系，维护中国的合法权益，通过外交渠道，消除不利的舆论影响。

由此可见，国外媒体对中国的报道时常非常主观。课堂上同学们可以针对不切合实际的观点进行反驳，说出自己的想法，这本身就是很好的思辨训练。同学们在理解文章的基础上还要能够说出自己的想法，并举例证明自己的观点。

五、总结

最后一次课，我针对本学期的报刊阅读任务对学生进行了问卷调查，收集学生们的看法。问卷内容包括：(1)是否认可本次的报刊阅读任务的教学形式？(2)报刊阅读任务对语言学习是否有所帮助？(3)报刊阅读任务对理解社会主义核心价值观是否有所帮助？印象最深刻的是哪一个内容？(4)你认为报刊阅读任务中存在的问题有哪些？全班19个同学全部完成并提交问卷。问卷结果显示：

第一，95%的同学非常认可此项阅读任务，5%的同学认为任务量有些大。

同学们表示，“自己在媒体上找的文章比课本上的更新，更贴近时事”，“在搜集文章及准备汇报的过程中收获很大，既有语言上的提高，也有文化知识上的提升”，“了解了国外报刊媒体对我国有关事件的态度，有的不符合实情，我们有责任让世界听到中国的声音，让全球知道我们的民主、自由、文明、和谐”。

第二，所有同学都认为这是一项非常有效的阅读任务，扩大了阅读量，扩展了知识面，并对西方主要报刊媒体有了更多了解。

第三，所有同学都认为通过此次任务，对社会主义核心价值观有了更加清晰深刻的理解，60%的同学认为印象最深的是关于“富强”的讨论。

关于报刊阅读活动中存在的问题，同学们有以下想法。

其一，讲台上汇报的同学不仅应该理解文章内容，还应该对事件的相关背景做相应调查，这样在讨论中不会出现不知情的情况。

其二，老师对选取的报刊文章应该做筛选，以避免有的文章难度过高。

其三，老师在讨论过程中应该给每个同学机会。

总而言之，问卷调查结果显示，本学期的报刊阅读任务活动非常有效。同学们保持了积极的态度，认真完成一系列任务，既提高了英语的听、说、读、写技能，又在讨论过程中加强了对社会主义核心价值观的理解，激发了学生的责任感。如今大学生的一项重要使命是：让世界了解中国。

当然报刊阅读任务的设计、执行及总结过程中还存在各种不成熟的地方。除了同学们在前面提到的几点，我认为在以后的教学过程中还应该注意以下几点：

第一，本学期的授课班级恰巧人数少，好操作。如果是超过30人以上的班级应该如何教学，这值得思考。

第二，报刊文章的长度和难度应该提前筛选把关。

第三，有时融入思政教育难免生硬，如何更加自然地将思政教育融入课堂中，将是值得探讨的课题。

和谐篇

和谐社会从生活方式的改变开始

邬易平[①]

一、引言

《全新版大学英语综合教程(3)》第一单元的课文主题是"生活方式的改变"(Changes in the Way We Live),包括《多尔蒂先生创建自己的理想生活》(Mr. Doherty Builds His Dream Life)和《美国家庭生活:变化中的景象》(American Family Life:The Changing Picture)两篇文章。《多尔蒂先生创建自己的理想生活》一文描述多尔蒂一家在农村自力更生的生活细节,阐述他们为了追寻自己的人生目标(写作与务农),搬离城市和郊区,最终寻觅到适合自己的生活方式,得到心灵的满足。《美国家庭生活:变化中的景象》分析了美国生活在工作方式、餐饮方式及娱乐方式三个方面发生的变化,提出人们应该认识到家庭生活、工作及娱乐同样重要,这样我们才能设法找到更多的时间相聚,找到共同的兴趣爱好,家庭才能更为和谐。

两篇文章的主旨相互关联。《美国家庭生活:变化中的景象》提出了生活方式改变带来的问题,《多尔蒂先生创建自己的理想生活》则给出解决这个问题的可能方法。同时,两篇文章条理清楚、逻辑明晰,部分段落采用了"主题句—扩展句"的结构,为学生段落写作的训练提供了良好的范文。

---

① 邬易平,女,硕士,讲师,研究方向:英语教育与教师发展。

二、教学目标设定

结合课文主旨和行文结构，我设定以下教学目标。

思政目标："和谐社会从生活方式的改变开始"是本次教学的主题。引领学生在学习课文内容后，寻找中国现代生活方式的改变、产生的问题及解决的可能办法，帮助学生树立富强、文明与和谐的社会主义核心价值理念。经济的发展是国家繁荣昌盛、人民幸福安康的物质基础，人们的生活方式和生活理念也要相应地发生改变。家庭是社会生活最小的基本组成单位，因此，和谐的家庭生活是社会和谐稳定、持续健康发展的重要保障。

语言技能训练：读写结合，通过课文主旨理解和词句表达方式的学习，按照"现状描写—提出问题—解决方法"的写作思路，帮助学生积累写作素材、开拓写作思路；按照"主题句—扩展句"的写作结构，提升学生段落写作的逻辑性、层次感，丰富英文写作的表达方式。

三、教学案例描述（总课时90分钟）

本次教学对象是法学专业2017级2班的学生。教学内容是该单元学习的最后一次课。通过前面两次课堂教学和网络学习，学生已经完成词汇、句型积累及课文内容的梳理。本次课程的主要内容为两篇文章的串讲，以帮助学生实现上述教学目标。下面的课堂观察实录采用第一人称进行论述。

1. 话题导入——看图说话（10分钟）

通过展示与第二篇文章内容相关的三张图片，我引入"生活方式的改变"这一话题，分别从工作方式、餐饮方式及娱乐方式三个方面要求学生使用文章中已经学习过的表达方式进行看图说话练习。导入活动为两人一组的对话形式，学生A在3分钟的准备之后，讲述给自己的同伴B听，学生B则根据学生A的讲述提出改进意见。最后，我邀请一个同学做总结陈述。

学生的回答如下："我们生活中的3个方面——工作方式、餐饮方式和娱乐方式发生了变化。首先，看看我们的工作方式的变化吧。在上一代，大多数家庭可以靠一份工资维持。但今天，在职人员中有孩子的女性的比例更高，而单亲家庭的数量在过去的30年中急剧增长。同时，父母不在家的时间比以往任何时候都长。他们上下班都是坐车来回的，45分钟或1小时的车程是常见的。其次，餐饮方式发生了变化。如今很少人有时间采购，烹制家常饭菜，人们选择容易烹制或已经烹制好的食物，快餐、外卖、加热即食的菜肴随时可见。结果，大家不再相互交流一天的事情，也感觉不到家人团聚的氛围。最后，娱乐方式也发生了改变。以前大多数家庭只有一台电视机，全家人一起观看。现在每一个家庭成员都可以互不干扰地看各自喜爱的节目。这样，一家人什么时候可以相互交谈、相互见面，成为一个真正的家庭呢？"

"这个同学的看图说话很巧妙地运用了课文中的语句，段落描述逻辑性强、层次分明，说明她对课文内容很熟悉。"我点评之后，进一步引导学生思考，"这里提到的3个方面的生活方式的改变，其原因什么呢？"

有学生回答道："社会的发展，尤其是经济上的富强，带来了生活的便利，提高了生活的水平，所以也就改变了生活方式。"

"太棒了，我们看到了现象背后可能的原因，那么这样的变化是不是只有美国独有呢？"我进一步问道。

学生回答道："当然不是，我们中国现在的发展就非常不错。国家富强给人们的生活带来了巨大的变化。课文中提到的很多变化，我们早就经历了。"

"嗯，看得出来，咱们教室里现在洋溢着浓浓的骄傲和自信啊。"我笑着说道。学生们也随之笑了起来，表示赞同。

2. 话题扩展——思维导图（10分钟）

为了引导学生对"中国生活方式的改变"这一话题进行深入思考，我提出了问题:“国家的经济发展、繁荣富强的确给我们的生活带来了很多变化,这让我们的自豪之情油然而生。但同时,我们也要冷静思考,从课文提到的这三方面来看,我们自己的生活到底发生了哪些变化？这些变化又带来了哪些问题呢?”

我要求学生以口语话题小组为单位进行讨论,以思维导图的形式呈现他们的讨论结果,最后邀请一个小组根据他们的思维导图做口语陈述。其中一个小组同学根据中国生活方式的改变,结合课文内容所做的思维导图,如图1所示。

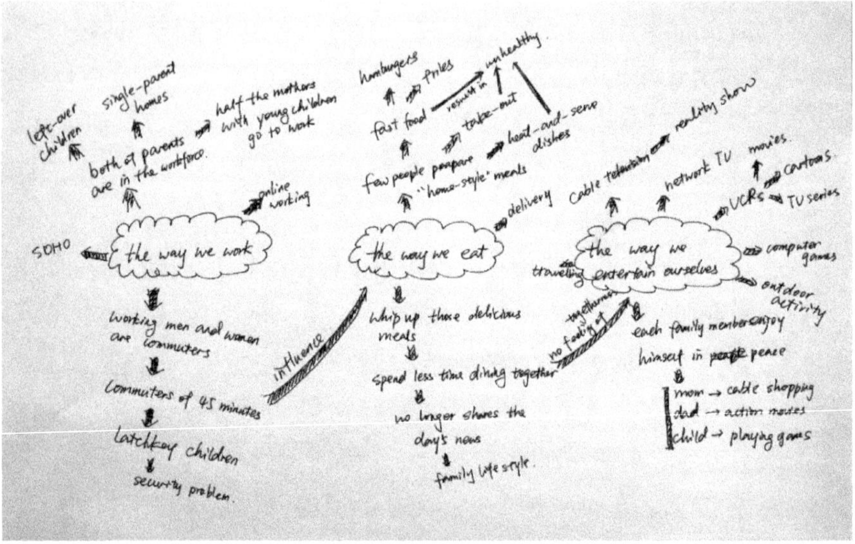

图1 小组思维导图

该小组同学在口语陈述时,认为现在工作方式的个性化、饮食习惯的多样化及家庭娱乐方式的丰富性,一方面证明了中国社会物质文明和精神文明的进步,一方面也带来了留守儿童、饮食安全、家人相处等社会问题。这些,归根结底就是一个问题:如何促进家庭和谐。这需要我们在建立民族自信的同时,保持清醒的头脑,学会面对问题,并尝试解决问题。

3. 课文精读——视觉思维和模拟写作(30分钟)

小组讨论结束后,我选取了第一篇课文的重点段落作为段落写作的范文,采用视觉思维的方法,带领学生进行深度阅读。

首先,我要求学生在文中找到作者形容农村生活的两个主题句及作者用来证明这两个主题句的支撑观点。通过段落结构的分析,学生自己总结出段落写作中"主题句—扩展句"的基本结构。

其次,我要求学生在扩展句中寻找细节。以小组为单位进行合作,并通过绘画的形式展现。

然后,我要求学生在图画上进行再创作,主题是"我理想中的乡村生活",并在图画下方根据课文重点段落进行模仿写作。

我向全班同学展示了两个小组视觉思维的绘图作品以及他们的写作成品,如图2所示。

图2　小组绘图作品

同学们认真评价了他们的作品。有学生说:“他们的想法和我们的相似。我们都向往平静安定、自给自足的生活,期盼自力更生。”我点评道:“你们的作品较为直观地反映了你们的生活观,这是一种积极向上、极富生命力的生活态度。”

我给予他们赞同和鼓励,但同时也善意地提醒,这种生活状态需要我们努力去争取和创造,也需要我们不逃避生活中的挫折。

4. 段落写作——主题句和提纲的写作(30分钟)

完成课文精读和模拟段落写作之后,学生已经掌握段落写作中结构层次安排的方法,开始进入自主写作的阶段。写作主题为“如何改变我们的生活方式”,要求学生关注主题句和提纲的写作。我设计了一个表格,左侧为课文内段落的结构层次,右侧为段落写作的主题,要求学生进行主题句和提纲的写作,如图3所示。

Reading & writing – topic sentence and its supporting evidences (30 minutes)

Direction: Please make an analysis on the structure of para. 12 & 13, and then compose a similar structure on the title of “a way of improving our family life.”

	para. 12 & 13	a way of improving our family life
topic sentence	special qualities	cherish and optimize the shared things of the whole family like time and space
sub-topic sentence 1	a tolerance for solitude	bring family members together more often by various activities
supporting evidences	busy; on a tight budget; entertain not much; no time for socializing during the growing season	walk together after dinners watch a TV show or classical movies with each other family trips...
sub-topic sentence 2	a lot of energy	decorate the home with simple ornaments
supporting evidences	a little three-horsepower rotary cultivator	instead of expensive stuff a memorable photo may be a better choice; cleaner environment and a sweeter atmosphere really makes home a warmer harbour.

图3 写作提纲展示

作为优秀范例,我和全班同学分享了这个同学的成果。

我问道:“大家知道为什么选择这份作品作为范例和大家分享吗?”

有同学回答道:“我发现他的主题句非常具体,没有泛泛而谈。同时,他后面的支撑观点和主题句紧密结合。”

“是的,主题句写作的要素之一就是细化内容,而扩展句也必须紧跟主题句中所涉及的内容。”我点评道。

5. 课堂总结——学习反思(10分钟)

课堂教学内容完成后,我邀请同学做课堂学习内容的总结。以小组为单位,讨论3分钟,并邀请两个小组代表进行发言。

学生代表这样说:“我们今天学习了课文中的重点段落,了解到主题句和扩展句的写作需要细节化、具体化,同时,扩展句的内容要紧跟主题句。”

另一个学生代表回答:“除了段落写作方法,我们还感受到作为现代中国人的骄傲与自信。我们国家的经济发展了,生活方式也发生了变化。当然,这也提醒我们家庭生活的和谐至关重要。”

我最后点评道:“你们自己总结出来的学习内容和心得真的很棒,这的确也是今天这堂课我希望能传达和分享给大家的。希望大家学会写具体明确的主题句、逻辑性强和层次感明晰的段落,也希望大家为我们国家的成长和发展感到骄傲,树立正确的人生观。”

6. 自主写作——网络平台,课后完成

课堂教学结束后,我根据课堂讨论布置了写作任务,以“Changes in the Way We Live”为题,要求如下:

(1) 写作内容包括生活方式的改变及其带来的后果、解决的办法及建议;

(2) 要求使用“主题句—扩展句”的段落结构方式;

(3) 要求使用10个新学习的短语、表达方式或句型。

四、教学案例反思

1. 教学设计应兼具人文性和工具性

教学设计是为教学目标服务的,要充分挖掘大学英语课程中丰富的人文内涵,实现工具性和人文性的有机统一。

本次教学活动的人文性体现在围绕“和谐社会从生活方式的改变开始”这一主题展开，从生活方式的改变切入，引导学生观察生活中的变化，引领学生从变化中领悟国家繁荣昌盛、经济发展给家庭生活带来的变化，激发学生的民族自豪感和自信心。同时，关注生活方式改变带来的相关问题，引导学生冷静思考，直面其中的问题，并主动寻求解决办法。

其工具性体现在采用看图说话、思维导图、视觉思维等教学方法进行教学设计，读写结合，帮助学生从课文精读到模仿写作，最终完成自主写作。教学设计环环相扣，前后呼应。

2. 师生互动有助于教学目标的实现

良好的师生互动是课堂教学有序进行的保障。本次教学活动中，我通过提问、小组讨论、陈述报告等方式引导学生自主思考。教学过程中，我并不直接给出问题的答案，而是让学生自己去寻找答案。学生通过自己的回答找到的那种民族自豪感和自信心，远远强烈于通过教师直接告知或者教导找到的。同样，学生通过自己的讨论发现生活方式改变带来的问题时，也能更加感同身受。他们更愿意主动去寻求解决办法。

3. 教师的文化信念是课程思政的保证

作为课堂教学的组织者、决策者和实施者，教师在多大程度上接受并贯彻教学改革倡导的新理念对教学改革具有的决定性影响和作用[①]。教师关于英语教学中文化教学的认知体系，是其文化信念，这是指对影响人们行为和观念的自身文化及其他文化的理解，包括对人类行为的表现和文化模式差异的理解。教师文化信念主要包括教师对教学目标的理解，教师文化素养、文化意识、文化能力及文化教学策略等方面的内容[②]。树立高校英语教师对课程文化教学的信念是确保有效实施大学英语课程思

---

① 项茂英、郑新民、邬易平：《国外语言教师信念研究回顾与反思——基于对6 种应用语言学期刊的统计分析(1990—2014)》，《外语界》2016第1期，第79—86，95页。

② 郭乃照：《教师文化信念与大学生跨文化交际能力培养》，《中国高教研究》2014年第4期，第106—110页。

政文化教学的关键，是讲好中国故事的有效途径。

4. “全人教育”注重学生综合素质的培养

教育部最新出版的《大学英语教学指南》[①]着重强调，大学英语课程的“人文性的核心是以人为本，弘扬人的价值，注重人的综合素质培养和全面发展。社会主义核心价值观应有机融入大学英语教学内容”。教学目标应该在致力于提高教学质量的基础上，努力实现“全人教育”。“所谓教育，不过是人对人的主体间灵肉交流活动（尤其是老一代对年轻一代），包括知识内容的传授、生命内涵的领悟、意志行为的规范并通过文化传递功能，将文化遗产交给年轻一代，使他们自由地生成，并启迪其自由天性。”[②]因此，教育具有社会功能。大学英语课程在帮助学生学习和了解世界优秀的文化及文明的同时，也有助于增强国家语言实力，有效传播中华文化，提升国家软实力。

---

① 教育部高等教育司:《大学英语教学指南》，高等教育出版社2017年版。

② 雅斯贝尔斯著，邹进译:《什么是教育》，生活·读书·新知三联书店1991年版，第3页。

寻找和谐的统一:人本主义与“我”的塑造

贾爱武[①] 滕志雪[②]

“英语教育心理学”是面向英语专业大三学生的专业选修课程。教材是*Principles of Foreign Language Learning and Teaching*[③]。该课程的教学目标是使学生掌握英语教育心理学的系统的理论知识,提高学生对教育心理现象的理解力与分析批判能力,以及将当代教育心理学的重要理论和新的思想观点应用于对语言教与学过程的认识理解力和实践能力,并使学生掌握英语教育心理学的主要研究方法,提高对英语教育心理学问题的研究能力。经过认真思考,第四章“人类学习”中的人本主义学习理论对当前倡导的“全人教育”有着非常独到的借鉴意义。

一、教学设计与目标

整体教学设计:围绕人本主义理论的教学任务,根据任务型教学法三阶段,实施以学生为主体的“读、译、议、写、讲”五部曲,并以学生产出为导向设立“自愿分享、书写美观、内容感人”三维评价模式,目的是使每一个学生都能够依据正当理由获得激励性正强化(positive reinforcement)。

本次教学目标:帮助学生了解人本主义理论知识内涵;帮助学生获得

---

① 贾爱武,女,博士,教授,研究方向:英语教育与外语教师教育等研究。

② 滕志雪,女,浙江工商大学硕士研究生,研究方向:英语教育研究。

③ H. D. Brown. *Principles of Foreign Language Learning and Teaching*. 3rd ed. 外语教学与研究出版社2002年版。

发现自我更新的自我认知能力和思辨能力;培养学生正确看待现实,寻求旧我与新我动态和谐的积极情感。

二、教学过程与活动(总课时55分钟)

1. 任务前(5分钟)

1)阅读

The students were asked to read and translate the humanism section in the textbook before the class.

2)导入

I, the teacher, led the review work with the students together, about human learning, especially learning theories—classical behaviorism, operant conditioning, meaningful learning.

T: Great. The main task for today is to learn a new learning theory. What's it?

S: Humanism.

T: Yes. Humanistic psychology is proposed by ...

S: Carl Rogers.

T: Who is Carl Rogers? Let's welcome today's presentation.

This student presentation by PPT included four parts: life experience of Carl Rogers, content of humanistic psychology, its comparison with Skinnerian psychology, its strengths and flaws in educational perspective. I assessed him high for the well-structured introduction and the constructive understanding of humanism as a preparation for the whole class.

2. 任务中(30分钟)

1)翻译

T: According to the author, strictly speaking, Carl Rogers is not thought of as a "learning" psychologist, but he had a significant impact in ...

S: An educational or pedagogical context.

T:Yes. 从严格意义上说,人本主义不属于学习理论,但是该思想对许多领域都产生重大影响。So, what is the key word of humanism? It's more on ...

S: Affective focus.

T: Very good. 它更注重人的情感。From behaviorism, meaningful learning, and humanism, we can understand Rogers' following remarks. Read together "We are physical, cognitive, but primarily, emotional beings." 情感是人类的主要特质。Accordingly, Rogers coined two terms. What are they?... Yes, "the whole person" and "fully functioning person." So 3 minutes for your group discussion and try to translate them.

学生1: 罗杰斯认为"全人"是身体的、认知的,但主要是情绪的存在。他的主要原则是专注于个人自我概念的发展和他对现实的个人感受。这些内在的因素促使一个人行动。罗杰斯认为行为准则的内在本质就是人类适应并且朝着有利于他生存的方向发展的能力。在无威胁的环境下,一个人能够形成对现实……,而这个途径正好与现实相一致,并且会随之发展和学习。

然后,教师给予评价并逐句讲解意义,完善学生关于"全人"的译文。

学生2: 罗杰斯认为"全面发展的人"是他的感觉和反应能

够和谐相处,他能够成为他潜意识里能成为的人。他一生都在成为……变成他自己。

学生3:根据罗杰斯的理论,全面发展的人,安然地对待他的感受和反应。他的存在是一个做自己并成为他自己的过程。全面发展的人在他的自我认识中,他对自己可以完全坦率,没有怀疑。每当做出决定或者行动,他都是一个全新的自我。

然后,教师给予评价并逐句讲解意义,完善学生关于"全面发展的人"的译文。

T: According to Rogers, "fully functioning person" means living at peace with all of his feelings and reactions. What is the relationship between feelings and reactions?

S: Feeling is emotion and reaction is behavior.

T: 一个人能够合理地对待自己内在的(internal)情感,也能坦然地接受外在的(external)行为。他一生都在做自己或者成为他潜在的自己(He exists as a process of being and becoming himself.)。这句话跟whole person里面的哪句话相关?

S: Self-concept and personal sense of reality.

T: 对,自我概念和自我现实感。现实包括什么?

S: 自我的现实和周边环境的现实。

T: So, fully functioning person, in his self-knowledge, is fully open to his experience.(以开放的态度接纳自己的所有经历。) It's without defensiveness. (不设防。)

2)讨论

就以上观点,学生分组讨论,各抒己见。大致分为三类看法。

赞成的观点,例如:

S1: It is more student-centered ... It is different from traditional theories.

S2: This theory is more concerned with human's emotional feeling which is very important in learning process. Only when human's emotional feeling is focused, can people learn more actively and positively.

S3: I think Roger's humanism focuses more on learning, and it balances the relationship between students and teachers.

S4: I really like the description of "fully functioning person," "live at peace with all of his feeling and reactions, and is fully open to his experience." For example, many people may feel unhappy, because they have conflict with themselves. If they can live peace with their feeling and accept themselves, they can be more happy.

S5: The positive relationship between teacher and students is very important. Only when teacher knows and considers students' emotion, can the learning process works smoothly.

S6: According to humanism, I think it provides a very comfortable environment and it is more humanistic. It considers learner emotion. The learner will be more willing to learn because he is not pushed to learn.

S7: I totally agree with Roger's theory, because it focuses on the relationship with teachers and students. Only in this way, students can learn in a comfortable context.

不赞成的观点,例如:

S1: I don't agree with this view that people still can learn in an unstressed condition. Because people are likely to stop thinking in a comfortable zone.

S2: It is so boring. The theory from this book is just his thinking and there is no experiment to prove. And I think teacher's role is very important, it is important to teach us to learn to learn.

S3: I don't agree with the opinion that given a nonthreatening environment, a person will grow and learn. In my understanding, nonthreatening environment means comfortable zone; if a person feels comfortable, it is hard to keep growing and learning.

S4: I think Carl Rogers' humanism is so boring, because in this book, there is no experiment to prove his ideas and there is no example to let us have a better understanding of his theory. I also think that the role of teaching is very important; the interaction between teacher and students can help students to learn better. Let students learn to learn is more important.

中立的观点，例如：

S1: I think humanism has its advantages and disadvantages. But all in all, everything depends on ourselves.

S2: A "whole person" should have self-concept and personal sense of reality. A "fully functioning person" should know the potential of yourself and reflect what you have done.

S3: To be a fully functioning person is very hard, because it is hard to find the potential of yourself.

S4: My understanding of fully functioning person is to find out what a person you are and try to be that you can be.

S5: I think we should focus on ourselves and be a self-learner.

S6: I think self-concept and sense of reality is that knowing yourself and what you are suitable for. You should know what you can do in the future and try to learn more. For example, if one wants to be a teacher, he should learn to how to teach.

然后,教师对学生的评论做简要总结,并播放《遵循自我时间节奏》短视频。

3. 任务后(20分钟)

(1)写作:针对人本主义学习理论及其观点,结合自我认知和经历,下周递交反思性英语作文(手写稿);

(2)讲述:下周课前20分钟,根据作文内容,学生自愿分享学习感受(详细)。

7个学生的反思性作文节选:

S1: The whole person education theory has been spread in China for many years, but actually it was mainly applied in urban areas. I was from rural area, and I can still remember that sometimes the P. E. class or music class would be replaced by math. When I entered high school, I found the kids from cities not only well in study but they were versatile. Also, influenced by their family, they were able to deal with relationship better. However, it is never too late to develop ourselves to become a fully functioning person. We should know ourselves, knowing who we are and to be what we want to be. In such a way we can have the self-concept and a sense of reality.

S2: The theory, fully functioning person, made a profound impact on me. According to Rogers, this fully functioning person, in his self knowledge, is fully open to his experience, and without defensiveness, and creates himself new to each moment in every action taken and in every decision made. This theory teaches us to introspection. We should learn to reflect on ourselves and find out mistakes we have made in order to become better and better. Besides, I want to point out the deficiency of this theory. The fully functioning person should not only live at peace with all of his feelings and reactions, but also have the ability to control himself. If one cannot control himself, he will not resist the temptation.

S3: I understand the "fully functioning person" from two aspects. For the external world, especially for people around us, every time we take an action or make a decision, our image will be reshaped in their mind. The actions and decisions are based on our view of life, value system, world outlook, principles. For the internal world, the actions we take and decisions we make let us know more and better about ourselves.

S4: I used to define "the fully functioning person" as a versatile person and always wanted to be a such knowledgeable person. However, I found my understanding too shallow after I learned about Roger's theory. According to him, the "fully functioning person" lives at peace with all of his feelings and reactions; he is able to be what he potentially to be, and he exists as a process of being and becoming himself. But I think it is impossible to become such a person. For one thing, it is quite hard to live with all of our emotions and behaviors. Sometimes I couldn't finish any tasks smoothly because of my negative emotions, though I begin to control my feelings better now. For another, self-actualization is not possible for everyone. Good luck and favorable society situation plays an important role in it. Personally, I can't absolutely say that we are possible to be fully functioning but it is sure that we are trying our best to become better and nearer to it.

S5: When it comes to the definition of the fully functioning person, I immediately think of the notion of fully functioning person in China, a person who develops comprehensively in morality, intelligence, physique, aesthetics and labor. However, this standard is too abstract to understand. We don't know to what extend we can be defined as a fully functioning person. According to Rogers, there are four criteria for a fully functioning person: living at peace with all of his feeling and reaction, being able to be what he or she potentially is, existing as a process of being and becoming himself, being fully open to his experience. I totally agree with Rogers' definition and I will try my best to become such a person.

S6: In this theory, the most important concept is individual's self-concept. It refers to personal perception and evaluation of self, environment and their relationship. The more you know about yourself, the less confusion you will have in your life, which will reduce a lot of negative emotions, such as complaint. Moreover, the self can be divided into two parts, true self and ideal self, which means the self-image one expects to achieve. In a word, to achieve the ideal self is one part of being a fully functioning person.

S7: The fully functioning person is a kind of lifestyle, which has many interactions with our life. I used to strongly believe in my self-control, I made a good plan before entering the university. However, I deliberately forgot the plan and always have an excuse. Self-indulgence is much easier than self-control. I think I know myself better than several years ago, and I am in the process of becoming myself. I know I have to accept myself. It's a good habit to face one's own experience openly, for we can learn a lot from what we have done. But I think it's quite naive and ideal saying that one can create himself anew at each moment taken and in every decision made. You have to change from inside to outside, like nirvana of phoenix, which requires time, energy and resources.

三、行动后反思

“英语教育心理学”课程，一般来说，是比较难上的。主要有三个原因：(1)课程内容涉及应用语言学、教育学、心理学等领域，属于一门跨学科课程，这对教师和学生都提出了较高要求。(2)选用原版教材，无论是语言还是内容，难度都比较大，但是，本教材是应用语言学领域公认的经典之作，让人常读常新，同时它也是一些名校考研的必读书目，这也正是作为授课教师坚持选用的原因。(3)面对英语专业三年级学生，他们前两年所修的基础课多侧重语言技能训练，而对于学术理论课所需的思辨能力的培养较少，这就要求学生思维方式的转型。另外，因为选修课是由来自不同班级的学生组成的，他们相互之间比较生疏，这在一定程度上也影响课堂气氛。但是，每次第一节课教师都鼓励学生：“只要我们相互陪伴，与作者H. D. Brown展开对话，共同度过15周30个学时，一定受益匪浅，书中的一些思想和原理将会让我们受用终生。”令人欣慰的是，多年来该班级的考研率均在25%左右，参加教师资格证的考试人数比例高。

根据教学效果，课后反思可分为两个方面。一是成功之处。(1)知识、能力、情感的教学目标达成度高，尤其学生对权威理论的批评意识，以及对人类情感重要性的认识和体悟，都明确地表现出思想的深刻性(参见7个学生的反思性作文)。(2)“读、译、议、讲、写”贯穿教学全过程，体现了信息输入与输出的衔接性和逻辑性;课堂注重行动中的反思和启发式教学,同时,使学生在听、说、读、写、译方面的语言技能也得到了充分的训练。(3)学生作文的三维评价模式,极大地激发了学生学习的主动性,切实起到了引导和激励作用。依据多元智能理论,最后每位同学都获得与自己的表现相应的奖励。

二是待改进之处(由课堂观察者提出)。(1)虽然课堂展示有助于展示者自主学习新知识,但其他学生在没有任务的情况下很容易走神。希望教师在每次课堂展示前,给其他学生布置相应的任务,如结束后表达自己的观点或者评论展示者的优缺点等。(2)对于“任务中”翻译部分,教师多采用积极评价话语,但不够具体化,并未指出学生翻译的不当之处,教师若能对其提出具体修改意见,学生会更有收获。

学会与自然和谐相处

邬易平[①]

一、引言

《全新版大学英语综合教程(4)》第一单元的课文主题是“与自然之力而战”(Fighting with the Nature),强调人与自然的关系,其中Text A《冰雪卫士》(The Icy Defender)讲述了拿破仑和希特勒自以为战无不胜、不可阻挡,却都因俄国(苏联)的冰雪和极低的气温付出了惨痛的代价。“冰雪卫士”意指俄国(苏联)的阴冷的寒冬。

文章脉络清晰,分别详述了拿破仑和希特勒与俄国(苏联)的战争,以此说明任何军事行动都必须考虑自然因素,凸显人与自然的辩证关系——人应该正确认识自然规律,恰当把握人类与自然的关系,增强人对自然的适应能力,提高人类认识自然和改造自然的能力。内容方面,学生可以通过“对比与对照”的阅读思路详细分析拿破仑和希特勒相似的战败经历。词汇方面,学生可以扩展有关极端天气和战争的表达方式。

二、教学目标设定

结合课文主旨、文章内容和词汇表达,我设定以下教学目标。

(1) 思政目标:“人与自然的和谐相处”是本次教学活动的主题。引导学生了解拿破仑和希特勒战败的经过和原因,帮助学生正确认识人与自然辩证统一的关系。一方面,人与自然相互依存,其本身就是自然界的

---

① 邬易平,女,硕士,讲师,研究方向:英语教育与教师发展。

一部分。人类的存在和发展离不开自然。另一方面，人类在自身生存和发展的过程中，总是要不断地否定自然界的自然状态，改变自然。因此，实现人与自然的和谐共处是人类生存与发展的必由之路。

（2）语言技能训练：阅读与口语表达相结合，通过学习课文内容及相关语言知识，根据“对比和对照”的思路重新解构文章，结合拓展的词汇表达，在课文复述的基础之上，帮助学生就“人与自然”这一话题进行口头陈述。

三、教学案例描述（总课时90分钟）

本次教学对象为审计专业2017级1班学生，教学内容为该单元学习的第二次课，总课时为90分钟。第一次课中，学生已经学习了关于天气的描述方式。同时，通过课前的网络学习，学生已经掌握“极端天气”“雪”“俄国（苏联）冬天”的相关内容及表达方式。课堂主要内容为完成对网络学习内容的检测，实现翻转课堂线上线下的紧密结合。其次，利用信息交换的活动形式帮助学生进行课文内容的梳理。再次，组织学生按照“对比和对照”的思路重构文章，进行课文复述。然后，组织学生小组讨论，完成“人与自然”这一话题的口头陈述。最后，要求学生根据所学内容进行反思。

课堂观察实录采用第一人称论述。

1. 小组测试——网络平台学习内容回顾（10分钟）

以小组为单位，完成有关网络平台学习内容的小测试，检查学生是否保质保量地完成了平台学习内容。这些内容的课前学习有力保障了课堂学习的顺利进行。这一检测活动重点考查学生对学习内容的熟悉程度，因此采取竞赛制。要求学生在5分钟之内完成两道词汇连线题和一道判断题，并给予第一名奖励。之后的5分钟为自由讨论阶段。

学生完成测试之后，我在进行答案核对的过程中，引导学生进一步了解俄国（苏联）冬天的恶劣天气。

我提问:“大家学习这些词汇的时候,有距离感吗?”

学生回答:“嗯,个别极端天气很陌生,只在新闻里看到过,生活中没有遭遇过。还好,微课里的介绍都有图片,能帮助我记忆这些词汇。”

我继续问道:“很好,那大家印象中的俄罗斯的冬天是怎样的呢?”

学生回答:“我家住在黑河,算是能体会一二,但是我看到微课中的介绍,发现俄罗斯的冬天比我家乡还要冷。”

“的确,大家想想在那么寒冷的地方,会是怎样的一种生活?我们来看看Text A的标题——‘Icy Defender’,如果要求你们根据这个标题写一篇作文,结合俄罗斯的天气介绍,你们会怎么构思呢?”

有学生很感兴趣,认真地想了想说:“我会写一个英雄的故事,有点儿像《权力的游戏》里面的那些守夜人。英雄为了保卫国家,在冰天雪地里驻守一生。”

还有学生说:“我会写一个冰雪皇后与她的卫士的浪漫爱情故事,就像《冰雪奇缘》一样。”

“这和我的想法不谋而合,”我开心地说,“在我看来,白雪皑皑的一片应该是极尽浪漫之事。其实,我们想写的故事,在一定程度上折射了我们对自然的态度。”

有学生接话了:“是啊,如果想写英雄的故事,很可能说明我们觉得人与自然之间还是对抗的关系,在这种对抗中,想表达人定胜天的理念。”

“那么浪漫的爱情故事,是不是想说明人与自然能和谐相处呢?”

有学生提出自己的看法:“也有可能是卫士如何在残酷的冬天里保护冰雪皇后的。”

“不对,不对,冰雪皇后应该是很适应冬天的气候的……”

我适时打断了大家的头脑风暴,引导学生回到课文:“大家讨论的都有一定的道理,也许我们写出来后,就能发现自己的自然观到底是怎样的了。接下来,我想带大家去了解的是我们要学习的这篇文章会不会给我们其他的视角?”

2. 思维导图——课文内容深读（10分钟）

我把学生分成两个大组，要求他们分别了解拿破仑和希特勒的战败经历。我布置了两个阅读任务：第一，两个大组的同学需要根据课文内容回答不同的6个问题；第二，学生在阅读课文的过程中，需要在笔记本上同时绘制思维导图，帮助梳理课文中的细节信息，整理相关表达方式。这个步骤所绘制的思维导图是帮助学生在下一个教学活动中和同伴交换信息时使用。

3. 信息补差——课文内容理解（25分钟）

完成对课文内容的精读，我要求两个大组的同学进行一对一（或个别一对二）的小组配对。学生A根据自己所绘制的思维导图进行课文复述，帮助学生B了解他没有读过的部分，同时帮助他回答对方的6个问题，反之亦然。这里每个人的复述时间控制在10分钟之内。最后在剩余的5分钟，学生需要各自重组自己所听到的内容。

4. 思维导图——课文内容重组（20分钟）

我邀请学生对他听到的信息进行复述，即阅读希特勒故事的学生复述拿破仑的部分，反之亦然。在学生复述的过程中，我在黑板上将他们复述的内容绘制成思维导图。对于学生的复述而言，我是具有信息差的第三方。同时，通过思维导图绘制听到的内容，对学生而言，这是一个新的任务，所以第一次由我来做示范，并要求其他同学在自己的笔记本上同时进行思维导图的绘制。

在学生复述的过程中，我会适当进行提问，帮助学生重构复述内容，而不是简单地重复课文内容。

在学生讲到拿破仑本以为这场战争只需要5个星期时，我问学生：“他认为只要5周，这个信息可以归类为什么？”

学生有些不知所措，不知道如何回答这个问题，他反问道：“什么是归类？”

我举了个例子:“比如你刚才提到战争开始的具体时间、季节、地点等,我在思维导图中归类为‘背景信息(background information)’;又如你提到拿破仑的军队名称,我归类为‘军事力量(military might)’,那么你觉得拿破仑认为5周便可拿下俄国,可以归类为什么呢?”

他想了想说:“预期(expectation,prediction or anticipation)。”

我笑着说:“很对,对于听到的内容,及时做出反应,进行同类信息的归类,是重构文章所需的基本技能。”

就这样,在学生复述的过程中,我通过提问的方式,不断帮助他们进行信息的归类和重组,完成了课文的复述。完成思维导图之后,我引导学生进一步分析。

我说:“大家有没有发现,思维导图中两个故事的分类有什么特征?”

有学生回答:“他们的分类有很多相同的地方,比如都有‘预期(expectation)’‘军事力量(military force)’‘抵抗策略(resistance strategy)’‘劲敌(devastating enemy)’等。”

“如果有这样相似的归类,我们可以用来干什么呢?”

“嗯,可以做对比和对照,这样就加入了我们自己的分析和理解。”

“太棒了!”

通过问答,学生自己找到了根据对比和对照的方式进行课文复述的新思路。我把这个部分作为家庭作业,让每个同学都尝试归纳和总结。学生作品如图1所示。

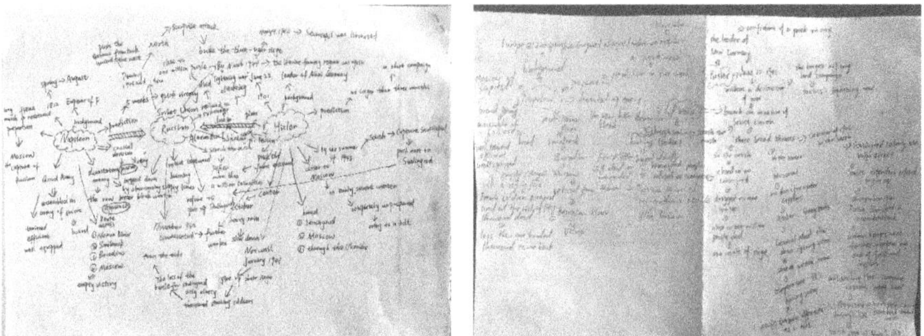

图1 学生作品展示

5. 小组讨论——主题扩展及反思总结(25分钟)

课堂活动的最后一个步骤是主题扩展的小组讨论和课堂学习的反思总结。本次讨论的主题是“人与自然”。要求学生分析“天气”这一自然因素在两次战争中的作用,以及人们应该如何与自然和谐相处,并提出自己的建议。深度阅读课文之后,学生有了讨论的语言和内容素材,他们的讨论得以顺利进行。我旁听了几个小组的讨论,并适时提出自己的问题,进行引导。

其中在一个小组的讨论中,学生A说:“这篇文章想传达的想法应该是人不可能战胜自然,你看战争失败的主要原因之一就是恶劣的天气。”

学生B不赞同:“我不太同意,天气只是原因之一,我觉得主要原因是他们轻敌,没有做好长期作战的准备。”

学生C补充说:“是的,对恶劣天气的认识不足正说明他们准备不足。所以要取得胜利应该做好充分的调查和准备。比如说诺曼底登陆那场战役,美军和英军至少准备了一年半之久。”

小组的讨论似乎有偏离“人与自然”这一主题的趋势,我适时插话:“那如果说天气并不一定是战争失败的主要原因,那么它到底起了怎么样的作用呢?课文真的只是传达了人不可能战胜自然的理念吗?”

学生D想了想说:“我想,也许从拿破仑和希特勒的角度来看,天气对战争造成了阻碍,但从亚历山大一世和斯大林来看,天气是得力的助手。所以,从这个角度出发,说明人应该合理地利用自然条件。”

我很认同地点了点头,让他们继续讨论。

小组讨论结束后,我邀请一个小组做陈述发言。他们认为两次战争的经历说明人应该掌握和尊重自然规律,应该从自然中获取有利于人类发展的使用价值。人本来就是自然的一部分,并非自然的主宰,不能用上帝视角来对待自然。否则,自然也会用自己的方式来反抗,如极端天气的出现。归根结底,善待自然、保护自然、尊重自然是人与自然和谐相处的基本原则。

最后,我邀请一个小组代表进行1分钟总结发言。

小组代表说道:“我们通过信息补差的方式学习了课文。听,也是一种获取信息的渠道。同时,用思维导图帮助我们梳理和重组信息,很有用,而且今天讨论的主题很有意义。现代社会极端天气的出现,说明当今人类的任意改造和肆意破坏造成了人与自然的失衡。我们应该学会如何与自然和谐相处。”

我点评道:“我很高兴大家认识到‘听’也是信息获取和理解的一个渠道,而且是一个重要的渠道。课文复述也是帮助我们理解信息的方式,但切记,复述不是复读机,我们需要加入自己的分析和重构。今天的讨论很有意义,你们自己得出的结论也很让我感动。因为通过学习,你们用课文内容作为你们的论据,来支撑你们的观点。人与自然和谐相处,不会止于这个单元的学习和讨论,它会是一个永恒的话题。很开心,你们在有意识地培养自己的自然观。”

6. 口语活动——课后小组作业

课堂教学结束后,我及时根据课堂讨论话题布置了口语作业,要求学生以角色扮演的方式进行口语讨论,主题为“Role Play: A Conversation Between Napoleon and Hitler in Heaven”,要求如下:

(1) 小组成员分别扮演拿破仑和希特勒,可以根据情节要求,加入其他角色。

(2) 假设他们在天堂重聚,用自己的经历来讨论“人与自然”这个话题。

(3) 尽量灵活使用课文中的语言。

四、教学案例反思

通过这次教学活动,我意识到教材的二次开发应结合课程思政。这堂课的教学设计是针对课文的精讲,通常而言,这个教学环节稍有枯燥,容易局限于单词和句型的讲解、课文主题的归纳。所以,如何进行课文内容的二次开发值得广大语言教师思考。通常而言,教材的二次开发应根据当地的经济文化水平、课程性质、目的和要求、教师专业水平、学生的兴趣特点等，对教材进行调整，提高所用教材对具体教育情景的适应性。[①]同样，教材具有社会价值，是培养学生人生观、社会观的重要素材。教师不仅要在教学方法上进行精妙设计，还需要在主体内容方面进行适当补充。

① 俞红珍：《论教材的"二次开发"——以英语学科为例》，华东师范大学博士论文，2006年。

从人际交流的角度探讨和谐社会议题

魏　静[①]

一、引言

本次教学案例选取的是《新编大学英语综合教程2》[②]第二单元，该单元的主题是“交际中的问题”(Communication Problems)。课文为《说着不同的语言》(Speaking Different Languages)。课文节选自通俗心理学畅销书《男人来自火星，女人来自金星》(Men Are from Mars, Women Are from Venus)。节选部分指出，男性和女性的语言习惯差异巨大，看似相同，实际上是两种不同的语言。男性和女性分别从火星和金星飞到地球之初，他们还记得彼此操着不同的语言，因此愿意付出时间和耐心去寻求各种帮助(如字典、翻译等)，从而正确地理解彼此。但是随着时间的推移，他们渐渐忘记对方来自不同的星球，也慢慢理所应当地按照自己的思维习惯去理解对方的话语。这就成为男性和女性彼此误解、争吵不断的矛盾源头。本篇课文行文平实，口语特征明显，从语言角度来说难度较低；但其内容贴近生活，能够引发读者从一个全新的角度看待人们习以为常的现象，并以朴实的方式去解析现象背后的起因，令人耳目一新，启发颇多。

二、教学目标的设定

本文的授课对象是国际会计专业2018级1班的学生，授课时段为

① 魏静，女，硕士，讲师，研究方向：教学法、二语习得。
② 应蕙兰：《新编大学英语综合教程2》，外语教学与研究出版社2012年版。

2018年第二学期第六周和第七周。学生对于本课的话题兴趣颇高。鉴于文章语言难度较低,主题趣味性较高,教师初始设定的教学目标是:采用内容依托教学法引导学生审视男性与女性的思维和语言习惯差异,探讨与他们这个年龄段息息相关的爱情观、婚姻观等,思考和谐家庭与和谐社会的关系,从而凸显社会主义核心价值观中的"和谐"内容。

2018年10月28日,重庆发生了公交坠江案,这一惨剧导致15人殒命。我在震惊痛惜之余,决定调整教学目标,将主题从男性和女性之间存在的沟通问题扩展为更为宽泛的人际沟通问题,引导学生挖掘人际沟通问题引起的社会热点案例或者历史名人善用智慧处理人际沟通问题的案例(前者为负面案例,后者为正面案例),分析案例背后的人际沟通问题及其解决办法,思考和谐的人际交往与和谐社会之间的关系。

三、教学案例描述(总课时180分钟)

1. 话题导入(10分钟)

为了导入"交际中的问题/误解"这个话题,我们进行了两个活动。

活动一,传声筒游戏。16名学生,8人一组,分为两列站在座位之间的两条走道里。我给每个组提供一张小纸条,上面分别写着约10个单词的英语短句。游戏规则是:第一个同学熟读短句之后将小纸条归还给我,向第二个同学耳语这个句子,以此类推,最后一个同学听完句子之后,到黑板上写下他/她所听到的内容。然后我公布原句。不出所料,两组同学写下来的句子和原句相比错漏百出,同学们哈哈大笑,课堂气氛很快被调动了起来。

紧接着,我们进行了第二项活动:一起赏析课本第28页的一则短笑话。这则笑话的大意是:一个傲慢的城里人开着新车在乡间迷路了,他粗鲁地向一个当地男孩问路。男孩故意按照字面意思理解城里人的问题,不动声色地把城里人戏弄了一番。如,城里人问:这条路去往哪儿?(Where does this road go?)男孩回答:它哪儿也不去,一直在这儿啊。(It doesn't go anywhere. It's always been here.)如此问答了两个回合之后,城里人发脾气了："你什么都不懂，是我见过最蠢的傻瓜！"男孩答："我知道自己懂得少，也许我是个傻瓜。可我至少没迷路。"读完笑话，同学们都会心地笑了。我给他们一分钟自由讨论，然后请个别同学谈谈这个笑话的笑点(punchline)在哪里，同学们都能顺利地指出笑点并用英文进行阐述。在此过程中，我引入literally这个词，并把它写在黑板上，告诉同学们这个词将是我们学习主课文的时候会反复遇到的一个关键词。

2. 头脑风暴(15分钟)

接着，我说上面两个活动中都涉及误解，请大家说说造成这些误解的原因，同学们七嘴八舌地说了起来。我在电脑上打开一个文档帮助他们记录下来：第一个活动中的误解是由传话过程中声音太小或者词汇不熟悉造成的，而第二个活动中的误解则是男孩故意不配合城里人的结果。此时，我简要介绍了格莱斯的合作原则及其四个准则(量的准则、质的准则、关系准则和方式准则)，并引导学生理解这个笑话中男孩故意说了不相关的话，是违反了关系准则，从而导致双方沟通产生问题，无法继续下去。

我总结道，音量、语汇熟悉程度、沟通双方的主观意愿都会影响交际效果。除此之外，还有哪些因素有可能导致误解呢？我给同学们3分钟时间，请他们分小组(3～5人)，进行讨论。讨论结束之后，我请几位同学代表他们的小组汇报讨论结果，我在文档里进行记录。同学们想到的可能的影响因素有：文化差异、语言差异、年龄差异、教育程度差异、地域差异、观念差异、思维方式、刻板印象等。同学们思路比较开阔，有的能用英语顺畅地表达出自己的想法，有的则在表达上遇到了困难。比如有个南方的同学提到自己过去对东北人的印象是大嗓门、幽默搞笑、爱开玩笑，而当他遇到一个东北室友时，开始他按照自己的既定印象和对方交流，但闹了一些不愉快。后来他慢慢发现原来是自己先入为主，没能认识到对方其实是个很内敛严肃的人。他讲了这个例子，但是想不出用什么关键词为这个影响因素命名。我启发同学们帮他总结，大家纷纷查起字典来，很快我们就有了prejudice、preconception、stereotype这几个关键词。说到这儿，我提示大家：我们是不是漏掉了一个影响因素？你们觉得性别差异会不会导致误解呢？有的同学点头，有的同学犹疑，有的同学摇头。我说接下来我们来看看课文吧。

3. **课文导入(10分钟)**

我用PPT展示了《男人来自火星，女人来自金星》这本书的封面，并简单介绍了一下作者和这本书的畅销程度。然后，在PPT上展示书中第一章前四段内容，其中有些关键词被遮盖了，请同学们进行听写练习。这四段开门见山，简单直接地交代了整本书的设定：男人曾经生活在火星上，而女人生活在金星上。有一天，男人从望远镜里看到了女人，遂心生爱意，决定飞到金星去。在金星上男人和女人谨记自己与对方来自不同的星球，他们和而不同，在一起过得开心幸福。有一天，他们决定飞到地球定居。到了地球以后，他们逐渐得了失忆症，忘记彼此生来就是不同的。从那以后，他们就一直活在矛盾和冲突之中。

4. **课文略读(10分钟)**

了解了上述背景之后，我想同学们对课文的接受会更加容易。接下来，我请同学们接龙朗读课文。文中有一部分文字是夫妻或伴侣关系中男性误解女性话语的实例，这部分我请一个男生和一个女生进行角色扮演。第一组两个同学有些害羞，我点评说情绪不够到位，又请了另一组同学来演示。第二组同学情绪代入比较好，相应的语速、流畅度、语调等也比较好。在朗读的过程中，我默默记下学生发音不够准确的单词和断句不够恰当的句子，为接下来的语言学习做准备。

5. **课文细读(40分钟)**

接下来我给同学们简单介绍了八种基本的脑图及其对应的行文逻辑：流程图表示顺序、多流程图表示因果、树图表示分类、圆圈图表示定义、泡泡图表示描写、双泡图表示比较与对比、括号图表示整体与部分、桥图表示类比。然后我请同学们就近组成3—5人的小组，讨论本文适合用哪种脑图演示，并请他们自己画画看。之后，我请几个同学到黑板上画出脑图。在与学生商讨之后，最终一致认为，结合双泡图和多流程图能够梳理清楚本文的观点。双泡图用来呈现火星人和金星人之间的交流与地球男女之间的交流的异同点，多流程图用来展示不同的交流模式带来的不同结果。鉴于版面所限，下面我用表格描述当时形成的脑图，如表1所示。

表1 课文观点展示

Comparison & Contrast	Similarities	Differences	Results
communication between Martians & Venusians	1. using the same words 2. the same words having different connotations	1. aware of their own differences 2. expecting misunderstandings and believing they can be solved 3. seeking help, such as from dictionaries and interpreters	trust & acceptance
communication between men & women		1. unaware that they are meant to be different 2. women tending to exaggerate and use a lot of metaphors, generalizations, etc. 3. men tending to understand women's words literally	argument & conflict

厘清作者思路之后，我简要地讲解了一些难词和长句，如举例解释generalization、metaphor等较为抽象的单词。

6. 布置作业(5分钟)

这次课接近尾声的时候，我给同学们布置了作业，请他们思考男性和女性之间的交流是否真的存在作者所指出的那些问题，还要求他们以寝室为单位探讨下面几个话题，并在下次课当堂展示。

(1) Do you want to find someone totally similar to you in thinking patterns and opinions as your boyfriend or girlfriend? Why?

(2) Interview your parents, grandparents, aunts and uncles, or elder

brothers/sisters/cousins about their relationships with their partners. Ask them to share with you lessons they've learned.

(3) How should a couple deal with their differences? You can take tips from the passage we learned in class.

7. 短剧展示(90分钟)

关于重庆公交坠江事件,我浏览了各方报道之后了解到,这起悲剧的的原因之一是乘客与司机之间的口舌之争,交流不畅竟然带来了如此惨重的后果!我决定把课内的话题扩展开去,不再停留在男女、夫妻沟通交流的层面,而是上升到普遍的人际交流层面。说做就做,我立刻给学习委员发了短信,请大家改换课堂讨论的话题。我给他们提供了正面的例子(六尺巷和负荆请罪的故事)和负面的例子(重庆公交坠江事故)。鼓励他们挖掘其他人际交流沟通问题引起的社会热点或历史名人善用智慧处理沟通问题的故事。我要求同学们调查清楚事件的来龙去脉,以寝室为单位通过英文短剧的形式在课堂上展示。

除了上面我提供的例子之外,同学们挖掘了另外几个案例/故事:一个留学生在德国因为听错一个单词而误以为有人要杀自己的故事,孔子误会颜回偷吃米饭的故事,重耳和介子推没能理解对方的意图而导致介子推母子葬身火海的故事,以及周总理巧妙回答外国记者刁钻提问的故事。在课堂展示之前,绝大多数小组提前把稿子发给我请我修改语言。他们的语言尚显稚嫩,甚至有些地方不能达意,我都帮他们一一修改并发还给他们。但从中能看出同学们开动了脑筋,花了不少时间和精力去调查,并用心地编写了剧本。

课堂上同学们或严肃或欢快地演绎了一个又一个关于人际沟通的故事,有的小组甚至为同一个故事设计了几个不同的版本。例如,第三组和第十组合作,为重庆公交坠江惨剧设计了四幕不同的情景剧。情景一:乘客气势汹汹地上前询问为何上一站没有停车,司机以冷漠的语调回答自己之前已经提醒过了,随后两人陷入争吵。其他乘客事不关己均安坐在自己的座位上没有反应。最终司机猛打方向盘,公交车坠江。情景二:前情同上一个情景，司机与乘客开始争吵之后，司机及时靠边停车，并打电话报警。闹事乘客受到惩罚。情景三：前情同上，司机和乘客开始争吵之后，另外一名乘客上前劝说，最后公交车安然驶过大桥来到下一站。情景四：乘客上前客气地询问为何上一站没有停车，司机耐心地解释上一站暂时关停了，司机告诉乘客过了桥之后乘坐什么车最方便回到乘客的目的地，公交车顺利过桥来到下一站。在四个不同的情景中，司机、涉事乘客及其他乘客的语言、情绪和行为带来四个不同的结局，充分反映出了人际交流的重要性。

整个短剧展示过程中，台上的同学们演得投入，台下的观众们看得专心，有时还爆发出一阵阵笑声。看得出来，同学们对这个活动的积极性很高。展示结束之后，我进行了简单的总结，指出我们应该注重人际交流与沟通、培养良好的说话习惯（发音清楚、表达清晰、基于事实、不带过多个人情绪）、对别人不同的说话习惯尽量抱着开放的心态。在此基础之上构建和谐的人际关系，从而构建和谐社会。

四、教学案例反思

内容依托教学法主张以某个具体的主题作为媒介，让学习者接触大量的相关语言材料，令他们自动、自然地习得有用的语言，而不是通过直接的讲授教给他们碎片化的语言知识。另外，这种教学法支持教师根据学生兴趣调整授课提纲，以维持学生的兴趣。这种教学法认为学生不一定非得依赖老师的输入，同伴输入和互动也同样可以有效推动他们的语言学习。

本单元课文语言难度相对较低，而主题趣味性较高，因此我决定采用内容依托教学法，并遵循输出驱动假说指导本单元的教学设计。我从课外找来相关的语言材料作为补充材料，并引出主题，进入课文的学习环节。在细读课文环节，我弱化了语言点的讲解，而把重点放在梳理作者的思路上，并引导学生用直观的脑图把作者的思路展示出来。希望借此让他们学到课文背后的逻辑关系。

另外,为了将课堂与相关社会热点结合起来,我改变了一开始设定的教学目标,重新设计了小组活动的话题。事实证明,这样做确实达到了目的:成功地将学生的兴趣和动机维持在较高的水平。同学们的反馈绝大多数是正面的,有一些同学对这种形式的教学活动给予了高度评价。而且,在教学活动中,我们从课文中的主题出发,又将之与实际生活联系起来,也使学生认识到良好的人际交流与沟通对于构建和谐的人际关系乃至建设和谐社会的重要性。

当然,本单元的教学设计和实施过程仍然有待提高。

首先,由于小组活动主题的改变,学生的准备时间缩短了,个别小组反映准备得不是十分充分。

其次,在一次课之内请12个小组集中展示他们的小组活动,时间有些紧张,没能做到生生互评,教师的点评也比较简短,针对性不够强。

总体来说,这次思政进课堂的尝试让我认识到:只要精心选取主题,用心设计活动,学生们是很欢迎的,教学效果也是很不错的。希望以后能有更多的机会进行此类尝试,让我们的语言课超越教授语言知识点的层面,而多多关注学生的价值观层面,变教课为育人。

构建和谐社会,感受友善温情

李 娟[1]

一、引言

《大学英语课程教学要求(试行)》[2]指出,大学英语不仅是一门语言基础课程,也是拓宽知识、了解世界文化的素质教育课程,兼有工具性和人文性。因此大学英语课程在培养语言技能的同时,更应该充分关注学生文化素质的培养。《全新版大学英语综合教程(4)》第五单元的主题是"请勿以貌取人"(Never Judge by Appearances),课内文章是毛姆的短篇小说《患难之交》(A Friend in Need)。该文讲述了作者认识的一个叫伯顿的富裕商人,此人在众人眼中性格开朗,与人和善,人缘颇佳。然而伯顿不经意说出的一段故事却颠覆了作者对人性的认知。原来伯顿有一个名叫伦尼的牌友,牌技高超,生活潇洒。伦尼走投无路时来找伯顿谋求一份工作,未承想伯顿先对其冷嘲热讽,再与其打赌:游过一段有激流的河道来换取工作机会。伦尼别无选择,只得接受。最后伯顿淡然地说出了故事的结局:三天都没找到伦尼的尸体。且在打赌时,他明确知道自己不可能提供工作机会。人性复杂莫过于此,毛姆首先以"患难之交"命题,以第一人称细致地刻画了伯顿温文尔雅的人物形象,营造出又一幕"患难见真情"的故事。然而从文章的第三部分开始,作者让伯顿自己开口,客观冷血地讲述了自己的邪恶做法。如此鲜明的前后对比,层层递进的故事描写,到最后出其不意地揭开谜底,给读者带来了巨大的冲击。

---

① 李娟,女,硕士,讲师,研究方向:双语与双语教学,认知语言学。

② 教育部高等教育司:《大学英语课程教学要求(试行)》,高等教育出版社2004年版。

二、教学目标

传统教育告诉我们,人性复杂,切勿以貌取人。本文正是最佳例证,有些人看起来道貌岸然,却在朋友危难之时落井下石。故结合本文主旨,我设定了以下教学目标:第一,了解文章大意,呈现文章结构;第二,学习人物的外貌、性格描写,尤其是人物前后的对比描写;第三,掌握关键单词、短语等表达法,灵活运用;第四,能够就与主题相关的话题自由表达自己的观念、想法。最重要的是,在教学过程中,结合社会建构主义模式,充分把握教师、学生、任务和环境四要素,通过设置积极意义的学习任务,引起学生重视相互尊重、互相关心、互相帮助、和睦友好的人际关系。多关注那些曾在学习者生命中留下温暖种子的友人,从而作为社会最小单位去传递社会主义核心价值观,弘扬友善、和谐之社会主义正能量。

三、教学案例设计实例(总课时135分钟)

本次案例实施班级为城乡规划专业2017级1班,共30人,授课时间为周五(第6～8节)。

1. 课前热身(20分钟)

课文中存在大量的外貌和性格描写,且主人公前后形象反差巨大。为加深学生印象,调动课堂气氛,我设置了两项课程热身活动,分别是头脑风暴和一个针对故事内容的预测。

1)头脑风暴(10分钟)

首先是头脑风暴。介绍单元话题后,我问学生们是否想玩一个小游戏。学生们一听玩游戏,顿时热情高涨。于是,我在课件上展示一个需填空的句子:I have a/an ______ friend。要求学生们以此为基础,在空格里填入适当的内容,来描述一个人性格、外貌等。按座位顺序每位学生轮流说一句,中间停顿即为失败,全班轮一圈再从头开始。坚持到最后的学生可依名次获得相应奖励。学生们摩拳擦掌，跃跃欲试。他们先从简单、常用的形容词(good，close)开始，慢慢过渡到稍显复杂的词汇(sophisticated，hypocritical)。游戏结束后，我总结道，刚才大家头脑风暴的这些词，请回想一下哪些属于外貌描写，哪些属于性格描写；哪些是褒义，哪些是贬义。接下来在本单元的学习中，我们关注下作者在刻画人物时是否用到了大家想出来的表达方式，并尝试对比记忆。这个小游戏活跃了课堂气氛，唤醒了学生们曾在脑海中沉睡的单词，并运用到了句子中。这个小游戏还消除了学生开口说英文的生涩感，为下一步预测故事做好了准备。

2)预测故事(10分钟)

头脑风暴结束后，我在课件上展示了文章标题"A Friend in Need"，并问道："同学们，请看一下本文标题，以'A Friend in Need'为题的文章，会告诉大家一个什么样的故事呢？请大家基于这个标题，大胆地猜猜看，故事的主要内容会是什么？"接着以自愿原则，邀请学生做预测。学生们充分发挥想象力，有些学生预测两小无猜的好友，阴差阳错地分开，多年后一方有难，一方救援，因而见证了最好的友谊。有些学生预测，主人公遭遇厄运，无法摆脱，最后朋友伸出援助之手，所以才有故事——"患难之交"。值得注意的是，学生的描述中还包含了一些对主人公的性格、外貌的猜测。由于课文标题是谚语"a friend in need is a friend indeed"的前半句，学生的预测基本属于正面的、积极的。我问学生："按照大家的预测，这个故事是要告诉我们什么道理呢？"学生回答："应该是要启发我们正视朋友，正视友谊，多关注正能量的人际关系。"我故意卖了个关子："文章的启迪意义大家领悟得很快啊，但内容恰好相反，到底是个什么故事呢？我们一步步解开谜团吧！"

2. 课中(70分钟)

1)整体理解(25分钟)

预测了大意后，根据文章结构，我将文章分为三个部分并分别邀请学生进行朗读。其他学生则合上课本盲听，听完后对听到的内容进行总结。第一部分结束后，学生总结出：判断一个人并不容易，人的外表并不总跟人的性格相符。第二部分结束后,我请学生概括大意并验证这一内容是否符合自己先前对文章的预测(在该部分,主人公伯顿出场,给别人留下了温和谦逊、彬彬有礼的印象)。有的学生表示符合,因为这部分内容确实体现了伯顿积极的一面,但也有同学开始质疑自己的预测。我问道:“为什么?是什么导致你开始质疑自己的预测?”学生说明了理由:“如果故事真是如预期般关乎积极友谊,文章作者应该不会花这么长的篇幅来强调伯顿的形象,而对伦尼却只字不提。”我说道:“这是很好的依据,是否的确如此呢?我们接着听听看。”第三部分是借伯顿之口道出了故事的高潮。结局反转太快,学生听完后脸上满是困惑和不可思议的表情,纷纷表示:“伯顿居然如此阴险,这完全没有预料到,没想到是这样的一个故事!”我说:“是啊,毛姆之所以取这样的标题,之所以大幅地描述伯顿,正是为其后面的行为做铺垫对比,从而揭示人性之复杂。同时,‘患难之交’是否就一定是真挚的友谊?这是需要大家仔细斟酌的问题。”

2)互动与任务(45分钟)

建构主义模式认为,任务是连接师生的界面。[①]教师设置体现教学目标的学习任务,并融入积极的价值观;学生处于中心地位,是积极的意义构建者和问题的解决者。师生通过协作构建积极的课堂环境,并在这个环境中达到动态平衡。在本单元的主要内容教学中,我给学生分配了如下任务:(1)通读全文后,以小组为单位,从年纪、外貌、衣着、给他人的印象、真实人物性格等角度对文章中的两位人物进行分析与对比,注意作者先扬后抑的写作手法。(2)请学生在完成上述任务的基础上,将本文的结构与主要情节以思维导图的形式呈现出来,在课堂上做口头陈述。这两项任务完成后,请学生做汇报。最后,我对学生的任务完成情况做评价和补充。(3)为了更好地将所学内容应用到实践中,我请学生结合单元主题,联系当代社会主义核心价值观中的和谐、友善,谈一谈友谊。真正的友谊具有什么特点?如何建立这样的友谊?分享一个自己与朋友之间的正能

① Marion Williams, Robert L. Burden. *Psychology for Language Teacher*. Cambridge: Canbridge University Press, 2014, p.19.

量故事，并使用不少于5个来自课前头脑风暴或课文中的关于人物描述的表达。(4)请学生以“A Friend in Need is A Friend Indeed”为题，写一篇不少于180个单词的作文，论述清晰，观点明确。

3. 课后(45分钟)

这节课主要是以学生为中心来表达自己对友谊的看法，并分享故事。

我：“同学们好，今天是一节分享课，你们准备好分享自己的观点和故事了吗？”

学生：“是的。”

我：“非常好，首先请同学们分享一下，你认为真正的友谊应该是什么样子的？你期待什么样的友谊？怎么样去建立这样的友谊呢？”

学生们纷纷举手。

有学生说，友谊最关键的是精神层次上的共鸣。朋友是可以谈得来的人，彼此之间相互信任和理解，经常往来，真诚地对待对方，为对方去考虑一些事情，当对方有困难时会尽力去帮助对方渡过难关。

有学生说，友情一开始是投缘，互相觉得对方很有趣，于是开始交流。然后发现三观符合，于是更加深入。其中伴随着一次又一次的磨合，相互感染，然后观念和性格变得越来越像。

有学生说，友善，是“友好、善良”的意思，要对同学友好，同时也要真诚，但不代表和盘托出，应该适当保留。对他人友善，同时也要擦亮眼睛，辨别出自己的真朋友，然后珍惜这一份友谊，而我们自己在交朋友的时候也应该表现出足够的真诚，以真心换真心，才能收获真正的友谊。

表达看法的学生很多，时间很快过去一半，我总结道：“待人友善是中华民族的传统美德，大家的理解虽有不同，但有一点是肯定的，我们渴望建立真挚和谐的关系，渴望与他人友善共处。在新时代背景下，友善更是多面的。它不仅是立身和发展的根基，更是一种人生态度。大家对友谊有如此深刻的理解，一定经历过暖心的故事吧？能否给我们分享一下？”

学生们再次举手，分享自己与朋友间的温情故事。

有学生讲述了年幼时遇到霸凌，碰到小朋友挺身而出，从而感受到温暖的故事。有学生讲述了遇到学习问题,百思不得其解,得到同桌细心解答,从而成就一段友谊的故事。有学生讲述了高中和兴趣相同的同学组队学习,见证青春与汗水的故事。还有学生分享了自己的爱情故事,认为友情是爱情的另一种形式,但不会如爱情一样只有长久和再也不见的两种结局。

转眼间一节课进入尾声,我总结道:"谢谢大家,今天收获颇多。人生就是一场旅行,路上会碰到许多有缘人。友善待人,真诚相处,我们将收获积极的人际关系,而这是人生中最重要的一点。如果每个人都能够善待他人,那么家庭会因此和睦,朋友会因此暖心,社会也会因此变得更加和谐。友善,不仅体现在人与社会这个层面,还体现在人与自然的关系,善待自然,我们会形成和谐的生态关系。总而言之,我们能否以友善的态度为人处世,不但关乎自己的道德水平,同时也关乎整个社会的和谐程度。为了更好地生活在和谐的环境中,我们每个人都应该保持友善的态度。"

四、教学案例反思

教学活动结束了,我的几点反思如下。

(1) 课程的起始阶段对整节课有重要的影响。教师在这段时间内,可以营造恰当的学习气氛,给予学生进入状态的时间。[①]本节课前的小游戏较受学生欢迎,紧张而热烈,学生的表达从简单到复杂,一定程度上增加了学生的词汇量。更重要的是,它使学生能快速进入后面故事预测的环节。

(2) 对于故事结构和情节的思维导图的构建,学生兴趣盎然。学生在成果中表现出很多创意,且在进行汇报时,踊跃参与,一定程度上锻炼了学生的自主学习能力和即兴口头表达能力。

---

① Jack C. Richards, Charles Lockhart. *Reflective Teaching in Second Language Classrooms*. Cambridge: Cambridge University Press, 2008, p.114.

（3）外语教学要富有教育性，必须使学习过程充满真实的个人意义。[①]这就要求英语学习最好与学习者自己的经验和现实处境有密切联系。在本单元的学习中，基于学生熟悉的话题——友谊，他们谈了自己对朋友、对友谊的认知，并分享了人生中难忘的故事。熟悉的话题在一定程度上提高了学生的参与度及热情。

（4）外语教学的教育性还体现在促进了学习者的全面发展：除语言本身的学习外，还有学习能力的发展、积极的情感因素和健康人格的发展[②]。因此，在教学过程中，培养学生健全的人格，引导其树立正确的价值观，同样是教师面对的重要任务。本课文章主题是“患难之交”，我引导学生讨论“友谊”话题，分享正能量故事。在讨论活动中，我顺势将社会主义核心价值观融入其中。通过对积极人际关系的讨论，对过去温暖经历的回顾，激发学生对人间真挚、友善关系的向往，鼓励他们从己出发，培养友善待人的品德，做一个友善的新时代青年。

不足之处在于：其一，课前热身的两个环节，由于学生的积极性的不同与自身水平的差异，各个班级间的活动时间略有差异。积极性高的班级，参与度更高，活动时间相对长一些；积极性低的班级则相反。这就造成了后面分享课的时间也有长短。其二，在分享课环节，部分班级因为学习动机、班级氛围及自身水平因素，表现出的积极性让我不太满意。其三，由于课堂时间有限，我并未对学生的作文进行深入、详细的评述。其四，教学活动不应该止于口语讨论，形式应该更丰富一些，比如演讲、辩论或采访等。这些都是以后我在教学设计和实践中需要重点关注的内容。

---

① Marion Williams, Robert L. Burden. *Psychology for Language Teacher.* Cambridge: Cambridge University Press, 2014, p.9.

② 同上。